“乡村振兴　百村探索”丛书

广东省中国特色社会主义理论体系研究中心　编

治理与和谐

广东农村社会发展研究

李建军 等　著

南方日报出版社
NANFANG DAILY PRESS
中国·广州

图书在版编目（CIP）数据

治理与和谐 ：广东农村社会发展研究 / 广东省中国特色社会主义理论体系研究中心编. — 广州 ：南方日报出版社，2020.7
（“乡村振兴　百村探索”丛书）
ISBN 978-7-5491-2145-8

Ⅰ. ①治… Ⅱ. ①广… Ⅲ. ①农村－社会发展－研究－广东 Ⅳ. ①C912.82

中国版本图书馆 CIP 数据核字(2020)第 001973 号

ZHILI YU HEXIE
治理与和谐：广东农村社会发展研究

编　　者：广东省中国特色社会主义理论体系研究中心
出版发行：南方日报出版社
地　　址：广州市广州大道中 289 号
出 版 人：周山丹
出版统筹：母发荣
责任编辑：阮清钰　黄敏虹
责任技编：王　兰
责任校对：裴晓倩
装帧设计：易　界
经　　销：全国新华书店
印　　刷：广州市尚铭印刷有限公司
开　　本：787mm×1092mm　1/16
印　　张：12.75
字　　数：193 千字
版　　次：2020 年 7 月第 1 版
印　　次：2020 年 7 月第 1 次印刷
定　　价：98.00 元（全 2 册）

投稿热线：（020）87360640　　读者热线：（020）87363865

/ 序 /

为全面总结广东改革开放四十多年农村社会治理建设现代化的经验，以习近平新时代中国特色社会主义思想和习近平总书记对社会治理的重要论述为指引，课题组成员撰写通俗理论读物《治理与和谐：广东农村社会发展研究》。

本书秉承广东农村社会治理建设现代化和推进改革开放进程中展现的务实特点和开放风格，总结提炼广东改革开放四十多年农村社会治理建设发展取得的基本经验，探索解决国内外普遍关心的中国农村社会治理现代化进程中遇到的深层次矛盾。2016年，由广东省委宣传部、广东省中国特色社会主义理论体系研究中心谋划部署，组织力量开展深入调研，针对广东改革开放四十多年农村社会治理建设现代化进程中取得的基本经验，围绕如何认识广东改革开放四十多年农村社会治理建设取得的重大成绩、如何实现乡风文明和治理有效、如何提高农民的获得感和幸福感、如何建立健全社会综合治理体系、如何在农村社会治理方面实现“营造共建共治共享社会治理格局上走在全国前列”等受到普遍关注的热点问题，开展调查研究和项目论证。

众多专家学者在调查研究的基础上，集中深入研讨，就形成项目方案和研究成果达成共识。广东省委宣传部、广东省中国特色社会主义理论体系研究中心、广东省社科院、广东金融学院（本课题承担单位）、暨南大学、华南农业大学、广东省委党校等相关专家、学者、理论工作者按照工作方案，深入广东乡村调研，走访200多个乡村，在凝聚各方面智慧的基础上完成书稿。

本书紧密联系广东省改革开放四十多年取得显著成效的100个村子，紧密联系农村社会治理建设取得的经验和发展面临的新形势新任务，对热点问题和深层次问题作出了深入浅出的解读阐释，有助于人们全面准确理解广东农村改革开放四十多年乡村现代化建设取得的非凡成就，切实把思想和行动统一到党中央全面实施乡村振兴战略的决策部署上来。该书既讲是什么又讲为什么，既讲怎么看又讲怎么办，语言通俗易懂，文风清新简洁，是干部群众、青年学生进行理论学习和开展形势政策教育的辅导读物。

目录 Mulu

绪 论

农村社会治理研究概述

——以广东改革开放百村史为例

党的十九大报告提出大力推进乡村振兴，并将其提升到战略高度，这是党中央总结“三农”工作历史经验，着眼于全面建成小康社会、全面建设社会主义现代化国家作出的重大战略决策。2017年12月28日至29日，中央农村工作会议在北京举行，习近平总书记在会上发表重要讲话，总结党的十八大以来我国“三农”事业的历史性成就和变革，深刻阐述实施乡村振兴战略的重大问题，对贯彻落实提出明确要求。会议强调，走中国特色社会主义乡村振兴道路，必须要做好七个方面的工作，其中关于农村社会治理，明确了必须创新乡村治理体系，走乡村善治之路。要求建立健全党委领导、政府负责、社会协同、公众参与、法治保障的现代乡村社会治理体制，健全自治、法治、德治相结合的乡村治理体系，加强农村基层基础工作，加强农村基层党组织建设，深化村民自治实践，严肃查处侵犯农民利益的“微腐败”，建设平安乡村，确保乡村社会充满活力、和谐有序。2018年1月2日《中共中央　国务院关于实施乡村振兴战略的意见》颁布，提出全面实施乡村振兴战略。在新时代乡村振兴战略深入推进的背景下，本课题立足广东农村自1978年改革开放以来发展的历史性变革，着眼于农村社会治理，力图从理论和实践两个方面回答改革开放四十多年以来，广东农村现代化建设在社会治理方面取得的经验，探讨为全面实施乡村振兴战略提供可借鉴的方法路径，具有重要的现实意义。

中国改革开放的春雷，首先从农村炸响，党中央一系列农村改革政策，由于顺民心，得民意，极大地调动了广大农民的生产积极性，开创了农村经济发展的新局面。伴随改革开放政策的深入推进，农村以土地为核心的生产资料使用权、经营权发生深刻变革，带动农村面貌和社会治理发生了深刻的变革，与此同时，建设小康社会和推进现代化的进程，城乡之间的差异和二元结构体制也显得尤为突出，“三农”问题成为党中央始终着力解决的关系国计民生的根本性问题。没有乡村振兴，就没有全面小康，党的十八大以来，习近平总书记无时无刻不在关注着“三农”事业，他多次深入乡村，关注“三农”，心系人民，2015年7月在吉林调研时他指出“任何时候都不能忽视农业、忘记农民、淡漠农村，必须始终坚持强农惠农富农政策不减弱、推进农村全面小康不松劲”。习近平总书记就做好“三农”工作作出了一系列重要论述，提出了一系列新理念新思想新战略，这些新理念新思想新战略是党“三农”理论创新的最新成果，是习近平新时代中国特色社会主义思想的重要组成部分，是指导党的十八大以来我国农业农村发展取得历史性成就、发生历史性变革的科学理论，也是实施乡村振兴战略、做好新时代“三农”工作的行动指南。2018年3月7日习近平总书记在参加十三届全国人大一次会议广东代表团审议时发表重要讲话，要求广东的同志们进一步解放思想、改革创新，真抓实干、奋发进取，以新的更大作为开创广东工作新局面，在构建推动经济高质量发展体制机制、建设现代化经济体系、形成全面开放新格局、营造共建共治共享社会治理格局上走在全国前列。要形成有效的社会治理、良好的社会秩序，促进社会公平正义，让人民群众安居乐业，获得感、幸福感、安全感更加充实、更有保障、更可持续。这为广东农村社会治理建设现代化指明方向，也是从理论和实践上为广东农村社会治理现代化提出了重大课题。

本课题聚焦广东改革开放四十多年以来农村社会建设、社会治理取得的基本经验和存在的主要问题，探索新时代农村社会发展的基本路径，思考乡村振兴战略实施进程中如何推广农村社会治理的先进经验，如何化解农村社会中依然存在的深层次矛盾，实现乡风文明、治理有效，为广东农村社会治理实现现代化、率先实现“共建共治共享社会治理格局”作出贡献。2016年，广东省委宣传部谋划部署，为深化对中国道路、中国理论的研究，以广东改革开放百村史为例，深入总结改革开放以来的“三农”事业成就与广东经验，推出“中国道路：广东改革开放百村探索”系列课题，随后，广东省中国特色社会主义理论体系研究中心与广东金融学院签订共同开展哲学社会科学规划学科研究的合作协议，共同开展以“中国道路：广东改革开放百村探索”为主题的研究。系列课题主要包括广东农村现代化道路经验总结、广东新农村建设新经验新理论、广东特色的乡村综合治理、广东农村生态现代化道路建设、广东农村精准扶贫致富的新政策研究等。2017年广东省哲学社会科学“十三五”学科规划共建项目“中国特色的乡村综合治理研究——以广东部分乡村为例”（GD16XZZ04）获得立项。

1 选题意义和价值

（1）理论意义。在中国特色社会主义理论体系中，“三农”理论是重要组成部分。如何解决“三农”问题，发展“三农”事业，始终是其中的重要命题之一。在对改革开放提炼理论和总结规律时，也离不开农村改革伟大实践。如何破解城乡二元结构，带领农村贫困人口脱贫，完善农村社会治理，提高农民的获得感幸福感，既是中国特色社会主义理论的重要内容，也为政治学、社会学和文化人类学研究提供新的视野和领域。现实社会的历史和结构类型从来都是多种多样的，特定的区域、社群和组织都有它自己的文化观念、生活方式、行为规则甚至政治—经济活动模式。毫无疑问，中国乡村，是极其独特的区域和组织模式。新中国的乡村治理研究有助于更加真实地认识中国乡村社会的特殊性和一般性，有助于形成有益的、比较的研究视野，从而为一个农业人口占较大比例的发展中大国建立完善的、以人民为中心的乡村治理体系提供理论探索的广阔空间。当前我国不少学者以田野调查和个案研究进行乡村治理研究，真实地了解我国不同地域、不同文化传统、不同经济条件下的乡村社会形态差异，积累了不少的理论成果，一定程度上可以厘清我国乡村社会的现状和非均衡性特质。特别是从广东——改革开放以来经济最发达省份的百村实践中，探索乡村治理的普遍性规律，提炼理论认识，按照乡村振兴战略的总目标，提出破解城乡二元结构等促进乡村共建共享共治的可行路径，对补充和完善治理理论尤其是乡村治理理论具有一定的意义。

（2）现实意义。当前我国已经进入了新时代，处在“大有可为”的历史机遇期、社会的重要转型期，乡村社会发生着深刻的变化，诸多新情况、新问题、新政策深刻地影响着乡村治理实践，“农业强不强、农村美不美、农民富不富，决定着亿万农民的获得感和幸福感，决定着我国全面小康社会的成色和社会主义现代化的质量”（2017年中央农村工作会议）。广东要实现“共建共治共享社会治理格局”走在全国前列，必须要解决区域发展不充分不平衡和城乡二元结构带来的乡村治理深层次问题，在实践中创造出乡村治理的新机制，一方面既需要总结经验，又需要理论创新；另一方面要充分认识存在的问题和短板，率先形成可以推广借鉴的新机制，正是基于此，研究广东具有代表性的部分农村的乡村治理问题具有了较强的实践意义。第一，重视乡村治理问题的研究，与当下的乡村振兴战略愿景相吻合；第二，重视乡村治理问题的研究，有助于进一步推进农村基层党的建设和民主政治建设；第三，重视乡村治理问题的研究，有利于推进乡村文明风尚的形成与和谐社会的构建。近年来，随着城镇化的推进，因征地拆迁和环境保护等问题引起的农民上访、抗争性群体性事件是对乡村治理的新挑战。教育、医疗保障和环境卫生成为农民能否取得获得感幸福感的关键因素，能否构建一种良好的乡村治理范式对于解决乡村社会的新老问题至关重要，关乎和谐社会的构建。

2 国内外研究现状述评

（1）国外研究现状。中国的“三农”事业是世界上独一无二的伟大实践，伟大实践才能孕育伟大理论，国外没有专门针对社会主义新农村建设和乡村基层村民自治的文献和理论，但一些学者通过对于本国传统农业和农村的研究，也提出了一些建设和发展农村的理论，国外政治学、管理学、人类学理论中较为完善的社会治理方面的理论也值得借鉴。第一，从理论的维度来研究。有代表性的理论主要有下几种：一是城乡融合理论；二是舒尔兹的传统农业改造理论；三是新古典学派的理论。第二，从国家实践的维度来研究。有学者从韩国的乡村建设经验方面进行了研究，并阐述了对我国乡村建设的启示。有学者研究了日本乡村建设经验，认为日本的启示有以下几个方面：要坚持农民参与的原则；要大力发展新型的合作经济；要培养新型的农民，提高农村和社区管理的水平；要把各项补贴措施落到实处；要在制度上为新农村建设提供保障；要为农民建设具有田园风光的新农村等等。还有一些学者对美国、法国、印度等国家的农业发展经验也进行了总结、概括，他们的研究为我国乡村建设提供可借鉴之处。第三，从模式的维度来研究。很多学者分析了美国、英国、日本、法国、意大利和德国各种模式下的乡村发展。

（2）国内研究现状。早在20世纪90年代，国内一些学者就提出“乡村治理”的概念（1998年由华中师范大学中国农村问题研究中心徐勇教授首先提出），乡村治理开始进入学者的研究视野。对于乡村治理的研究并不是突兀的，它建立在众多农村问题研究者对我国乡村社会现状、特征、性质考察和研究的基础上。我国乡村问题早在20世纪20年代就已经被一些早期的学者所关注。这些年来学术界对于乡村治理的研究主要侧重于：有关乡村治理的制度绩效问题研究、有关乡村治理模式的研究、有关乡村社会自主治理影响因素的研究、有关宗族与乡村治理的关系研究、有关如何看待及协调村“两委”关系的研究、有关构建现代的乡村治理格局的研究。

上述研究成果对新时期乡村治理有着重要指导作用。概而言之，乡村治理研究虽然是一个涉及面相当宽泛的课题，正在进行的研究浩如烟海，学术界关注的重点也从此前的乡村治理主体的多元性、治理方式的协同性、治理内容的公共性、治理目标的综合性等方面，转向了乡村治理的制度绩效、相关利益与政策主体的博弈关系、基层党组织的功能定位等方面的研究，这不仅为乡村治理提供新的理论视野，而且有助于提高乡村治理的能力和实效。但是，经济发展日新月异，特别是新型城镇化快速推进，乡村治理如何适应这一新形势新变化，如何以发达地区乡村发展个案为研究对象，全面梳理部分村庄的历史与治理经验，给其他农村地区以借鉴的研究还相对薄弱。正是基于此，研究广东地区部分农村的乡村治理问题具有较强的现实意义。

3 主要内容和创新之处

（1）课题研究的主要内容和重点难点

① 基于国家—社会视角研究乡村治理。当前乡村振兴战略在中国以前所未有之势广泛深入开展，乡村社会治理必须联系国家发展大局、战略决策和发展规划进行研究，超越乡村本身范围，与国家相关乡村若干政策相联结，例如国家农村产业税收政策、乡村基层组织治理、乡村行政管理体制变革、乡村教育医疗保障实施、乡村劳动力流动等。基于国家视角研究乡村治理涉及乡村经济、政治、文化、生态、人口、习俗等方面。

② 基于制度视角考察乡村治理。从新中国成立到改革开放，乡村社会治理制度建设是中国特色社会主义乡村治理的重要体现，在研究中要着重考察分析具有中国特色的“三农”问题，特别是考察乡村优质资源外流，农民负担过重，不稳定社会问题广泛存在，基层乡村组织运行带来的一系列问题。要重新思考研究乡村社会治理的时代内涵及发展过程，重新认识乡村基层组织的各种关系，提出有针对性的建设对策，提高乡村治理制度建设基础性稳定性的功能，把制度建设贯穿乡村社会治理的始终。

③ 基于乡村治理的特点研究乡村治理的模式。从广东乡村社会治理的实际状况来看，各地区各乡村存在一定差异，也具有同质性。各地乡村治理都具有本地化、适应性的特点，在长期的实践探索中，形成具有广东特色的乡村治理模式。涉及乡村基层组织的职能划分、政权组织形式、职位权力授予，不同地区乡村的实践各有优势，各有基础。通过实践研究分析中国乡村社会治理具有很大的相似性和不同性，各历史时期，特别是改革开放以来，乡村治理发展很不平衡不充分，影响乡村治理的有效开展。

④ 基于微观实证的视角研究乡村治理。我们以改革开放广东乡村发展为例，调查走访上百乡村，调查乡村现状和历史，研究乡村的组织架构，

特别是各个重大历史节点，乡村治理成效发生的重大变化以及对社会影响。探究广东乡村治理与科学发展的功能定位、目标指向和应对策略，以便真正有效地推动农村可持续发展，给其他地方提供借鉴。

⑤ 基于比较的视角研究乡村治理。中国乡村社会治理具有自己的特点，通过中外乡村治理比较、宏观和微观比较，以广东乡村治理比较发展的视角进行详细总结考察，特别是在粤东、粤西、粤北和珠江三角洲的比较中，乡村社会发展的巨大不平衡和不充分性，成为广东农村社会发展的主要矛盾，由此研究概括出乡村社会治理的基本逻辑、内在联系，提出乡村社会治理新的对策和建议。

（2）课题研究的创新之处

① 理论与实践创新。党的十八大以来，以习近平同志为核心的党中央，积极应对世情、国情、党情变化，一方面确立了包括全面从严治党在内的“四个全面”战略布局，坚定不移地把全面从严治党推向纵深，“办好农村的事情，实现乡村振兴，关键在党”（2017年中央农村工作会议），针对农村存在的基层党组织软弱涣散的问题，提出了农村党建的更高要求；另一方面将党的领导和党的建设作为农村治理的根本保障和关键所在。党的十八届四中全会提出了全面推进依法治国，建设社会主义法治国家，这就要求政府行政权力必须受到法律的严格制约，行政机关依法行使行政权力，司法机关依法约束行政行为。在全面从严治党和依法治国的大背景下，地方党组织和政府在乡村治理现代化推进中如何确立科学高效的党组织和政府角色定位，指导基层党组织和村民自治组织提高治理水平，而又做到不越位、不缺位、不错位，从某种程度上就是在进行全新的探索。

② 方法和视角创新。本课题将乡村治理置于新时代全面决胜小康社会的背景下进行研究，并以广东具有代表性的部分村庄为研究对象，运

用人类学田野调查等方式和公共政策主体与客体关系理论，以期探讨新型城镇化进程中乡村治理的有效对策。通过对广东部分村庄进行全面深入的调查研究，通过文献梳理村庄的历史、乡村治理的发展，运用历史分析方法和对比分析等方法，总结可用于“面”的理论成果，做到以“点”带“面”、从部分到整体、从个别到一般的研究，并希望为广东乃至全国新型农村现代化进程中的乡村治理提供理论和实践方面的借鉴。

4 基本思路和方法

（1）基本思路

本课题以“中国特色的乡村综合治理研究——以广东部分乡村为例”为题，主要对我国乡村治理现状进行宏观梳理，以广东发达地区农村或欠发达地区农村发展变化的历程来对乡村治理进行微观的梳理，从宏观和微观两个视角对乡村治理的机遇、影响乡村治理的因素进行分析，结合借鉴国外乡村治理经验，提出适合广东的乡村治理现代化的有利途径和基本模式，力求达到乡村治理与现代化同步推进、同频共振，实现乡村治理有效的目标。

（2）研究方法

① 文献研究法。文献研究是任何研究的基础，通过文献研究可以了解前人的研究，帮助研究者聚焦研究问题，也可以为研究者积累素材和资料。本课题通过文献研究的方法对国内外研究农村组织的文献进行搜索和研读，对已有的研究成果进行综述和分析，找出现有文献中存在的不足和有待进一步挖掘的盲点。

② 案例研究法。案例研究是通过对代表性案例的“解剖麻雀”式的分析，探索所要研究的问题在具体案例中的表现、原因、特征等。案例研究

作为一种定性的实证研究方法有助于我们对问题的深刻了解。

③ 历史分析法。从发展的角度看，我国乡村治理已经历了相当长的历史时期，见证着乡土中国的历史变迁和逻辑演变。本课题通过对乡村治理结构尤其是广东部分村庄的历史，特别是村庄改革开放四十多年的历史加以回顾和梳理，试图弄清乡村治理的来龙去脉，以史为鉴来探索乡村治理的未来之路。

④ 比较研究法。比较研究是将同一个问题的不同经验进行比较，发现其中的区别所在，并对其中的合理内容加以借鉴、思考。因此，重点并不是借鉴而是发现中国问题的独特性。

⑤ 田野调查法。深入乡村深入调研，着重收集新材料、新内容。了解广东乡村地区与其他乡村地区在思维方式、价值观念、民族性格、族群观念、文化象征、社会交换和互动等方面的变迁内容。

5 百村调研基本情况

（1）凝聚智慧，合力攻关

开展广东农村社会治理研究，本课题得到相关部门、相关专家学者的高度关注和热心帮助，得到广东省委宣传部、广东省中国特色社会主义理论体系研究中心、广东省社科院、广东金融学院（本课题承担单位）、广东省委党校、暨南大学、华南农业大学、各市宣传部门等单位的大力支持。2017年3次组织有相关单位领导参与、专家学者建言献策的研讨会，《光明日报》《南方日报》等报刊积极报道，2018年广东省电视台决定全程参与广东百村发展的报道宣传。

（2）基层支持，足迹百村

在充分研讨开题的基础上，广东省委宣传部统筹规划，要求各地宣传部门高度重视这一理论研究项目，这是广东省改革开放四十多年，对广东农村建设历史首次全面系统的总结。作为改革开放以来重大理论工程建设，各地宣传部门积极支持，出人，出车，出材料，出文化宣传产品。课题组成员分成若干的小组，根据各地市宣传部门上报的村子，到全省各市深入村庄开展调研，截至2019年已开展的调研地区有广州莲麻村等11个村、深圳怀德村等12个村、佛山紫南村等12个村、东莞雁田村等13个村、珠海三沙村等12个村、中山里溪村等13个村、湛江林屋村等12个村、肇庆八卦村等10个村、茂名冼夫人村等9个村、韶关向阳村等13个村、清远水西村等9个村、惠州河南岸村等9个村、江门周郡村等10个村。课题组通过村集体座谈，实地调研，采访村中个别老居民、老农民，收集了改革开放四十多年乡村发展的历史文献、文件、图片等资料。

（3）及时分析，反复琢磨

课题组成员努力调研，克服一切困难，坚持以习近平新时代中国特色社会主义思想为指导，以乡村历史变迁为研究线索，以典型案例为写作抓手，以图文并茂为呈现形式，以通俗说理为语言风格，研究撰写调研的内容，分析调查访谈的故事，提炼思想理论内涵。并对课题组成员提出研究进度要求：

2017年1—7月，开题论证，组织专家学者、课题组成员研讨，建言献策。召开研讨会、座谈会，提出研究的可行方法方案。课题组成员根据专家意见，提出各自的写作提纲。

2017年7—12月，组成不同的调研小组，到各市与宣传部门联络交流。深入村庄与村委会，与村领导集体、老村（居）民采访交谈。通过实地调研，收集村内四十多年历史文献、文件、图片等研究资料。

2017年8—9月，调研小组在调研过程中，每天根据座谈采访交流及收集的材料写出初步纲要，并在集体讨论的基础上提炼改革开放以来乡村变迁的原因、乡村变迁的历史脉络，8月底召开提纲修订研讨会。

2017年9—10月，课题组成员在深入开展调研和已经修改完成的写作大纲的基础上，撰写乡村改革开放发展进程，在形成初稿的基础上进一步修订稿件。

2017年11—12月，课题组成员首次把乡村改革开放四十多年来变化理论思考形成初稿，集中课题负责人进行统稿；课题负责人邀请专家学者对初稿进行诊断，提出修改意见；课题负责人组织课题组成员研修专家意见，修改初稿内容，提出新的调研内容。

2018年1—3月，调研小组综合专家意见和形成新的调研任务，再次深入乡村进行调研内容的深入探究，回答新的理论疑问。

2018年4—10月，课题组成员在调研基础上完成对通篇文章的修改，提交课题负责人；课题负责人在统稿的过程中，再次召集省内专家学者，开展座谈研讨，补充专家意见，形成项目完成的论著形式。

2018年11月—2019年初，修改整体稿件，征询出版编辑意见后，报送出版社。

6 广东改革开放四十多年农村社会治理进程

改革开放前广东农村社会治理源于中华人民共和国成立后，1950年12月8日政务院第62次会议通过的《乡（行政村）人民政府组织通则》明确了乡级政府为我国基层政权组织。《通则》规定乡人民代表大会（或乡人民代表会议）和乡人民政府为基层行使政权的机关。在乡级人民代表会议闭会期间，乡人民政府即为乡的行使政权的机关。农民开始行使真正意义上的选举治理人员的自主权。党对农村社会治理的典型特征："一大二公"，行政指令成为农村治理中最有效、最具刚性、最灵验、最普遍的方式。

1979年深圳建市，图为全长2.1公里，宽7米，仅够两辆卡车对开的深南大道

今日的深南大道

从1978年起实行以家庭为单位联产承包、双层经营、统分结合的经营体制。原有的人民公社、生产大队、生产队体制因包产到户的推行受到巨大冲击，而新的农村基层组织尚未建立健全，致使部分农村出现公共事务无人管理的状态。在这种背景下，以民主选举、民主决策、民主管理、民

主监督为核心内容，农村社会进行自我管理、自我教育、自我服务的村民自治模式诞生。四十多年来，中国农村社会治理的理论和实践探索一直没有停步：改革开放以来，中共中央在1982年至1986年连续5年发布以农业、农村和农民为主题的中央一号文件，对农村改革和农业发展作出具体部署。时隔18年，中央一号文件于2004年再次回归“三农”。至2020年，中央在21世纪已出台了17个关注“三农”工作的中央一号文件。2018年一号文件题为《中共中央　国务院关于实施乡村振兴战略的意见》，提出按照产业兴旺、生态宜居、乡风文明、治理有效、生活富裕的总要求，对统筹推进农村经济建设、政治建设、文化建设、社会建设、生态文明建设和党的建设作出全面部署。

改革开放四十多年，深圳小渔村发生巨大变化

（1）1978—1987年

1978年广东拉开农村改革序幕，废除人民公社制度，确立了以家庭承包经营为基础、统分结合的基本经营制度，也叫联产承包责任制。农村改革目标从最初解决温饱问题，逐渐升级为带领农民发家致富，最终实现全面小康。

1982年8月，中共中央36号文件要求各地“有计划地进行建立村民（或乡民）委员会试点”。1982年12月颁布施行的宪法第111条，明确规定了村民委员会“基层群众性自治组织”的性质和地位。1983年10月，中共中央、国务院发出《关于实行政社分开、建立乡政府的通知》，明确要求在农村建立由村民选举产生的村民委员会，并对村民委员会的设立、职能、产生方式进行了初步规定。

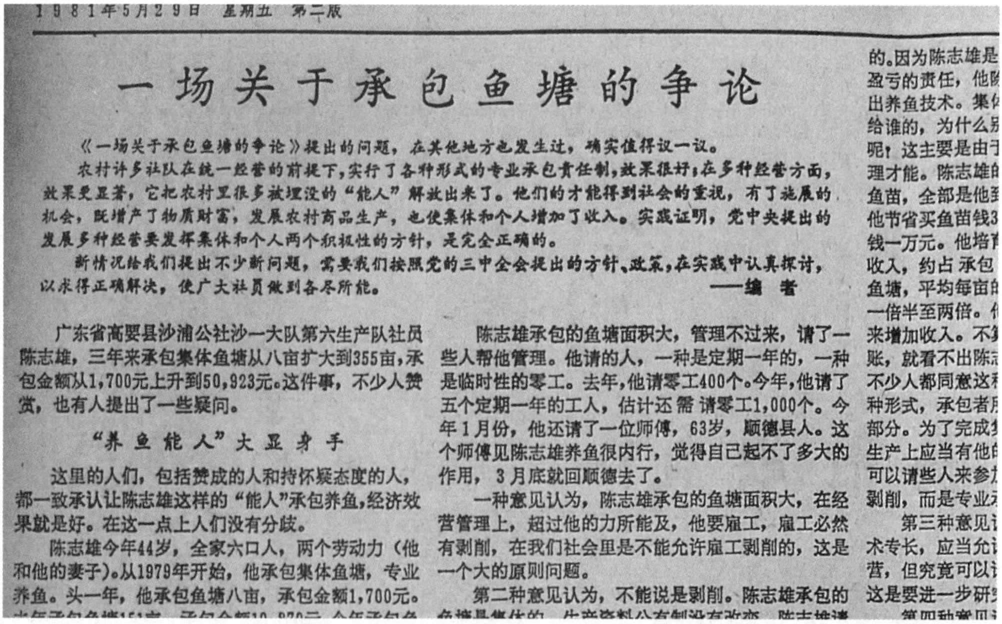
1981年5月29日 星期五 第二版

一场关于承包鱼塘的争论

《一场关于承包鱼塘的争论》提出的问题，在其他地方也发生过，确实值得议一议。

农村许多社队在统一经营的前提下，实行了各种形式的专业承包责任制，效果很好；在多种经营方面，效果更显著，它把农村里很多被埋没的“能人”解放出来了。他们的才能得到社会的重视，有了施展的机会，既增产了物质财富，发展农村商品生产，也使集体和个人增加了收入。实践证明，党中央提出的发展多种经营要发挥集体和个人两个积极性的方针，是完全正确的。

新情况给我们提出不少新问题，需要我们按照党的三中全会提出的方针、政策，在实践中认真探讨，以求得正确解决，使广大社员做到各尽所能。

——编者

广东省高要县沙浦公社沙一大队第六生产队社员陈志雄，三年来承包集体鱼塘从八亩扩大到355亩，承包金额从1,700元上升到50,923元。这件事，不少人赞赏，也有人提出了一些疑问。

“养鱼能人”大显身手

这里的人们，包括赞成的人和持怀疑态度的人，都一致承认让陈志雄这样的“能人”承包养鱼，经济效果就是好。在这一点上人们没有分歧。

陈志雄今年44岁，全家六口人，两个劳动力（他和他的妻子）。从1979年开始，他承包集体鱼塘，专业养鱼。头一年，他承包鱼塘八亩，承包金额1,700元。

陈志雄承包的鱼塘面积大，管理不过来，请了一些人帮他管理。他请的人，一种是定期一年的，一种是临时性的零工。去年，他请零工400个。今年，他请了五个定期一年的工人，估计还需请零工1,000个。今年1月份，他还请了一位师傅，63岁，顺德县人。这个师傅见陈志雄养鱼很内行，觉得自己起不了多大的作用，3月底就回顺德去了。

一种意见认为，陈志雄承包的鱼塘面积大，在经营管理上，超过他的力所能及，他要雇工，雇工必然有剥削，在我们社会里是不能允许雇工剥削的，这是一个大的原则问题。

第二种意见认为，不能说是剥削。陈志雄承包的

的。因为陈志雄是
盈亏的责任，他
出养鱼技术。集
给谁的，为什么
呢？这主要是由
理才能。陈志雄的
鱼苗，全部是他
他节省买鱼苗钱3
钱一万元。他培
收入，约占承包
鱼塘，平均每亩
一倍半至两倍。
来增加收入。不
账，就看不出陈
不少人都同意这
种形式，承包者
部分。为了完成
生产上应当有他
可以请些人来参
剥削，而是专业
第三种意见
术专长，应当允
营，但究竟可以
这是要进一步研

1979年春，肇庆地区高要县沙浦公社（现为肇庆市鼎湖区沙浦镇）农民陈志雄开始承包经营鱼塘。1980年起，他为了扩大承包经营规模，大胆地进行雇工生产，在全国率先冲击“禁止雇工”这个政策和理论上的禁区，由此引发了一场全国性的大讨论、大争论

1986年9月通过的《中共中央　国务院关于加强农村基层政权建设工作的通知》强调，“基层政权是人民民主专政的基础组织，一系列的工作都要通过基层政权才能完成”，必须把基层政权建设成为“能够有效地领导和管理本行政区的政治、经济、文化和各项事物的有活力、有权威、高效能的一级政权”。

1987年由中华人民共和国第六届全国人民代表大会常务委员会第二十三次会议通过的《中华人民共和国村民委员会组织法（试行）》对村民自治的性质和地位作了比较明确的规定，“村民委员会是村民自我管理、自我教育、自我服务的基层群众性自治组织，办理本村的公共事务和公益事业，调解民间纠纷，协助维护社会治安，向人民政府反映村民的意见、要求和提出建议”，明确了乡镇政府和村委会是指导与协助的关系。至此，村民自治的治理模式既有了实践基础又有了法律依据。

20世纪80年代，广东率先开展农业生产结构和农村产业结构调整，乡镇企业异军突起，开启了农业现代化的征程。

（2）1988—2000年

20世纪90年代初以南海农村土地股份制的改革探索为标志，广东率先开展集体建设用地使用权流转制度改革。周边的土地从农用地转成非农用地，在南海搞了农村土地入股，当地工业化和城镇化进程飞快地发展起来了。

1994年，国家民政部发布《全国农村村民自治示范活动指导纲要（试行）》；1998年，九届人大五次会议，正式通过了《中华人民共和国村民委员会组织法》，自此，试行10年之久的村组法得以正式颁布施行。这标志着我们党对农村治理的进一步规范化，进一步明确了“村民委员会是村民自我管理、自我教育、自我服务的基层群众性自治组织，实行民主选举、民主决策、民主管理、民主监督”，也标志着农村治理由传统向现代进一步转变。

佛山乡村发生巨大变化

至1997年10月，尚有上海、广东、云南、广西、海南、重庆六地没有制定实施办法，很大程度上影响了农村治理的现代化。

（3）2001—2011年

2004年提出一个新的历史判断，广东省现在已经进入“工业反哺农业，城市带动农村”的这个新的历史阶段，它的核心就是要统筹城乡经济社会发展，它的根本要求就是要实现城乡一体化的新格局。

2005年10月，党的十六届五中全会通过的《中共中央关于制定国民经济和社会发展第十一个五年规划的建议》中指出，建设社会主义新农村是我国现代化进程中的重大历史任务。

2006年十届全国人大三次会议明确提出将在全国全部免征农业税。免征农业税，在中国几千年的历史中具有划时代的意义，开创了一个以工补农的新时代。

2011年广东省政府印发《关于推进山区县农村综合改革的指导意见》，启动广东山区县综合改革工作。统筹城乡发展，扎实推进社会主义

红山村风貌

新农村建设。

（4）2012年至今

2012年11月28日，广东清远市委、市政府下发文件《清远关于完善村级基层组织建设推进农村综合改革的意见（试行）》，正式迈出新一轮农村综合改革探索第一步，清远市成为第二批34个国家级农村改革试验区之一[1]，担负起为全国农村改革探索经验的全新历史使命。启动以“三个整合”“三个重心下移”为主要内容的农村综合改革，“三个整合”即“土地资源、涉农资金、涉农服务平台”的整合，“三个重心下移”即“党组织建设、村民自治、公共服务”三个重心下移。这标志广东农村社会治理进入新的阶段。

2014年10月党的十八届四中全会则进一步提出了治理现代化的根本路径就是法治化，农村社会治理现代化必然需要走法治化的道路。

[1] 即农村综合改革示范试点。批复单位：国务院农村综合改革工作小组，批复时间：2013年7月。

2014年1月广东省委十一届三次全会审议通过《中共广东省委贯彻落实〈中共中央关于全面深化改革若干重大问题的决定〉的意见》，提出构建新型多样化农业经营体系，构建赋予农民更多财产权利的实现机制，推进城乡要素平等交换和公共资源均衡配置。在乡村基层，积极探索以村党组织为领导核心，协商议事会、村委会、监督委员会协同治理的“一核三元、四权同步、多层共治”新型村级治理机制。

2015年中央一号文件明确指出“创新和完善乡村治理机制。在有实际需要的地方，扩大以村民小组为基本单元的村民自治试点，继续搞好以社区为基本单元的村民自治试点，探索符合各地实际的村民自治有效实现形式。进一步规范村‘两委’职责和村务决策管理程序，完善村务监督委员会的制度设计，健全村民对村务实行有效监督的机制，加强对村干部行使权力的监督制约，确保监督务实管用。激发农村社会组织活力，重点培育和优先发展农村专业协会类、公益慈善类、社区服务类等社会组织。构建

乡村变社区党群服务中心

农村立体化社会治安防控体系，开展突出治安问题专项整治，推进平安乡镇、平安村庄建设”。

广东省先后出台了《关于深入推进农村社区建设试点工作的实施意见》《关于加强和完善城乡社区治理的实施意见》；下发了《关于在全省推广一门式一网式政府服务模式改革的实施方案》《广东省社区（村）一门一网式政务服务自然人事项指导目录（试行）》，推进城乡社区提供“一窗受理”高效便捷公共服务；修订了《广东省村务公开条例》，出台了《广东省村务监督委员会工作规则》《关于规范全省行政村公务接待工作的指导意见（试行）》，规范基层组织活动。

2017年年末广东常住人口数及其构成数据显示，广东农村人口达3367.45万人，比重达30.15%。截至2016年底，全省有25 521个村（社区）基本建成村（社区）公共服务中心（站），覆盖率达98.4%。全省建有2769个家庭服务中心（社区服务中心），为居民提供专业化、精细化的社区服务。

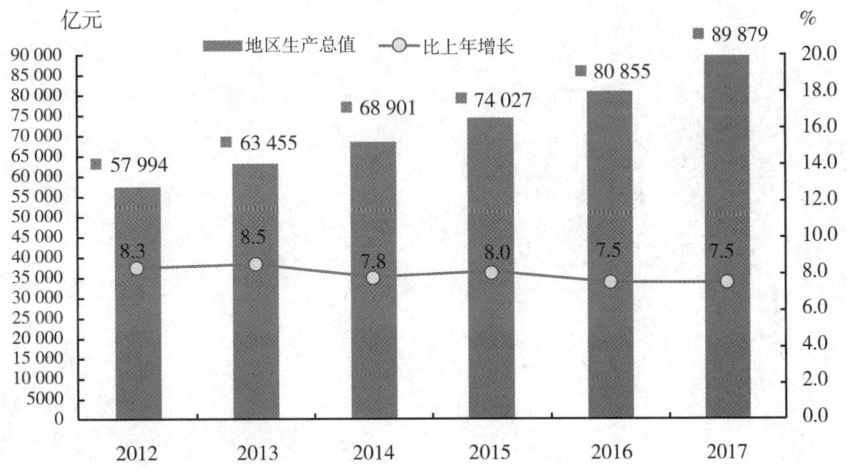

2012—2017年广东地区生产总值及其增长速度

四十多年来，广东农村居民人均纯收入持续增长。2017年全省居民人均可支配收入33 003.3元，比上年增长8.9%，扣除物价因素，实际增长7.3%。按常住地分，城镇常住居民人均可支配收入40 975.1元，比上年增长8.7%，扣除价格因素，实际增长6.9%；农村常住居民人均可支配收入15 779.7元，比上年增长8.7%，扣除价格因素，实际增长7.8%。农村居民人均消费支出13 199.6元，增长6.3%，扣除价格因素，实际增长5.5%。全省居民恩格尔系数为33.51%，比上年下降 0.67个百分点，其中城镇为32.16%，农村为40.18%。全省居民人均住房建筑面积36.94平方米，其中城镇为33.09平方米，农村为45.27平方米。2005年起全面实行免征农业税，全省农民实现了农业税赋零负担。

广东农村社会治理走出一条先发展经济、以经济推动社会治理的发展路子。党的十八大提出，在改善民生和创新管理中加强社会建设。十九大提出，提高保障和改善民生水平，加强和创新社会治理。强调农村社会问题是关系国计民生的根本性问题，坚持农村社会优先发展，实施乡村振兴

2016年经过建设“莲麻小镇”，当地实现农民人均收入1.95万元，村集体收入51万元，与上年同期相比分别增长80.9%和41.4%

战略。要创新社会治理体制，把资源、服务、管理放到基层，把基层治理同基层党建结合起来，拓展外来人口参与社会治理的途径和方式，加快形成社会治理人人参与、人人尽责的良好局面。要坚持在法治轨道上统筹社会力量、平衡社会利益、调节社会关系、规范社会行为、化解社会矛盾，以良法促发展、保善治，让人民群众在每一个司法案件中感受到公平正义，使遵法学法守法用法成为广大人民群众的共同追求，确保社会在深刻变革中既生机勃勃又井然有序。要认真落实新时代党的建设总要求，努力把各级党组织锻造得更加坚强有力，从各级领导干部做起，从一件件小事抓起，坚决防止不良风气反弹回潮，不断巩固和拓展落实中央八项规定精神成果。大力推进乡村社会建设发展，并将其提升到战略高度，这是党中央着眼于全面建成小康社会、全面建设社会主义现代化国家作出的重大战略决策，是加快农村社会现代化、提升亿万农民获得感幸福感、巩固党在农村的执政基础和实现中华民族伟大复兴的必然要求，为新时代农村社会治理发展指明了方向。

微言民义

党在农村的一切工作必须以最广大农民根本利益为最高标准。我们要坚持把农民的小事当作自己的大事，从农民关心的事情做起，从让农民满意的事情做起，带领广大农民不断创造美好生活！

第一章

农村社会治理的基本经验

党的十八大提出，在改善民生和创新管理中加强社会建设；十九大提出，提高保障和改善民生水平，加强和创新社会治理。强调农村社会问题是关系国计民生的根本性问题，提出坚持农村社会优先发展，实施乡村振兴战略。大力推进乡村社会建设发展，并将其提升到战略高度，这是党中央着眼于全面建成小康社会、全面建设社会主义现代化国家作出的重大战略决策，是加快农村社会现代化、提升亿万农民获得感幸福感、巩固党在农村的执政基础和实现中华民族伟大复兴的必然要求，为新时代农村社会改革发展指明了方向[1]。

1 农村社会治理的战略思维

农村社会治理需要有规划有设计，需要有战略思维。这就需要全面贯彻党的十九大精神，以习近平新时代中国特色社会主义思想为指导，加强

[1]《大力实施乡村振兴战略》，《人民日报》，2017-12-11。

党对“三农”工作的领导，坚持稳中求进工作总基调，牢固树立新发展理念，落实高质量发展的要求，紧紧围绕统筹推进“五位一体”总体布局和协调推进“四个全面”战略布局，坚持把解决好“三农”问题作为全党工作重中之重，坚持农业农村优先发展，按照产业兴旺、生态宜居、乡风文明、治理有效、生活富裕的总要求，建立健全城乡融合发展体制机制和政策体系，统筹推进农村经济建设、政治建设、文化建设、社会建设、生态文明建设和党的建设，加快推进乡村治理体系和治理能力现代化，加快推进农业农村现代化，走中国特色社会主义乡村振兴道路，让农业成为有奔头的产业，让农民成为有吸引力的职业，让农村成为安居乐业的美丽家园。

党的十八大以来，党中央坚持把解决好“三农”问题作为全党工作重中之重，统筹推进工农城乡协调发展，出台一系列强农惠农政策，实现了农业连年丰收、农民收入持续提高、农村社会和谐稳定，为经济社会发展全局提供了基础支撑。但是，当前我国最大的发展不平衡是城乡发展不平衡，最大的发展不充分是农村发展不充分。农村社会自我发展能力较弱，城乡差距依然较大。要采取超常规振兴措施，在城乡统筹、融合发展、农村社会建设的制度设计和政策创新上想办法、求突破[1]。人民群众对美好生活的需求日益广泛，不仅对物质文化生活提出了更高要求，而且在民主、法治、公平、正义、安全、环境等方面的需要日益增长。为了有效回应这些新需要，解决社会的新矛盾，十九大报告在加强和创新社会治理领域提出，要建立共建共治共享的社会治理理念思维。

习近平总书记强调，任何时候都不能忽视农业、忘记农民、淡漠农村，中国要美，农村必须美；中国要富，农民必须富。党的十九大报告从全局和战略高度，明确提出坚持农村社会优先发展。这是一个重大战略思想，是党中央着眼“两个一百年”奋斗目标导向和农村社会短腿短板问题

[1]《大力实施乡村振兴战略》，《人民日报》，2017-12-11。

导向作出的战略安排，表明在全面建设社会主义现代化国家新征程中，要始终坚持把解决好“三农”问题作为全党工作重中之重，真正摆在优先位置。贯彻农村社会优先发展指导思想，要进一步调整理顺城乡关系，在要素配置上优先满足，在资源条件上优先保障，在公共服务上优先安排，加快农村社会经济发展，加快补齐农村公共服务、基础设施和信息流通等方面的短板，显著缩小城乡差距，努力让农业社会成为安居乐业的美丽家园。

实践链接

渔民村社会和谐建设

深圳是从一个小渔村变为大都市的，大家都不会陌生，这个“小渔村”就是今天的渔民村，是全国最早的“万元户村”，也是深圳的叙事起点，更是改革开放以来辉煌成就和深刻变迁的缩影。渔民村的变迁与发展见证和记载了深圳经济特区改革开放的辉煌成就和巨大变革：从20世纪50年代满是鱼塘，村民依靠捕鱼捞虾艰难度日，到80年代家家盖起小洋楼，成为全国最早的“万元户村”；到90年代违章抢建成风，成为“脏、乱、差”的城中村；再到2001年旧村推倒重建为花园式、现代化高档社区，渔民村成为深圳改革开放巨变的缩影。改革开放以来，渔民村作为参观接待点，先后接待了邓小平、胡锦涛、习近平等党和国家主要领导人以及21位副国级以上领导。单就近三年，因慕改革开放之名而来参观的国家、省、市各级相关部门人员达到95批次3200多人次。2012年习近平总书记视察渔民村时，勉励大家说：“如果社区都是和谐社区，国家就会和谐了，要扎扎实实把社区工作做好”。渔民村将牢牢铭记习近平总书记的教诲，继续秉承为民服务的理念，以提高辖区居民生活质量和精神文明素质为目标，自觉成为居民群众的贴心人，共建和谐、文明的渔民村大家园。

深圳渔民村文化艺术长廊

紫南村社会治理规划

广东佛山紫南村党委、村委会在上级党委、政府领导下，率领干部群众上下一心，以前瞻思维引领村居综合转型。办好基层的事情，发挥党组织的作用，选好班子领头人至关重要。2007年前后，南庄镇委、镇政府先后三次赴贵州邀请紫南乡贤、企业家潘柱升回来带领村民共同发展。潘柱升回到家乡后也不负众望，大力加强村党支部和村委会班子建设，制定“动机要纯，宗旨要明，思路要清，表率要当，沟通要勤，办事要公”的工作原则，并主动作出“任职期间，自己不在村里租一寸土地，不在村里办一个企业，不拿一分钱工资，不在村委会安排一个亲戚”的“四不”承诺，重新形成凝聚力和发展动力，2016年荣获了“全国优秀共产党员”称号。在2017年，紫南村更突破传统村干部选拔模式，创新探索出后备干部公开选拔模式，成为全省第一个采用后备干部公选的村居。紫南没有把自己当作农村，而是抓住佛山城市升级“3+2”行动计划的有利时机，以城市的思维和标准进行规划建设，连续九年，每年拿出不少于1000万元的资金改善村容村貌。过去几年，紫南建立佛山市第一个村级市政管理处；建成禅城区第一个村级免费立体停车场；成为禅城区第一个实现雨污分流的村；自费建公交车站；设人行道，实行人车分流，同

紫南村石桥流水，风景宜人

时一批污染较大的企业先后被关停，成为佛山整治规范村级工业园区示范点。在紫南，“宁可少一点分红，也要搞好环境”已成为一种共识。嫁到紫南村充美村小组30多年的谭结好2015年有两个“想不到”：夏天，想不到村里的河涌又有人游泳了；冬天，想不到涌边的人参果又结果了。紫南村党支部、村委会因地制宜提出“四市场一产业链”的发展规划，构建起佛山易运物流基地、紫南商贸城等四大市场，做大了以紫南美食城等为首的餐饮产业链，让村集体经济重新焕发活力。数据显示，全村集体收入由2007年的930万元跃升到2016年的9400万元。快速增长的收入为村居事业发展和治理转型提供了坚实基础。虽然村集体经济持续往上走，但紫南却从来不把分红高低作为衡量发展的唯一标准，而是注重整个体系的均衡全面发展，从医疗、养老、文化、教育等方面入手，为村民提供可与城市居民相媲美的生活保障和公共服务。

2 农村社会治理的均衡发展

农村社会要得到均衡发展，就要实施乡村振兴战略，要按照产业兴旺、生态宜居、乡风文明、治理有效、生活富裕的总要求，建立健全城乡融合发展体制机制和政策体系，加快推进农村社会现代化就是要加强农村资源环境保护，大力改善水电路气房讯等基础设施，统筹山水林田湖草保护建设，保护好绿水青山和清新清净的田园风光。

农村社会要得到均衡发展，就是要促进农村文化教育、医疗卫生等事业发展，推动移风易俗、文明进步，弘扬农耕文明和优良传统，使农民综合素质进一步提升，农村文明程度进一步提高；就是要加强和创新农村社会治理，加强基层民主和法治建设，弘扬社会正气，惩治违法行为，使农村更加和谐安定有序。[1]中山市南文村集体收入不断增加，至2010年，年均人居收入已超过1万元。与此同时，股民每年的集体分红也不断水涨船高。至2016年年底，社区集体收入在为所有适龄老人购买居民养老和医疗保险后，每年还能给股民分红2300元/人。社区实行股份制改革后，居民股份实行了“新不增，死不减”的“固化”政策。为了照顾新增居民的福利，2011年开始，社区在全镇首创，在年底分红之外，从集体收入中抽出固定资金，每月为居民购买分配15斤米、500毫升食用油，同时还为全体居民发放电灯补贴，对退休老人发放生果金、重阳敬老慰问金；同时成立爱心基金会，对社区困难家庭、困难老人进行上学和生活帮扶，对外出旅游的老人补贴茶水费，以此不断增加居民的获得感，提高他们的幸福指数。

韶关市武江区西河镇向阳村2007年获全国计生协工作先进单位，2010年获广东省五四红旗团支部，2014年获全市先进党支部，2017年获广东省“友好儿童之家”示范点。村民大会是全村最高权力机构，拥有选举村委会成员、听取和审议村委会年度工作报告和财务收支情况报告、审议和通过村委的经济规划、年度工作计划、村务重大问题与涉及全体村民利益其他重大事项的权力，是村民当家作主的最重要体现。实行群众接待制度，在工作日敞开大门接待群众，积极收集村民的问题和建议，此外还确定每月15日为书记接待日，开辟出一条倾听村民声音的“绿色通道”，对村民提出的问题和建议公开向村民作出“事事有回音，件件有答复”的承诺。充分发挥群体力量，助推村中各项事务发展。退休村民协会理事会由村中部分有威望的退休老干部和老党员担任理事，在解决村集体与村民们之间“事难理，议难决，决难行”问题中，发挥越来越大的牵线搭桥、引领群众、矛盾调处作用。治保会则由村中退伍归来的年轻村民所组成，他们吃苦耐劳，在治安防范、放哨巡逻、排查纠纷、维稳调解中发挥重大作用，

[1]《大力实施乡村振兴战略》，《人民日报》，2017-12-11。

确保向阳的一方稳定，保持几十年零上访纪录。韶关市向阳村投入100多万兴建起武江区首家“三星级乡村卫生站”，村民仅需病历登记费1元就可看病，医药费全免，还贴心地记录健康档案，实现“小病不出村”，大病到医院住院报销80%；鼓励和引导村民购买养老保险，每年出资100多万元为适龄村民购买社保；每年拨出专款，搞好各村的村容村貌，整治小街小巷，修建道路、排水渠，为村民营造舒适的生活环境。30年前中山市相关农村建设得到向阳村的帮助，今天发展起来的中山市农村反过来帮助向阳村，广东农村社会呈现波浪式、交替式发展。

农村社会要得到均衡发展，就是要让农民有持续稳定的收入来源，经济宽裕，生活便利，最终实现共同富裕。在实践中，推进乡村振兴，必须把大力发展农村生产放在首位；必须坚持城乡一体化发展，体现农村优先原则；必须遵循乡村发展规律，保留乡村特色风貌。[1]

实践链接

南岭村社会综合发展

南岭村，位于深圳市龙岗区南湾街道，面积4平方公里，原住村民1000人，辖区居住人口7万人。2004年9月，根据深圳市农村城市化的统一部署，改制为南岭村社区。改革开放以来，南岭村认真贯彻党和国家的好政策，抓住机遇，加快发展，坚持走集体经济，共同富裕的道路。2016年，社区集体总收入3亿元，村民人均收入15万元，集体固定资产30亿元。南岭村社区拥有工业园区、文化产业园区、新兴产业园区、商业街区和旅游景区配套等生产经营性集体物业近200万平方米，有与清华大学合作的启迪科技园，有南岭1983创意小镇，有工厂企业40多家，有五星级酒店，有10多万平方米的商业广场，10 000平方

[1]《大力实施乡村振兴战略》，《人民日报》，2017-12-11。

南岭村壮大集体经济，实现共同富裕，坚持协调发展，共建幸福社区

米的社区党群服务中心、53万平方米的休闲公园、24小时自助图书馆、文体中心、大剧院、体育运动场等公共设施一应俱全。南岭村社区党群服务中心面积达10 000平方米，4层楼，为全市目前最大、功能最齐的党群服务中心。南岭村社区文明和谐，居民安居乐业。南岭村坚持“爱国爱家”传统，热心支持国家的国防建设和贫困地区建设，多年来，捐资超过7000万元。从1983年至今，南岭村获得了600多项荣誉，其中国家级荣誉28项，被授予“全国先进基层党组织”“全国模范村民委员会”“全国文明社区”“全国文明单位”“全国和谐社区建设示范社区”“全国文明村镇创建活动示范点”“全国精神文明创建工作先进单位”“全国五一劳动奖章”和“全国爱国拥军模范单位”等荣誉称号。[1]

莲麻村社会治理战略

广州吕田镇莲麻村，地处广州市最北部，北接韶关市新丰县，东临惠州市龙门县，是广州的北大门。2015年获得从化区一村（社区）一法律顾问工作先进单位称号；2016年7月获广州市文明示范村称号，9月获广州市观光休闲农业示范村称号，12月获广州市名村称号。莲麻村距离吕田镇政府所在地14公里，总面积40平方公里，共有11个经济社，378户，人口1406人。山林面积5.35万多

[1]《深圳南岭村：改革开放40年　抓住机遇走出致富路》，中央广电总台国际在线，2018-05-21。

美丽的莲麻小镇

亩，水田面积1400多亩，旱地面积200多亩。村民主要经济来源于种植三华李（年产320万斤）、砂糖橘（250亩）、甜玉米等，2015年村集体收入28.2万元，农民年人均收入13 795元；2016年村集体经济收入达51万元，农民年人均收入19 700元。该村共有贫困户23户68人，贫困户人均收入达到13 000元。作为首批10个特色小镇之一，莲麻小镇在2016年国庆黄金周率先对游客开放，成为广州市首个对外开放的特色小镇。国庆7天，莲麻小镇参观人数超过8万人次，带动当地消费及农民增收553万元，莲麻小镇游客络绎不绝、好评如潮，各项秩序总体平稳、祥和有序。

3 农村社会治理的基础工作

推进乡村社会发展振兴，根本要靠深化改革。党的十八大以来，中央出台了一系列深化农村社会改革的重要文件，作出了长远性、战略性制度安排，不断深化落实。坚定不移维护农村和谐稳定，以满足农民群众对美好生活的需要为根本目标，加强农村基层基础工作，创新农村社会治理，实现农村长治久安。

健全自治、法治、德治相结合的乡村治理体系。“三治结合”是加强乡村治理的思路创新。要探索乡村治理新模式，发挥基层党组织领导核心作用，健全完善村民自治制度，推进村务公开，发挥社会各类人才、新乡贤等群体在乡村治理中的作用。加强农村法治建设，推进平安乡镇、平安村庄建设，开展突出治安问题专项整治，引导广大农民群众自觉守法用法，用法律维护自身权益。大力推进农村精神文明建设，弘扬优秀传统文化和文明风尚，依托村规民约、教育惩戒等褒扬善行义举，贬斥失德失范，唱响主旋律，育成新风尚。[1]

发挥社区社会组织在社区建设中的重要作用。近年来，深圳市怀德社区相继培育和发展了老年人协会、志愿者协会、爱心协会，成立了社区服务中心。在怀德社区党支部领导下，在社区居委会的指导下，社区服务中心牵头，建立了由社区服务中心、社区社会组织、义工共同参与的统一服务平台，形成三社联动、共建共享的服务模式，取得了良好的成效。社区办公楼大堂中央的公开宣传栏上，凡属应该让居民知晓的党务、居务、财务，都及时公开。党支部能够时时刻刻严格要求自己，把集体利益、居民的福祉放在心头，赢得了居民的衷心拥护。社区规定：居民参与“两委”班子换届，直系家属不能同时有两名以上成为成员。在怀德，社区“两委”成员的当选与家庭大小、贫富程度没有任何关系，居民选出来的干部都是真心实意为居民谋利益、有能力为居民谋利益的人。社区班子廉洁从政，时刻不忘勤俭持家的优良作风。党支部注重抓好党员的教育培训、后备干部培养等工作，大力开展“党群连心”等主题活动，使党支部始终成为各项工作的领导核心，党员的先锋模范作用得到充分体现。推进党建社区化，构建区域化党建工作格局，成立社区党委，设立党代表工作室，建

[1]《大力实施乡村振兴战略》，《人民日报》，2017-12-11。

设党员服务中心，组织党员、党代表定期开展视察监督、拜访、慰问和义诊等系列特色活动；加强对“两新”组织党建工作的指导与协调沟通，将“两新”组织党员纳入社区一体管理，加大帮扶力度，努力为他们解决各种问题和困难，让他们共享改革发展成果，共建美好家园，促进了和谐社区建设。

党的十九大报告指出，“提高社会治理社会化、法治化、智能化、专业化水平”。保障和改善民生要抓住农民最关心最直接最现实的利益问题，既尽力而为，又量力而行，一件事情接着一件事情办，一年接着一年干。坚持人人尽责、人人享有，坚守底线，突出重点，完善制度，引导预期，完善公共服务体系，保障农民基本生活，不断满足广大农民日益增长的美好生活需要，不断促进农村社会公平正义，形成有效的社会治理、良好的社会秩序，使广大农民获得感、幸福感、安全感更加充实、更有保障、更可持续。

实践链接

怀德社区组织的协同

深圳怀德社区根据中共中央、国务院《关于推进社会主义新农村建设的若干意见》和省委、省政府关于新农村建设的目标任务，按照“生产发展、生活宽裕、乡风文明、村容整洁、管理民主”的方针，结合创先争优活动，站在特区一体化、珠三角战略定位的高度，以“两委”班子建设为基础，以社区党建工作为核心，积极探索，敢于创新，形成了以规划谋发展、以制度求发展、以团结促发展、以廉洁保发展的怀德工作模式，社区经济不断发展壮大，社区环境不断完善，居民生活水平不断提升，居民幸福指数不断提高。2009年，怀德社区被评为省文明社区；2010年，被国家减灾委员会、民政部评为全国综合减灾示范社区；2012年，被评为全国文明单位；2015年，被评为全国文明单位。目前怀德社区正以全国文明单位为基础，加快城市更新改造，大力发展家具、物流、汽车销售等行业，建设怀德低碳经济综合体，缔造和谐幸福社区。坚持以学业为基础，以就业为根本，以创业为突破，抓好学业、就业、创业工程。每年投入40多万元，加强教育基础设施建设，抓好在校学生教育，并推行基础教育奖惩制度，对优秀学生及考入高等院校的学生给予经济奖励［大专奖励15 000元；大学本科二本奖励20 000元；大学本科一本奖励30 000元；教育部当年评估国内排名前20位（含20位）、国际排名前100位大学奖励40 000元］；鼓励居民参加成人教育，定期组织开展专业知识培训，并对参加学历教育的居民给予学费补贴。举办专题讲座，组织青年参观辖区企业，并选派百名优秀青年下企业锻炼，转变就业观念，拓宽就业渠道。积极弘扬传统

福永街道

文化。投入350多万元建设大型休闲公园——怀德西门公园，成立了舞狮队、太极拳队、民乐队等10余支文体队伍。2009年10月，怀德醒狮团参演“欧罗巴利亚—中国艺术节”，受到了正在比利时访问的时任国家副主席习近平的接见；在2010年“福永杯全国南狮公开大赛”中获特等奖。2008年获“广东省城市体育先进社区”。2013年，荣获全国舞龙舞狮争霸赛高桩南狮冠军；2016年3月，荣获沂蒙红色影视基地杯全国龙狮赛传统狮及南狮高桩双冠军。

猎德村社会治理的转型

广州市猎德村的发展见证广州农村现代化发展的缩影。古村猎德，“耕道而得道，猎德而得德”。自北宋末年开村创业，村民世代定居于此。宜耕宜读，能商能渔；勤劳淳朴，智慧善良。各宗族均光前裕后，一代代皆继往开来；彰耿耿人文，展穆穆风华。福地福人住，胜似桃花源。猎德村从宋朝开始，至今已有近千年的悠久历史，这里古迹众多，人杰地灵，文化底蕴深厚。猎德文化是广州城市历史文化的重要组成部分，猎德有广州老八区保存最完

猎德村龙舟活动

整的水乡之一，猎德涌、猎德桥、猎德龙舟、猎德码头，是千年人居相依的生态写照，是广州城市形成、演进和变化的轨迹和印痕。2010年，猎德村的改造创造了一个奇迹，这个奇迹伴随着改造亚运会的成功举办，彰显了天河乃至广州的崭新形象。经过改造的猎德村，实现了村民得到实惠、村集体经济得到发展、城市环境得到改善和传统文化得到传承的目标，彻底改变了脏乱差的城中村面貌，以现代文明与传统文化交相辉映的全新面貌脱颖而出，成为亚运开闭幕式中最亮丽的城市背景之一。猎德村的成功改造是猎德人对广州亚运的重大支持和突出贡献，也为猎德人赢得了全市人民的艳羡和尊重。

4 农村社会矛盾的治理机制

为了有效应对当前的社会矛盾，以人民调解为基础、以行政调解为主导、以司法调解为保障的“大调解”机制在农村社会得到迅速推广。不断提高社会化、法治化、智能化和专业化农村社会治理水平成为必然要求。随着社会主体日益多元化，市场机制及社会机制的作用日益重要，要充分发挥社会力量和公众社会治理的协同作用。法治是实现国家治理体系和治理能力现代化的重要依托，是社会治理的基础性保障，要做到有法可依，有法必依，执法公正，人人平等，协调化解。社会治理智能化，就是在网络化和网络平台基础上，运用大数据、云计算、物联网等信息技术，使农村社会治理能够更加精准分析、精准服务、精准治理、精准监督、精准反馈，能更好地服务不同群体，更有效地管理好农村社会的公共事务，在农村社会治理方式上实现革命性的变革。社会治理专业化体现在社会救助、慈善事业、社区服务、就业援助、贫困帮扶、纠纷调解等领域。目前农村社会治理工作人员非常紧缺，严重影响了农村社会治理的专业化水平的提高。

健全公共安全体系。为人民安居乐业、社会安定有序、国家长治久安编织全方位、立体化的公共安全网，建设平安中国。加快社会治安防控体系建设。当前，要以提高人民群众安全感和满意度为目标，以理念、体制机制、方式手段创新为动力，加快社会治安防控体系建设，依法打击和惩治黄赌毒黑拐骗等违法犯罪活动，切实提高维护公共安全能力水平，保护人民群众的人身权、财产权、人格权。加强社会心理服务体系建设。我们社会成员要树立正确的人生观、世界观、价值观，提高心理健康水平；同

村民代表规范化议事场所

时，加强社会心理服务体系建设，塑造社会成员的健康人格，培育自尊自信、理性平和、积极向上的社会心态，提高社会文明水平，促进和谐社会建设。加强社区治理体系建设。习近平总书记指出，社会治理核心在人，重点在城乡社区，关键是体制机制的创新。要推动社会治理重心向基层下移，把人力、财力、物力更多投到基层，以网格化管理、社会化服务为方向，健全基层综合服务管理平台，强化城乡社区自治和服务功能，健全新型社区管理和服务体制。特别是在城乡社区要发挥社会组织作用，实现政府治理和社会调节、居民自治良性互动。

实践链接

林屋村社会治理的多样性

林屋村位于吴川市西南部，与湛江市坡头区接壤，地理位置优越，是湛江市的后花园。林屋村共有五个小区：和平小区、中华小区、西安小区、光明小区、东山小区。全村约600户2600多人。海陆空交通便利，距离吴川市区26公里，距湛江市区不到20公里，村西北面贯穿湛江海湾大桥公路并连接325国道，距沿海高速22公里，到大港口、火车站、飞机场仅20分钟的车程。林屋土地资源丰富，有1000多亩坡地、山地尚未开发。村办集体企业广东粤凯机械有

林屋村新貌

限公司是国家中型企业、国家部级先进企业、全国500强乡镇企业。村先后捐资3000多万元办起设施一流的完全中学，又投入1000多万元建设一所小学和幼儿园。中、小学是湛江市一级学校。建设繁荣的大型商贸市场，搞活大流通，繁荣大贸易。在改革开放后，把握机遇，兴产业，造广场，整村貌，建新村，荣获“全国文明村”光荣称号，被评为“中国十大魅力乡村”之一。村中已形成讲文明、讲礼貌、讲卫生、讲秩序、讲道德的良好风气。为营造更加安定的宜居环境，成立林屋村“红袖章”巡逻队，使村民住得安心、过得欢心、外出赚钱放心。由村民自发组织的“林屋心悦之声”曲艺社和“林屋魅力乡村三四五舞蹈队”给村文化建设增加了光彩；林屋快武堂醒狮团和林屋快武堂民乐队既丰富了村民的文化生活，又弘扬了中华民族的传统文化。村民的和睦相处、乐于助人、待人热情，更体现出林屋村的文明、祥和、幸福。

新楼村社会法治的主体性

惠州市新楼村“两委”加快民主法治建设，深入推行“法制副主任”制度，村民的法制观念、法律意识、法律常识普遍得提升，村民小组议事规则、“四民主工作法”等制度得到贯彻落实。村党组织换届全面实行“两推一选”；建立完善村务财务公开制度及财务监督理财制度，实现民主管理、民主监督，增加财务运作的透明度、可信度。此外，全面实施“四民主工作法”，增加村民对村委会工作的支持度与满意度，减少村级矛盾纠纷的发生，进一步维护社会治安稳定。以党的群众路线教育实践活动为契机，贯彻落实“三严三实”“两学一做”，抓好作风建设。利用村党员活动室等阵地，认真组织党员干部学习党的理论方针政策，引导他们积极争做党的政策解说员、村民思想宣传员、经济发展服务员、公益事业领航员、综合治理的调解员。制定完善村规民约，倡导形成科学文明、健康向上的生活方式。制定村“两委”干部、村民小组长岗位责任制，完善村“两委”干部、村民小组长的日常管理工作，改变工作作风，真正实现为民服务。将建设约3万平方米的廉政文化教育基地，项目利用新楼村文化广场现有的设施进行建设，推行“警示—教育—体验—反思”的整体廉政教育新模式。基地将设置主题长廊、步道、展厅、讲

马安新楼村村委会办公楼升级改造后更方便群众办事

堂等重点项目，以宣传栏、看板、雕塑、浮雕、实物、模型、多媒体等形式展现相关廉政教育内容。积极培育和践行社会主义核心价值观，推进家庭美德建设工作，新楼村依托“妇女之家”等坚强阵地，发动广大妇女和家庭参与，深入挖掘、选树和宣传群众身边的“最美家庭”“平安家庭”“星级文明户”及感人故事，引导家庭倡扬传统美德、树立优良家风，以家庭文明促进社会文明。着力把“寻找”的过程升华为从榜样中汲取力量、提升自身素质的过程，真正使家庭受到教育、得到精神实惠。以帮扶弱势群体为重点，以推进农村社会保障体系构建为抓手，不断完善村庄管理服务体系，切实提高村民群众生活质量。如在中秋、春节等节日开展走访慰问活动，向五保户、困难户、低保户发放慰问品和慰问金，为他们送去镇党委、政府的关怀问候。

灵潭村社会服务建设

灵潭村地处韶关南雄珠玑镇北部，位于国道323线、韶赣高速公路和韶赣铁路汇集处，距离珠玑镇政府9公里。全村下辖后围、前围、恒丰等11个村小组，共518户2348人。全村以丘陵地貌为主，耕地面积1460亩，林地面积9800亩。村民主要经济收入来源有黄烟、水稻、花生种植和家禽养殖、腐竹生产及外出务工。2016年人均可支配收入12 247元，村集体经济收入17万元。灵潭村是红色革命老区，是南雄农民运动的起源地。在大革命时期，该村为革命牺牲的烈士达30多人。抗日战争时期，田兰自然村是国民革命军陆军总医院的驻址。通过召开乡贤恳谈会、优化返乡创业政策等形式，吸引外地乡贤返乡投资、创业，带领村民共同致富。充分发挥乡贤在人脉、影响力等方面的优势，引导乡贤积极参与乡村治理，搭建起反哺家乡的平台。通过成立龙头企业或合作社的方式，带领村民脱贫致富。村民自治下沉，提高综合治理能力凝聚起“说话算数”的人，在各村小组成立了由村小组长、外出乡贤等组成的村民理事会，

灵潭村风光

组织和号召全体村民积极支持和参与新农村建设。通过召开家长会进行民主议事，听取村民意见，完善村庄综合整治建设、新农村建设规划等。同时，制定村规民约加强村民自治，引导和鼓励村民积极参与村公共事务建设。在黄屋村小组规划建设村民综合服务中心，该中心集公共服务、卫生站、居家养老、应急避险等多种功能于一体。项目总投资280万元（不含装修和周边广场建设），其中省民政厅下拨专项资金200万元。目前，已完成征地、设计方案及立项等工作，2018年5月底前完工并投入使用。项目建成投入使用后，凡是与村民生活密切相关的服务项目都可在村公共服务中心实现“一站式”集中办理。

5 农村社会综合治理能力

乡村振兴，治理有效是基础。必须把夯实基层基础作为固本之策，建立健全党委领导、政府负责、社会协同、公众参与、法治保障的现代乡村社会治理体制，坚持自治、法治、德治相结合，确保乡村社会充满活力、和谐有序。

2018年发布的《中共中央　国务院关于实施乡村振兴战略的意见》中强调，党政一把手是第一责任人，五级书记抓乡村振兴。毫不动摇地坚持和加强党对农村工作的领导，健全党管农村工作领导体制机制和党内法规，确保党在农村工作中始终总揽全局、协调各方，为乡村振兴提供坚强有力的政治保障。农村要发展好，很重要的一点就是要有好班子和好带头人，要在十九大精神指引下把村“两委”班子建设得更强。习近平总书记指出：“只有以提高党的执政能力为重点，尽快把我们各级干部、各方面管理者的思想政治素质、科学文化素质、工作本领都提高起来，尽快把党和国家机关、企事业单位、人民团体、社会组织等的工作能力都提高起来，国家治理体系才能更加有效运转。”[1]加大在优秀青年农民中发展党员力度。建立农村党员定期培训制度。全面落实村级组织运转经费保障政策。推行村级小微权力清单制度，加大基层小微权力腐败惩处力度。严厉整治惠农补贴、集体资产管理、土地征收等领域侵害农民利益的不正之风和腐败问题。

要高度重视农村干部的培养、配备、使用，培养造就一支懂农业、爱农村、爱农民的“三农”干部队伍。强化党的“三农”政策宣传和专业知识等培训，提升指导服务“三农”的本领。要提高治理农村社会治理能力就要从学习入手，习近平总书记指出：“学习是立身做人的永恒主题，也是报国为民的重要基础。梦想从学习开始，事业从实践起步。当今世界，知识信息快速更新，学习稍有懈怠，就会落伍。……瞄准国际先进知识、技术、管理经验，以韦编三绝、悬梁刺股的毅力，以凿壁借光、囊萤映雪的劲头，努力扩大知识半径，既读有字之书，也读无字之书，砥砺道德品质，掌握真才实学，练就过硬本领。”[2]要深入农村、关心农业、关爱农

[1]《习近平谈治国理政》，北京：外文出版社，2014年10月，第105页。
[2]《习近平谈治国理政》，北京：外文出版社，2014年10月，第59页。

民，不断增强党的政治领导力、思想引领力、群众组织力、社会号召力，确保党永葆旺盛生命力和强大战斗力。农村社会管理干部队伍要对农村社会基层发展有深厚感情，传承党在农村社会基层管理工作的价值理念和优良传统。优化农村社会基层干部队伍结构，加强和改进大学生村干部工作，抓好选派“第一书记”工作。

健全落实社会治安综合治理领导责任制，大力推进农村社会治安防控体系建设，推动社会治安防控力量下沉。深入开展扫黑除恶专项斗争，严厉打击农村黑恶势力、宗族恶势力，严厉打击黄赌毒盗拐骗等违法犯罪。完善县乡村三级综治中心功能和运行机制。健全农村公共安全体系，持续开展农村安全隐患治理。加强农村警务、消防、安全生产工作，坚决遏制重特大安全事故。探索以网格化管理为抓手、以现代信息技术为支撑，实现基层服务和管理精细化精准化。

乡村振兴，生活富裕是根本。要坚持人人尽责、人人享有，按照抓重点、补短板、强弱项的要求，围绕农民群众最关心最直接最现实的利益问题，一件事情接着一件事情办，一年接着一年干，把乡村建设成为幸福美丽新家园。

实践链接

白马村社会治理层次性

蕉岭县长潭镇白马村地处风景秀美的石窟河畔，与南粤百景之一、国家4A级旅游景区——蕉岭县长潭旅游风景区相邻，是一个具有800多年历史的古村落，有4个自然村22个村民小组，总户数607户，总人口2380人。近年来特别是2015年以来，该村紧紧抓住县、镇全力支持推进新农村建设的契机，充分发挥村民理事会的能动作用，有效激活群众的内生动力，通过科学规划、完善设施、环境卫生整治、打造景观景点、发展特色产业等举措，大力推进美丽乡村

蕉岭长潭白马村花海迎客

建设，将一个原本平凡的乡村成功打造成为美丽的“水乡画廊”，实现了乡村的美丽蝶变。先后荣获广东省卫生村、广东名村、梅州市卫生村、梅州市文明村、梅州市人文社会科学普及基地、先进基层党组织、耕地保护先进村、森林防火先进村等荣誉称号。依托土地等集体资产所有权关系和乡村传统社会治理资源，开展以村民小组或自然村为基本单元的村民自治试点。积极探索以村党组织为领导核心，协商议事会、村委会、监督委员会协同治理的“一核三元、四权同步、多层共治”新型村级治理机制。

“三个重心下移”的清远乡村治理改革

十九大报告指出：“加强社区治理体系建设，推动社会治理重心向基层下移”。2012年，清远市开始了探索推进以村民小组组成自治单位为主要内容的农村基层治理体系改革。在清远市的农村综合改革设计中，改革的主要内容被分解为党组织建设、村民自治、农村公共服务“三个重心下移”，以及土地资源、涉农资金、涉农服务平台“三个整合”。截至2015年6月，清远市村民小组共选举产生了村民理事会14 554个。村民理事会为发展集体经济、化解矛盾纠纷发挥了有效作用。2014年4月，清远市被确定为中央农办农村改革联系点；同年7月，被明确为广东省的示范点；同年11月，成为第二批国家级农村改革试验区，开展以农村社区、村民小组为单位的村民自治试点。清远市以村民小组（社区）为单位的村民自治是国家级农村改革试验示范试点项目之一，这也是一个完完全全由村民自己“摸着石头过河”而“摸”出来的改革。清远改革最有特色的是“三个重心下移”，把村委会从行政村范围内的村民自治改变为自然村范围内的村民自治，原来的行政村则改革为单纯的公共服务单位。

英德市西牛镇叶屋村土地连片分配后，解决了分散经营时的许多弊端，村民收入增加，绝大多数村民选择留在村内耕种

知识问答

什么是“三个重心下移”？

清远市实施“三个重心下移”，是为了解决农村基层组织凝聚力不强、农村组织化水平较低、农民“原子化”、农村社会不稳定因素增多的问题，着力通过加强农村基层组织建设，完善乡村治理机制，增强农村基层组织的凝聚力、带动力和服务能力，提高农民自我管理、自我服务、自我教育、自我发展的能力，更好地发挥农民主体作用，提升农村发展的内生动力。主要体现四个方面的创新点：

1．创新党组织设置方式。原先农村基层党组织最低层设在行政村，行政村党支部成员来自辖下缺少共同利益关联的自然村，党支部成员有限，且行政村所辖面积大，党组织难以在村民小组（自然村）发挥有效作用。清远市通过实施党组织建设重心下移，在村民小组（自然村）一级设立党组织，实现党支部建立在连上、扎根在群众，党组织成员就来自村民身边，更贴近村民，也扩大了党组织覆盖面，有利于强化党组织在农村的领导核心地位。

2．适度缩小村民自治单元。目前清远农村集体“三资”主要集中在村民小组（自然村），原行政村管辖范围过大、人口过多，所辖的自然村之间缺少共同利益联系，村民委员会呈现出明显的行政化倾向，村民自治未能很好地落实。针对这一情况，清远市试点适度缩小自治单元，依据财产关系、地缘血缘关系等因素，在村民自愿的前提下，以自然村或村民小组为单元设立村民委员会，在熟人社区、利益关联、相对较小的范围内实行村民自治，实现了产权和治权合一，使村民自治真正落地。

3．农村公共服务重心下沉到村。改变原先农村公共服务集中于镇一级的状况，将农村公共服务重心下沉到行政村一级，在行政村设立村级社会综合服务站，将各部门设在村级的站点进行整合，推行“一站式”代办服务。通过下放审批权限、将网上办事大厅延伸到村、实行代办员制度，为群众免费代办党政公共服务事项，群众不须到镇上，只须在村里甚至足不出户即可办理有关事项。在完善村级党政公共服务平台的基础上，结合供销系统综合改革，建设生产生活服务平台，完善农村服务体系，从而有效解决农村行政服务、生活服务、生产服务缺失的问题。

4. 发展集体经济重心下移至经济社。基于农村集体“三资”主要集中在村民小组（自然村），在村民小组（自然村）一级建立健全经济合作社，负责管理和经营农村集体资产，发展农村集体经济，把发展农村集体经济的重心从行政村下移到村民小组（自然村）一级，发挥村民小组（自然村）对集体资源、资产拥有所有权、支配权的优势，整合土地等资源要素，发展农村集体经济、适度规模经营，壮大村民小组（自然村）集体经济实力，提高村级组织的凝聚力。

阅读链接

[1] 习近平：提高保障和改善民生水平，加强和创新社会治理．新华社，2017年11月8日，http://dangjian.people.com.cn/n1/2017/1108/c414210-29635035.html.

[2] 中共中央　国务院关于实施乡村振兴战略的意见．新华社，2018年2月4日，http://www.gov.cn/zhengce/2018-02/04/content_5263807.htm.

[3] 王小霞，谢建超，张李源清．“三个重心下移”的清远乡村治理改革．中国经济时报，2015年11月23日，http://http://theory.rmlt.com.cn/2015/1123/409488.shtml.

微言民义

百年大计，教育为本。教育是民族振兴、社会进步的基石，是提高国民素质、促进人的全面发展的根本途径，寄托着广大人民群众对美好生活的期盼。强国必先强教。建设教育强国是中华民族伟大复兴的基础工程，必须把教育事业放在优先位置，加快教育现代化，办好人民满意的教育。

第二章

农村兴办人民满意的教育

从2013年党的十八届三中全会召开至2017年8月底，习近平总书记主持的38次中央深改小组会议，审议了十几个涉及教育改革的文件和方案。中国共产党始终将教育优先发展的战略理念和具体实践有机统一起来，奋力书写让人民满意、让人人出彩的答卷。

1 坚持教育优先发展战略

中国共产党历来重视教育事业的发展，党的十六大确立了科教兴国的战略思想，“教育是发展科学技术和培养人才的基础，在现代化建设中具有先导性、全局性作用，必须摆在优先发展的战略地位”。党的十八大以来，中国共产党更是把教育摆在优先发展的战略位置，不断在追求教育公平和教育质量上下功夫。习近平总书记始终坚持教育优先发展的战略思维，他于2013年9月在联合国“教育第一”全球倡议行动一周年纪念活动上发表贺词时指出，中国将坚定实施科教兴国战略，始终把教育摆在优先发展的战略地位，不断扩大投入，努力发展全民教育、终身教育，建设学习型社会，努力让每个孩子享有受教育的机会，努力让13亿人民享有更好更公平的教育，获得发展自身、奉献社会、造福人民的能力。

党的十八大以来，我国教育事业有了很大发展，人民对教育的获得感不断增强。五年来，党和政府始终坚持把教育作为财政支出重点领域予以优先保障，国家财政性教育经费支出占国内生产总值比例连续保持在4%以上。截至2016年年底，我国学前教育取得跨越式发展，三年毛入园率达77.4%；小学净入学率99.9%，初中毛入学率达104%，已全面普及了九年义务教育；高中毛入学率达87.5%，基本普及了高中教育；高等教育毛入学率42.7%，接近高等教育普及化水平[1]。中国教育发展的强大动力来自于改革创新，五年来的改革力度之大、范围之广、影响之深，为历来教育改革所未有。五年来，中央全面深化改革领导小组审议通过《关于深化考试招生制度改革的实施意见》《统筹推进世界一流大学和一流学科建设总体方案》《乡村教师支持计划（2015—2020年）》《关于深化教育体制机制改革的意见》等顶层设计方案，经由国务院和相关部委具体实施，创新了人才培养体制、办学体制、教育管理体制，提升了中国教育质量，获得了人民群众的认可点赞。

强国必先强教。党的十九大报告指出，建设教育强国是中华民族伟大复兴的基础工程，必须把教育事业放在优先位置，加快教育现代化，办好人民满意的教育。我国进入中国特色社会主义新时代，人民对“享有公平而有质量的教育”的期待和教育领域不平衡不充分的发展之间的矛盾日益突出，十九大报告将“优先发展教育事业”放在保障和改善民生的首位，主动回应人民群众对教育的新期待，集中体现了以人民为中心的执政理念。十九大报告以中华民族特有的智慧、坚毅与果敢，为我们勾勒出新的

[1]《党的十八大以来我国教育事业改革发展纪实》，《光明日报》，2017-10-08。

教育发展蓝图，将引领中国教育事业大踏步走进新时代。中国教育的每一步前行，必将带给人民对美好生活更为真切的获得感和自信心。

2 推动城乡义务教育一体化发展

义务教育是教育工作的重中之重，是国家必须保障的公益性事业，是必须优先发展的基本公共事业，是脱贫攻坚的基础性事业。党的十八大以来，我国已全面普及了九年义务教育，义务教育普及率已超过高收入国家平均水平，在全球9个发展中人口大国中率先实现全民教育目标。

不让一个学生因家庭经济困难而失学，实现“有学上”的目标

在义务教育阶段，坚持“一个都不能少”的原则，国家加强对农村贫困地区、少数民族地区的投入，密集出台相关资助政策措施，主要有国家全面免除城乡义务教育阶段学生学杂费，对农村学生和城市家庭经济困难学生免费提供教科书，对农村学生免费配发汉语字典，对家庭经济困难寄宿生提供生活补助，实施营养改善计划。在财政、教育等中央有关部门和各级地方政府，以及各级各类学校的共同努力下，我国学生资助体系进一步完善，资助育人和精准资助全面推进，学生资助水平进一步提高，为家庭经济困难学生顺利入学、完成学业提供了强有力的保障，没有一个孩子因家庭困难而辍学的目标基本实现[1]。

在国家资助政策的指导下，广东省建立起完善的义务教育学生资助政策体系，主要包括三部分：第一，农村义务教育阶段家庭经济困难学生生活费补助。资助标准：一般困难学生每生每学年200元；特殊困难学生小学

[1] 教育部：《2016年中国学生资助发展报告》。

每生每学年500元，初中每生每学年750元。第二，义务教育阶段少数民族地区寄宿制民族班。资助标准：小学生每学年每人800元，初中生每学年每人1000元。第三，农村义务教育学生营养改善计划试点。省级试点资助对象：韶关市乳源瑶族自治县、清远市连山壮族瑶族自治县和连南瑶族自治县县城以外的农村学校义务教育阶段在校学生。省级试点补助标准：每人每天补助5元，每学年按200天计算[1]。广东省政府鼓励各地自行出资开展试点，2014年清远市有15万人次学生享受了农村义务教育阶段困难学生生活费补助（含少数民族地区义务教育阶段寄宿制民族班生活费补助），补助资金共计2413.5万元。清远市的连山壮族瑶族自治县、连南瑶族自治县作为全国营养改善计划的试点县，2014年共有4.14万人次学生享受营养午餐，资助金额为1175.8万元[2]。义务教育学生资助政策体系，保障了贫困学生的求学机会，为贫困学生撑起一片蓝天。接下来，广东省将以精准助学为主线，不断提高学生资助水平，助力全面建成小康社会。

不让一个外来工子女失学，实现“有学上”的目标

广东是异地务工人员输入大省，解决异地子女随迁就学问题的压力最大。截至2014年年底，广东非户籍子女接受义务教育的学生数是418万人，而全国有一半的省（包括直辖市、自治区等），义务教育阶段的学生总数也比广东非户籍义务教育学生数少，例如重庆义务教育阶段的学生总数为300多万人。

广东省教育厅2013年发布《关于深入推进义务教育均衡优质标准化发展意见的通知》，明确规定保障异地务工人员随迁子女平等接受义务教育。各地要根据常住人口数量做好区域教育发展规划，按照学校在校生数

[1]《广东出台系列学生资助政策　实现各教育阶段全覆盖》，《南方日报》，2016-04-26。
[2]《不让一个学生因家庭经济困难而失学》，《南方日报》，2015-04-09。

量核拨公用经费补助资金和免课本费补助资金。完善异地务工人员随迁子女积分制入学管理办法，稳步提高异地务工人员随迁子女入读义务教育公办学校的比例。公办学位供给不足的地方可向符合条件的民办学校购买义务教育服务。支持和促进接受异地务工人员随迁子女的民办义务教育学校改善办学条件、提高教育质量。截至2015年年底，全省在公办学校就读的义务教育非户籍学生人数为226万人，占义务教育阶段非户籍学生总数的51.6%。

实践链接

惠州积分入学惠及更多非户籍学生

按照《关于深入推进义务教育均衡优质标准化发展意见的通知》，各地根据实际情况制定了积分入学的具体政策措施。2013年，惠州仲恺高新区惠环街道新生入学实行积分入学制度，按积分高低排序录取。2014年，仲恺高新区在全区全面推开该政策，辖区内的32所公办中小学、15个教学点实行积分入学，录取了1800多名外来务工人员子女，超过招生人数的1/3。

曲琛琛，小学就读于仲恺高新区沥林镇一所民办学校，2014年9月要上初中了，因为户口在河南老家，按过去的政策无法在当地读书，这使得一家人一筹莫展。但是，2014年开始实施积分入学政策，她的父亲曲占锋拿自己的情况跟积分项目和标准一对照，有信心拿高分让女儿进沥林中学读书。经过进城务工人员随迁子女申请积分入读公办学校的资格审核，曲琛琛被沥林中学录取，一家人顿时喜出望外，为积分入学政策点赞[1]。

[1]《广东义务教育均衡发展掠影》，《人民日报》，2016-07-13第17版。

努力让每个孩子都能享有公平而有质量的教育，实现“上好学”的目标

随着“两免一补”等政策措施的实施，“有学上”“上得起学”已不成问题。随着人民群众对美好生活的需要日益增长，他们又有了新的期盼——享有公平而有质量的教育。义务教育作为政府提供的基本公共服务，最应体现教育公平。抓好义务教育均衡发展，努力让每个孩子都能享有公平而有质量的教育，须合理配置教育资源，全面提升教师整体素质，缩小学校、城乡、区域间教育发展水平的差距，办好每一所学校，教好每一个学生。2010年7月，党中央、国务院召开了新世纪第一次全国教育工作会议，发布了《国家中长期教育改革和发展规划纲要（2010—2020年）》（简称《教育规划纲要》），指明了教育事业科学发展的方向，开启了我国从人力资源大国向人力资源强国迈进的历史新征程。《教育规划纲要》明确提出“均衡发展是义务教育的战略性任务。建立健全义务教育均衡发展保障机制。推进义务教育学校标准化建设，均衡配置教师、设备、图书、校舍等资源。……建立城乡一体化义务教育发展机制，在财政拨款、学校建设、教师配置等方面向农村倾斜。率先在县（区）域内实现城乡均衡发展”。

广东是经济大省、人口大省，同时也是经济社会发展极不平衡的省，既有经济发达的珠三角地区，也有比较落后的粤东西北地区，可以说“最富最穷都在广东”。经济社会发展的不平衡导致区域、城乡之间义务教育发展水平相差悬殊。因此，对广东来说，实现义务教育均衡发展，努力让每个孩子都能享有公平而有质量的教育，困难大、任务重。按照《教育规划纲要》的要求——优先发展、育人为本、改革创新、促进公平、提高质量，广东省委、省政府发布了《广东省中长期教育改革和发展规划纲要（2010—2020年）》，大力推进义务教育均衡发展，成效已显现。2016年，广东省108个县（市、区）通过了全国义务教育发展基本均衡县督导评

估认定，标志着广东省整体实现县域义务教育均衡发展的目标。广东整体实现县域义务教育均衡发展，教学设施改善了，师资队伍优化了，农村教育有了质的飞跃，农村孩子也能享受到优质教育。

二三十年前，广东农村的基础教育相当薄弱，有的课室是危房，有的用木板当桌椅；如今，乡村学校都拥有美丽的课室和坚固的桌椅。以前，老师上课用粉笔写字，坐在前排的同学天天“吃”粉笔灰；如今，乡村学校都采用多媒体教学。以前，音乐、美术课都是由语文、数学老师在普通教室上；如今，乡村学校都拥有多功能教室和专业教师。以前，老师围绕考试内容进行应试教育；如今，老师大力推进素质教育让学生健康快乐地成长，“农村娃”也可享受到更高质量的教育。

实践链接

文里小学让学生“动”起来

潮州市潮安区文里村积极贯彻落实党和政府的教育方针政策，大力倡导教育事业，将具有近两千学生的文里小学，建设成拥有电脑室、多媒体教室、教师办公室、运动场、大礼堂等教学设备的标准化学校。随着多媒体的介入，教学方式逐渐由教师讲授为主转化为以学生为主、教师为辅，教师已

文里小学第二届读书活动成果展示大会

文里小学丰富校园活动

从主讲人转变为引导学生思考的角色，学生的思维能力得到了锻炼。随着实验室的开放，从科学课上只有老师进行实验展示，转变为学生在老师指导下自己动手做实验，学生的实践能力得到了提升。文里小学教师注重在互动中培养学生的创新精神，鼓励学生在课堂上大胆发言，让学生有机会发表自己的见解和主张。文里小学教师注重在社团活动中发展学生的个性特长，学校社团涵盖美术、音乐、文学、体育等多个门类，多种多样的社团让学生获得更多学习和锻炼的机会，使学生健康快乐地成长。

春风行动计划“吹”入龙瑞小学

中山市沙溪镇龙瑞村积极贯彻落实党和政府的教育方针政策，推动本村教育事业稳步发展，将龙瑞小学创建为省一级学校，教育质量逐年提升。市区中心小学的学生能享受到的先进教育资源，龙瑞小学同样拥有，名师指导、优秀教辅、多彩课外活动等。这得益于中山市从2010年起大力开展的“春风行动计划”。该计划借助信息化让优质教育资源“下乡”，将“班班通”网络多媒体示范项目、网络视频互动系统应用项目、教育城域网网络畅通工程、“一机两语”电脑室升级改造项目和校园电视台示范项目等数字信息化项目送进乡村学校，使乡村学校可以利用网络视频互动云平台开展网络大课堂活动，学生可以安坐教室，享受“在线课堂”，收看市中心小学优秀教师的公开课。中山市教育优质资源的覆盖面不断扩大，区域、城乡、校际的差别不断缩小。

今日龙瑞小学

虽然广东省已于2016年实现义务教育发展基本均衡县全覆盖，但是随着城镇化进程加快，进城人口不断增加，义务教育阶段学校仍然存在“乡村弱、城镇挤”的现象。“努力让每个孩子都能享有公平而有质量的教育”，需要补上农村义务教育这块短板，尽管难度很大，但广东省委和省政府依然加大力度推进城乡义务教育一体化发展，省政府出台了《关于统筹推进县域内城乡义务教育一体化改革发展的实施意见》，要求更好地实现县域内义务教育资源配置标准“四统一”和“两免一补”政策城乡全覆盖，推进义务教育均衡优质标准化发展和现代化学校建设，使义务教育更公平更有质量，让琅琅书声遍布乡村，更好地服务乡村振兴战略。

3 支持和规范社会力量兴办教育

教育振兴，全民有责。在全面推进教育事业发展过程中，政府负有主要责任，其中积极鼓励引导社会力量兴办教育就是政府应当履行好的重要职责。

大力支持和规范民办教育

改革开放以来，党和政府积极鼓励社会力量兴办教育，大力支持民办教育发展，特别是2002年出台了《中华人民共和国民办教育促进法》，使民办教育得到很大发展。改革开放以来，尤其是《中华人民共和国民办教育促进法》颁布实施以来，广东积极推动地方立法，对民办教育加强规范管理和引导、扶持，促进民办教育不断健康发展。广东省将民办教育的发展纳入国民经济和社会发展规划，鼓励社会力量多形式、多层次办学，每年拨出专款用于奖励和资助民办教育，把民办学校用地纳入当地公益事业用地计划予以安排，民办学校的用地、基建、水电费等与公办学校一视同仁。广东民办教育的快速发展，弥补了政府教育经费投入的不足，满足了社会多样化的教育需求，为促进广东教育（包括义务教育）均衡和谐发展作出了历史性贡献。

民众兴学热情高涨

社会力量兴办教育，除了民办教育外，还有大量乡贤反哺家乡教育的义举。广东民众素有资教兴学的热情，乡贤兴教兴学的义举，改善了农村教育设施，为农村教师和学生送来了物质的帮助和精神的鼓励。

实践链接

文天祥后裔村的乡贤助学故事

白龙塘村村民大部分姓文，被认为是南宋民族英雄文天祥的后裔。受历史传统影响，白龙塘村很重视教育，一直发扬尊师重教和忠孝的优良传统。村民大多以务农为主，大多数经济条件相对困难，以前有不少学生考上大学后为学费发愁，甚至有人因此而放弃了上大学的机会。2007年，在几个在外地做生意的乡贤倡议下，白龙塘村成立了助学慈善机构“惠州白龙塘奖学基金会”，2011年正式注册更名为“惠州市天祥助学促进会”。到2014年，该助学促进会已资助村里考上大学的学子300余名。这些乡贤的义举已成为白龙塘村宝贵的精神财富和无形的文化宝藏。

惠州市惠东县稔山镇新村的乡贤助学故事

稔山镇新村村民说起教育来感慨良多，除了国家的好政策保证每一个孩子都有学上，还有外出乡贤积极捐资助学勉励孩子好好读书。在外出乡贤古海阳先生的大力支持下，新村于2008年成立了新村教育基金会。每年为考上国家重点本科的学生给予奖励3000元；考上第二批本科的奖励2000元；考上大专的奖励1000元；初中生考入市县重点高中的奖励500元；小学升初中质量监测成绩达标的奖励200元。经过这么多年的努力，新村村民的教育水平有很大提高。

潮州市潮安区浮洋镇大吴村的乡贤助学故事

大吴村是著名的侨乡，有“国内一个大吴，海外一个大吴”之说，现旅居海外的侨胞有2000多人，主要旅居在泰国、新加坡、马来西亚等国家。2013年，大吴村成立福利会发展基金，外出乡贤募捐了1100多万元资金，用于助学助困等帮扶活动。广大海外侨胞，爱国爱乡，心系故园，热心支持家乡公益事业，在侨领吴清亮先生的带动下，先后共捐资超1亿元，用于建设松昌学校、秀英医院（浮洋中心卫生院）、修德善堂福利会等公益设施。

梅州市五华县的乡贤助学故事

五华县是贫困县，山区学校的留守儿童、贫困学生比较多。在广东五华商会、深圳市琴江文化研究会、梅州市五华商会等广大乡贤的倡议下，于2016年9月9日正式成立五华县教育发展基金会，基金会的宗旨是“奖教奖学、扶贫帮困、振兴教育”，基金会成立后及时为贫困学子“雪中送炭”。魏文英，出生在横陂镇，2003年的一场车祸使她永远失去了父亲，随后母亲改嫁，将年幼的弟弟和她留给了年迈的爷爷奶奶，家庭生活困难。2016年魏文英以513分考取了广东财经大学，大学期间的生活费、学费等又成了她家头疼的问题。教育发展

五华县教育发展基金助学活动

基金会工作人员得知此事后，及时给她送去圆梦大学助学金，让她感受到了温暖，也让她看到了希望。五华县教育发展基金会点亮了家庭困难学生的求学之路，让他们走得更远。

乡贤们的拳拳爱乡重教之心和积极助学行为，是推进广东教育现代化的重要力量。

4 倡导农村社区尊师重教

强教必先强师，强师不能忽略乡村教师。乡村教师是乡村教育“活的灵魂”，乡村教师强，则乡村教育强。

长期以来，我国乡村教师队伍存在“下不去、留不住、教不好”的问题，要实现“下得去、留得住、教得好”的目标，必须倡导全社会尊师重教，提高乡村教师待遇和素质，为此，国务院办公厅2015年6月印发了《乡村教师支持计划（2015—2020年）》。广东省政府结合本省实际，制定了《广东省乡村教师支持计划实施办法（2015—2020年）》，围绕提高教师待遇和提升教师素质加以部署落实，成效显著。

提高教师待遇，让乡村教师有更多的获得感

要实现乡村教师“下得去、留得住、教得好”，就不能脱离实际一味要求乡村教师“守得住清贫”，而要结合实际提高乡村教师待遇，保证他们享有实惠的物质生活，让他们有更多获得感。

“上岗退费”政策，解决了“下不去”的问题。为推动大学毕业生到

农村从教，广东省2007年开始实施“上岗退费”政策，即高校毕业生与欠发达地区的县区教育局签订到农村学校从教5年协议，可申请退费，退费标准为每年6000元，本科生连续退费4年，大专生连续退费3年，从上岗满1年后逐年退费。2008年至2016年，省财政为“上岗退费”共投入资金7.8亿元，该政策已为欠发达地区乡村学校补充近4.2万名合格教师，其中20%以上是英语、体音美、科学、信息技术等紧缺学科教师，有效提升了经济欠发达地区农村中小学教师整体水平。

提高乡村教师工资津贴，解决了“留不住”的问题。全省各地积极落实《广东省乡村教师支持计划实施办法（2015—2020年）》，任教期满5年后，98%的“上岗退费”教师选择继续留在当地任教，一大批基础较好、奋发有为的年轻骨干教师正在乡村学校“落地生根”。“十二五”期间，省财政加大支持力度，共安排资金近50亿元，专项用于支持经济欠发达地区落实“两相当”（县域内教师平均工资水平与当地公务员平均工资水平大体相当，县域内农村教师平均工资水平与城镇教师平均工资水平大体相当）。目前，“两相当”的目标已在全省各县（市、区）基本实现。为推进教育均衡发展，2013年广东省政府实施山区和农村边远地区义务教育学校教师岗位津贴制度，该制度规定岗位津贴每人年均提高100元/月，从2013年的500元/月提高到了2018年的1000元/月。这一制度的实施，吸引了一批优秀人才到山区、农村边远地区长期从教、终身从教，有些地区甚至出现城镇学校教师主动要求到乡村学校任教的现象，对推进教育均衡发展起到了积极作用。

实践链接

粤东西北地区许多教师乐意扎根山区农村，甚至出现乡村教师回流

随着《广东省乡村教师支持计划实施办法（2015—2020年）》的落实，粤东西北地区越来越多教师乐意扎根山区农村，近几年甚至出现乡村教师回流。许珠亮，从江西赣州毕业主动来到连南山区涡水镇中心小学执教，每月除了工资还可以领到900元的岗位津贴，工资比县城学校教师还高。山区和农村边远地区教师不仅工资高，而且有各种培训机会，广清帮扶战略给了他到广州名校交流学习的机会。"扎根在这，挺好！"这是许珠亮的肺腑之言[1]。

建立系统的荣誉制度，让乡村教师有更强的荣誉感

广东省有50.9万乡村教师，他们托起农村孩子的梦想，支撑起广东乡村教育的一片蓝天。广东省具有尊师重教的浓厚氛围，对乡村教师的默默耕耘和无私奉献给予充分的肯定和鼓励。2012年广东省教育厅、广东中华民族文化促进会和广东教育学会联合主办了"广东省山村优秀教师"评选表彰活动，该活动每三年举办一次。首届303名广东省乡村优秀教师，分别到广州、深圳、东莞、中山市的优秀学校，结合各自专业发展实际，进行了对口跟岗培训学习。2015年"广东省乡村优秀教师（优秀教育工作者）"评选表彰活动，表彰了300名乡村优秀教师、20名乡村优秀教育工作者，每人获得1万元奖励和5000元培训费，参加在广东省优秀学校的跟岗培训。表彰活动肯定了获奖教师的高尚师德和奉献精神，进一步激发了广大农村教师的积极性、创造性。

[1]《广东义务教育均衡发展掠影》，《人民日报》，2016-07-13第17版。

《广东省乡村教师支持计划实施办法（2015—2020年）》明确规定建立乡村教师荣誉制度，对在乡村学校长期从教的教师予以表彰。省对在乡村学校从教20年以上的教师颁发荣誉证书。各地要对在乡村学校从教10年以上的教师给予鼓励，在评选表彰教育系统先进集体和先进个人等方面要向乡村学校和教师倾斜。全省广泛宣传乡村教师坚守岗位、默默奉献的崇高精神，大力营造关心支持乡村教师和乡村教育的浓厚氛围，增强了乡村教师的荣誉感。

政策实践

钱塘村：教育促进会奖教奖学

随着村集体经济的不断发展，潮州市饶平县钱东镇钱塘村“两委”班子首先想到的是发展民生公益事业，为群众办好事实事。2015年在村“两委”班子的支持下，钱塘村成立了教育促进会，以奖教奖学为宗旨，兴学育才，造福子孙后代。成立一年多来，外出乡贤及企业主慷慨解囊，累计募集资金达140万元，这一善举进一步推动该村的教育事业蓬勃发展，形成尊师重教的浓厚氛围。

钱塘村教育促进会颁奖活动

大澳村：奖教助学领新风

潮州市饶平县黄冈镇大澳村“两委”班子认识到办好教育可以凝聚精神力量，改善村风民风，更好推动大澳经济和社会事业的全面发展，因此非常重视教育事业。两年来，共投入资金80多万元，用于学校综合楼修补、刷新及配套教学设施。投资10万元，改建戏台篮球场、羽毛球场，为学生提供较完善的学习及体育活动场所。2007年村“两委”发动的捐资助学的倡议，得到了500多位热心人士的大力支持，共捐赠80多万元，成立了奖教奖学基金会，平均每年发放奖教奖学金10万元。这使大澳村教师更自觉地以教书育人为使命，培养出一批又一批优秀学子。

城镇村：名副其实的“秀才村”

历史悠久的梅州市五华县华城镇城镇村，一向崇文重教，以兴学为乐，以读书为本，文化底蕴深厚。始建于明成化五年（1469年）的长乐学宫是嘉应五属中规模最大的学府之一，明清年间培育进士20多名，举人200多名。“文化大革命”前小小的城镇村曾出了大学生40多人。深厚的文化底蕴是教育熏陶后辈勤奋求学的宝贵资源，城镇村文风日盛，崇文重教的社会氛围格外浓郁。村东设有百年老校五华中学（完中）现有师生6000多人；一座城镇小学（完小）师生近800人。多年来，城镇村考上重点中学、考入大学的人数在五华县412个行政村中首屈一指，是名副其实的“秀才村”。

推进教师专业发展，让乡村教师有更多的发展空间

推进城乡义务教育一体化发展，难点在乡村教育质量的提升，关键在乡村教师专业的发展。为此，广东省不断探索具有广东特色的乡村中小学教师发展模式，大力促进乡村教师专业成长，取得了可喜的成绩。

“十二五”以来，广东省以“强师工程”为总抓手，为推进乡村教师专业发展打出了“组合拳”，构建了职前职后相衔接，省、市、县、校和师范院校共同参与的教师专业发展新体系。第一，大力开展省级示范培养培训。实施基础教育“百千万人才培养工程”和中小学教师、校长及班主任工作室项目，遴选近千名名教师、名校长和工作室主持人进行高端培养，并通过这些名教师、名校长、工作室主持人的示范引领，支持并带动各地培养了近万名的骨干教师、骨干校长及班主任；实施“师范生顶岗实习置换农村教师培训”项目，通过师范生实习支教，每年置换2000多名乡村学校教师到师范院校参加不少于1个月的脱产培训等。第二，充分发挥地方的主体作用。在“强师工程”中每年安排1.8亿元资金专项用于对教师队伍建设有创新举措、成效显著的市、县（市、区）进行奖补，其中90%用于欠发达地区。在此带动下，各地不断增加“强师工程”专项经费，积极开展教师培养培训工作。第三，建立了发达地区与欠发达地区之间、优质学校与薄弱学校之间的对口帮扶关系。每年从全省中小学选派优秀专任教师到我省“三区”（边远贫困地区、民族地区和革命老区）学校支教1年。每年安排省级名校长、名教师、特级教师到欠发达地区农村学校巡回讲学和指导[1]。近年来我省农村中小学教师学历、职称等指标都有明显提升，城乡差距进一步缩小。

根据《广东省中长期教育改革和发展规划纲要（2010—2020年）》《广东省教育发展“十三五”规划》《广东省教师队伍建设“十三五”规划》等文件精神，制定了《广东省“强师工程”实施方案（2017—2020年）》和《广东省乡村教师支持计划实施办法（2015—2020年）》，为进一步推进乡村教师专业发展提供了方向和保障。乡村教师专业素质和能力的提升，将为乡村振兴贡献一分力量。

[1]《“十二五”收官 “强师工程”显成效》，《南方日报》，2015-09-08。

教育就是为孩子们打开一扇窗，引导他们了解世界和自我，帮助他们培养兴趣、养成好习惯，引领他们拓宽人生之路，实现自我价值，成为社会有用之才。广东将全面贯彻党的十九大精神，落实立德树人的根本任务，大力推动城乡义务教育一体化发展，教育投入继续向农村倾斜，切实降低农村学生辍学率。广东将继续加快推进教育现代化，办好人民满意的教育，努力让每个孩子都能享有公平而有质量的教育，通过教育改变自身命运、成就人生梦想！

微言民义

乡村富则国家富，农民增收就是要通过模式创新、链条延伸、主体参与、要素激发，全产业链打造来实现，涵盖特色种养业、农产品精深加工业、休闲农业和乡村旅游、信息服务、电子商务等，不断拓展农牧结合、休闲农业、乡村旅游、网购电商、乡村养生养老领域，“获农金、收租金、挣薪金、分股金”的跨界增收、跨域获利，在农村一二三产业融合发展中实现了就业创业。

第三章

农村增收致富的共享之路

实现农村发展，农民增收致富，从就业工作的角度讲，“坚持在经济增长的同时实现居民收入同步增长、在劳动生产率提高的同时实现劳动报酬同步提高。拓宽居民劳动收入和财产性收入渠道”。总的要求就是十九大报告中强调的“就业优先战略和积极就业政策”。始终把促进就业作为经济社会发展的优先目标，不断丰富和完善更加积极的就业政策，实现扩大就业与农村宏观经济政策协同联动。

1 坚持积极就业政策

就业是最大的民生。中国特色社会主义进入新时代，农村发展驶入快车道，随着乡村振兴战略实施和城乡一体化的发展，一方面农业持续增长，保持着较高的农业增长率，另一方面农业就业人口也出现显著减少。新时代出现新问题，农业高速增长与农业就业人减少的矛盾成为农村发展的一大障碍。解决这个矛盾需要从农村就业政策入手，以实现高质量和更充分就业为目标。农村就业问题是当前解决“三农”问题的关键，也是协调城乡经济社会发展需要研究的重大课题。随着农业的发展，解决好农村剩余劳动力就业问题，使农村劳动力从传统的农业部门向现代经济部门转移，这是加快农村经济发展，协调城乡关系的重要方面。

解决农村剩余劳动力就业问题，首先是要“走出去”，构建农业与第二、三产业交叉融合的现代产业体系，向第二、三产业输出农村剩余劳动力，为农民创造新的就业选择空间和更广阔的发展空间。推进农村第一、二、三产业融合发展，是加快转变农业发展方式、推进农业供给侧结构性改革的重要举措，是促进城乡发展一体化、全面推进现代化建设的重要途径。随着城乡一体化建设的推进，农村和城市的差距变小了，农村和城市的交流更易实现，人口流动更加频繁。农村交通基础设施的改善，使得农民和外面的世界更近，农民活动范围扩大，就业空间也变得更大，农村剩余劳动力转移更容易实现。随着农业机械化和自动化的推广，生产效率大幅提高，一部分农民从土地上解放出来，农忙时是农民，农闲时可以成为工人。新型农民的出现既解决了城镇部分行业劳动力不足的难题，又消化了农村的剩余劳动力，增加了农民收入。国家强调要采取多种措施促进农民工就业，加强农民工技能培训和职业教育，确保农民工工资按时足额发放，做好农民工社会保障和公共服务，切实保障返乡农民工土地承包权益。随着中国特色社会主义进入新时代，经济结构出现转型，进城务工农民也必须转型，农民工进城落户成为大势所趋。农民工群体是当前很多产业和行业的主力军，其背后是无数家庭的期待，所以让他们实现充分就业、高质量就业也是各级政府部门关心的问题。为解决这个群体的高质量更充分就业，习近平总书记给出了一个纲——大规模开展职业技能培训，注重解决结构性就业矛盾，鼓励创业带动就业。提供全方位公共就业服务，促进农民工多渠道就业创业成为很多地方政府的重要工作。

解决农村就业，不仅要“走出去”，还要“走回来”。随着乡村振兴战略的实施，农村基础设施和服务机构的建设，农村的硬件设施和软件环境显著提高，新农村对一部分走出去的农民产生了吸引力，与其在毫无根基的城市里打拼，不如回到熟悉的环境里创业。农民工返乡创业，有利于促进农民就业增收，有利于激活农村资源要素，是实施乡村振兴战略和发展乡村经济的重要内容。农民工返乡创业对推动国家新型城镇化建设，推进农业供给侧结构性改革有很强的现实针对性。国家和地方各级政府也出台一系列政策，支持农民返乡创业。特色小镇建设是乡村振兴的桥梁纽带和重要依托，随着中国特色小镇建设迎来新时代，一个返乡创业的新高潮现在已经形成，一部分进城务工农民重新回到自己的家乡，从打工者转变为创业者。曾经走出去的农民工返乡创业，具有经验、技术、见识和资金等方面的优势，再加上地方政府的政策支持，是非常适合创业的主体，将有力地推动乡村经济的发展。特色种植养殖业、农产品加工业、休闲农业和乡村旅游、农村电子商务、特色工艺产业等农村第一、二、三产业，成为农民返乡创业的主要领域，这些领域立足于农业，又体现了第一、二、三产业的交叉融合，有力地促进了农村经济的发展。

实践链接

莲麻村解决农村就业

广州市从化区莲麻村是广州最北边的一个村庄，有着浓厚的酒文化传统。为了促进村民就业，形成第一、二、三产业的融合发展，莲麻村把酒类产业作为支柱产业打造，发展农产品精深加工业和农业生产服务业。率先引进酿酒设备，为村民提供技术培训，建立起莲麻头酒的品质和标准，还成立了百家酒坊，采用“分散制作、集中管理、质量监控”的方式与当地酒铺合作经营。同时引入电商模式，让莲麻头酒走出去。在政府的统一规划下，在大规模技能培

广州名村莲麻村

训的支持下，农民在乡村创业，实现高质量的就业。除了发展立足于农业的农产品加工业和电子商务，莲麻村还充分利用本地的自然资源发展旅游业。莲麻村位于流溪河北源头，森林覆盖率达90%，有千年古驿道、客家围龙屋、东江纵队遗址等自然人文景观。莲麻村依托丰富的自然人文景观，把“引进来”和“走出去”相结合，发展“互联网+农业”生态旅游，抓好农村电商、休闲农业、乡村旅游等新产业新业态。让外面的游客“走进来”，让自己的特产“走出去”，不仅提高了农村居民的生活水平和质量，同时发挥了创业带动就业的倍增效应，为许多农民提供就业岗位。莲麻村先后获得“广州名村”“广州市观光农业休闲示范村”“全国环境整治示范村”等一系列荣誉称号。

2 提供农村就业服务

党的十九大报告提出：“提供全方位公共就业服务，促进高校毕业生等青年群体、农民工多渠道就业创业，破除妨碍劳动力社会性流动的体制机制弊端，使人人都有通过辛勤劳动实现自身发展的机会。”把就业当作最大民生举措来促进，提高就业质量的关键在于劳动力市场制度的建立和完善，形成和谐劳动关系。政府应该从促进经济增长、创造就业岗位为主的政策手段，转向更加着眼于提高劳动力市场匹配水平和就业质量，着力于提供全方位的公共就业服务上来。

提供全方位的公共就业服务，对农村来说，就是要适应农村劳动者多层次就业需求，特别是为农民工创造多渠道就业创业条件。针对农民工群体，更加灵活的就业政策和更加完善的公共就业服务意味着更多的自由流动，特别是城乡之间的流动。破除妨碍农村劳动力流动的体制机制弊端，使农民有机会放心“走出去”和开心“走回来”就显得尤为重要。建立健全劳动者平等就业的制度，推动建立城乡平等和资源共享的人力资源市场，打通农村剩余劳动力流向城市的快速通道，使农民有通过辛勤劳动实现致富的机会。同时要扎实做好农村就业托底保障工作，让体制更加适应农民工流动的大环境，在诸如农村合作医疗异地就医和结算等社保关系的转移接续上给农民工提供最大的便利。同时加大户籍改革的力度，让农民工进城后没有子女上学、医疗和社会保障等方面的后顾之忧。

农民工是农村就业工作的重点群体，要提供全方位公共就业服务，促进他们多渠道就业创业。农村振兴根本在于人才培养，农民工就是要重点培养的农村人才，培养新型知识农民是农村就业工作重中之重。要坚持服务、培训、维权三位一体，促进农民工就业创业。积极实施就业技能提升计划，通过创新政策和制度支持，全面持续开展面向农民工的职业技能培训，使农民工更好地适应经济社会发展的需要，真正实现更高质量和更充分就业。要培养和造就一支懂农业、爱农村、爱农民，具有引领和带动作用的农村人才队伍，充分发挥好新型知识农民在农村发展进程中的支撑作用，带动农村实现创新型发展。创业是就业的不竭源泉，要鼓励“走出去”的农民工返乡创业带动就业。农民“走出去”开眼界，再“走回来”

时成能人。农村地方政府要提供公共服务，释放政策红利，激发农民工创业积极性，切实发挥创业带动就业的倍增效应。多渠道促进就业和增收，扎实做好就业托底工作，实施更加积极的就业创业政策。

实践链接

军埔村的农村电商

位于广东省揭阳市北部的锡场镇军埔村，曾被阿里研究中心、中国社会科学院信息化研究中心授予“中国淘宝村”称号，2015年，被评为广东省电子商务产业示范基地，2016年，被当作中国助力世界经济转型的“良方”之一，成为入选《G20中国方案》纪录片的淘宝村，亮相G20峰会。曾经，军埔村与全国各地的农村并没有多大区别，年轻人不是出门求学就是外出打工，留在村里的大都是老人孩子，经济落后，社会秩序乱、社会治安乱、交通秩序乱，是典型的“问题村”。军埔村的变化始于村内几个年轻人的“回流”，2010年几个在广州、深圳闯荡的年轻人接触到电子商务。见识提高后的他们选择回村创业，几个“先吃螃蟹”的年轻人的成功带动了更多人的追随，一股电商热在军埔村兴起。在这股热潮中，政府提供的就业服务政策起到了重要的保障作用。针对电商企业融资难问题，地方政府推出了电商企业贴息贷款政策扶持创业。在基础设施方面将揭阳市首个4G基站建在军埔村，新建成一批光纤线路、宽

中国淘宝村军埔村

带节点和端口，实现了军埔村光纤到户和无线网络全覆盖，军埔村已成为潮汕地区网速最快、全省资费最低的地方。打造电商创业致富乐园，为快递物流公司集体进村提供便利，13家快递公司在军埔设办事处。地方政府邀请专家前来开办讲座，组织淘宝青年到外地学习，还建设了电商培训中心，开展了覆盖全市、辐射周边的“全渗入式”的免费培训，军埔村中的培训课堂也已经成为远近闻名的“淘宝教室”。军埔村实现了网速快、基建好、物流畅、成本低、人才多等多方面适合电子商务发展的优势，农村电商经济蓬勃发展。作为中国最早的淘宝村之一，军埔村可谓是全民皆电商。2017年全村有2000多人投入到网上销售活动，现在村里有350多户2000多人从事电商行业，开设淘宝网店5000多家、实体网批店400多家，2016年实现交易额35亿元。军埔村由粤东一个偏远的小村庄居然成了“中国淘宝村”，成为揭阳市的一块知名招牌，地方政府在就业服务方面的工作值得肯定和学习。

3 拓宽农民增收渠道

十九大报告指出：“坚持按劳分配原则，完善按要素分配的体制机制，促进收入分配更合理、更有序。鼓励勤劳守法致富，扩大中等收入群体，增加低收入者收入，调节过高收入，取缔非法收入。坚持在经济增长的同时实现居民收入同步增长、在劳动生产率提高的同时实现劳动报酬同步提高。拓宽居民劳动收入和财产性收入渠道。”在农村要多渠道促进农民就业和增收，提高农民家庭经营收入和转移性收入。坚持走中国特色新型城镇化道路，推进以人为核心的城镇化，推动大中小城市和小城镇协调发展、产业和城镇融合发展，促进城镇化和新农村建设协调推进，在这一过程中，农民能获得更多的就业机会和工资性收入。

居民劳动收入对留守农村劳动力来说是农林牧副渔等第一产业收入，对外出务工的农民工来说是工资性收入。农业家庭经营收入是农村劳动收入的主要来源，但是随着农作物种植成本逐年攀升和农产品价格的持续低迷，加上国际农业市场的竞争压力，农业家庭经营性收入对农民增收的贡献呈递减趋势。增加农村居民劳动收入需要拓宽劳动收入渠道，要考虑到当前新型劳动就业模式，大力支持新业态的发展，为增加劳动收入创造了更多新的空间。拓宽农民的劳动收入渠道，需要积极推进农业供给侧结构性改革，延长农业产业链，对农产品进行深加工，推动质量兴农，把农业附加值留在农村内部，促进农村第一、二、三产业融合发展。以“三区三园”为载体和示范，推进现代农业建设。调整种养结构，培育一批名牌农产品和“三品一标”产品。促进农村第一、二、三产业融合发展，壮大农业龙头企业，发展农产品精深加工业和农业生产服务业，抓好农村电商、休闲农业、乡村旅游等新产业新业态。实施乡村振兴战略，完善农村基础设施建设，充分利用农村现有的自然和文化资源，发展乡村旅游，促进农民增收。深化农村集体产权制度改革，壮大集体经济的同时保障农民财产权益。农民外出务工的工资性收入是农村劳动收入的另一大来源。通过加大农民职业技能培训，提高农民自身竞争力；通过合理调整最低工资标准，促使农民工工资增长；建立健全农民工公共服务体系，做好对农民工的各项公共服务。同时大力支持农民工回乡创业，引导掌握了一定技能、积累了一定资金的农民工返乡创业，以创业带动就业。地方政府在公共服务方面降低创业门槛，给予农民工返乡创业支持，同时在金融服务和财政补贴方面也给予特殊照顾。

拓宽收入渠道还包括增加农民财产性收入，农民财产性收入主要指农民通过家庭的土地、宅基地和房屋等财产所获得的收入。拓宽农民财产性收入渠道要深化农村集体产权制度改革，要依法加强对农民财产权的保护，保障农民财产权益，壮大集体经济，巩固和完善农村基本经营制度，走共同富裕之路。坚持家庭经营基础性地位的同时，坚持农村土地集体所有，稳定土地承包关系，壮大集体经济，建立符合市场经济要求的集体经济运行机制，确保集体资产保值增值，确保农民利益最大化。十九大报告中明确指出保持土地承包关系稳定并长久不变，第二轮土地承包到期后再延长30年。十九大报告给农民吃了定心丸，确保了农村土地政策的稳定性和延续性，有利于保障农民权益，促进农村土地有序流转，农民可以通过土地流转和入股获得一部分财产性收入。通过扩大农民土地承包经营权，坚持家庭经营在农业中的基础性地位，推进家庭和集体共同发展的农业经营方式。鼓励承包经营权在公开市场上流转，发展多种形式规模经营。深化农村集体产权制度改革，推进农村宅基地确权改革，建立统一的建设用地市场，允许农村宅基地转让、抵押。对农村闲置并丧失公共服务功能的公益性基础设施，按照经营性建设用地确权给集体，由集体统一经营；推广发展土地股份合作和农业共营制，实行“集体股权、个人股东、按股分红”，通过集体经济发展乡村旅游等非农产业。加强对农村的经济社会投入，完善农业补贴政策，发展农村教育文化医疗等社会事业，各种资源的配置上更多向农村倾斜，这些举措都将有助于增加农民收入，同时也能为农民创业和更好就业解决后顾之忧。

实践链接

红山村增收之路

红山村是广州西北部的一个偏远山区村，2010年被评为“广州最美乡村”。但是这样一个村子在20世纪90年代曾因缺少收入来源，无序采石遭到自然的惩罚——1997年一场山洪几乎毁了整个村子，全村200多间泥土屋全部倒塌，近千人失去了家园。经历这场灭顶之灾后，红山村开始痛定思痛，反思如何建设家园。借助重建，在保护生态环境，实现可持续发展的前提下，发展旅游，建设特色现代小村庄成为共识。通过发展特色农业，建休闲旅游村，从单一粗放农业走向精细多元化，成为红山村的选择。借着美丽乡村建设的东风，红山村大力充分利用集体资源，坚定走集体经济之路。

红山村首先对村庄进行整体布局，预留出发展空间，再逐一对道路、广场、医疗、商业服务等作出规划。通过推进基础设施建设，修平拓宽进村大道，拉近红山村和广州大都市的距离。科学规划公共设施，统一布局建设村居，设计活动广场，建起可供人们休闲小憩的观景湖和廊桥，硬底化村内道路，实施“一河两岸”工程，在穿过村庄的小河沿岸种上桃树。修筑环村绿道，修复和新建以鼓楼灰塑和客家宗祠为代表的客家民俗风情建筑，建设自然和人文景点。充分利用土地资源，在冬季农田闲置期间种植起油菜花，春季举办油菜花节。经过十多年的努力，红山村乡村旅游产业达到了国家级的水平，成为“国家AAA级景区”，吸引大量游客前来，盘活了村民经济，提高了村民收入。村民驶入了增收致富的快车道，人均纯收入从贫困线增加到2016年农民人均收入13 873元。红山村在2011年获得“广州最美乡村”美誉后，再添“全国生态示范村”美称，成为“打造现代化美丽乡村”的样板。

“广州最美乡村”红山村

4 共享农村发展成果

十九大报告指出："发展是解决我国一切问题的基础和关键，发展必须是科学发展，必须坚定不移贯彻创新、协调、绿色、开放、共享的发展理念。""要坚持农业农村优先发展，按照产业兴旺、生态宜居、乡风文明、治理有效、生活富裕的总要求，建立健全城乡融合发展体制机制和政策体系，加快推进农业农村现代化。"习近平总书记提出："给农村发展注入新的动力，让广大农民平等参与改革发展进程、共同享受改革发展成果。""没有农村的小康，特别是没有贫困地区的小康，就没有全面建成小康社会。"坚持共享发展，让农村共享经济发展成果，从农村角度来看就是要坚持发展为了农民、发展依靠农民、发展成果由农民共享，作出更有效的制度安排，注重机会公平，保障农村基本民生，使全体农民在共建共享中有更多获得感，实现全体农民共同迈入全面小康社会。让人民群众共享改革发展成果的理念要贯穿在乡村振兴战略和美丽乡村建设的始终，实现全体农民的共同致富。

贯彻新发展理念，实施乡村振兴战略，要在破解城乡二元结构、推进城乡要素平等交换和公共资源均衡配置上取得重大突破，让广大农民平等参与改革发展进程，共享改革发展红利。农民向往美好的生活，期望接受更好的教育，拥有更稳定的工作，获取更满意的收入，享受更可靠的社会保障，享受更舒适的居住环境，他们期盼家庭收入更宽裕，家庭生活更幸福。加快推进城乡一体化发展，把社会事业发展重点放在农村和接纳农业转移人口较多的城镇，让农村共享城市发展的成果。妥善处理进城务工人员随迁子女教育、医疗和社会保障等问题，加快农业转移人口市民化，保障进城务工农民的合法权益，为其解决后顾之忧，让进城务工农民共享改革发展成果，真正融入城市。实施乡村振兴战略，加快新农村建设，完善农村基础设施，推进乡村统一规划，建设美丽宜居农村，实现城乡一体化是实现经济共享的第一步。农村硬件和软件条件提高了，农村就业竞争力和吸引力增强了，农村才能实现人才回流。推进新型城镇化建设，实施村村通工程方案，水泥路延伸到了乡村，公交开进了村庄，有线电视和网络接到农户家中，城乡距离缩短，城乡差距缩小，才有更多人才选择在农村工作。随着美丽乡村建设的开展，农民住上了小洋房，开上了小汽车，居住在农村的居民享受着农村优美的自然生态环境，生活也很幸福，留在农村就业成为一个很好的选择。农村人也能获得城市人的便利，享受城市人的生活方式，真正体现了农民共享经济发展的成果。

实践链接

黄龙村共享经济

佛山市顺德区黄龙村处于珠三角腹地，是一个传统岭南水乡村。黄龙村曾是顺德区经济发展较慢的村庄之一，谈及当年，村党委书记仇培东直言："当时村的集体经济收入、农村人均收入、股份分红远远低于全区平均水平；村容村貌不佳，基础配套不足，公共服务滞后，生态污染严重，人居环境较差，基层矛盾突出。"而今黄龙村已是省生态村、市健康村、市平安建设示范村，成为岭南水乡与工业气息充分融合的现代化农村典范。

"共享"是黄龙村实现翻天覆地变化的重要法宝，共享周边城镇的发展成果，共享水乡的美好环境，共享集体的资源。人口结构的巨大变化更是完美体现了黄龙村共享发展的硕果，黄龙村户籍人口约4200人，外来人口却已过万，外来人口成为黄龙发展的助力。为了促进新老黄龙人相融，让村民共建共享村居发展成果，黄龙村采取了多方面举措。从居住环境入手，不断改善村容村貌，加强环境卫生投入，齐全的配套设施让群众生活更满意，外来人幸福感倍增。从民生入手，推进各项民生工程，建设公园，开通公交，加强治安管理，建设平安宜居黄龙村。干净和安全是黄龙外来人对黄龙的两大印象，也是黄龙

广东省A级卫生村——顺德区北滘镇黄龙村

宜居和吸引人的地方。黄龙村每年举办的各类宗族活动，邀请海内外族人团聚，共谋共享黄村发展成果。每年举办文化活动在200场次以上，参加人次在5万人次以上，特别邀请外来人员参与，让新黄龙人共享黄龙经济发展成果。共享让黄龙村尝到了甜头。黄龙村环境好了，人民生活幸福指数大幅提高，就业吸引力显著增强。共享让黄龙宜居了，更多人愿意在黄龙就业，黄龙村的发展更有动力和活力。近些年黄龙村先后获得了“广东省A级卫生村”“佛山市生态村”“佛山市四星级健康村”“佛山市平安村居示范点”“佛山市文明村”等称号，成为美丽文明村居建设的典范。

就业是民生之本。党的十九大报告把更高质量和更充分就业提到了更重要的位置。作为改革开放最前沿，广东四十多年来的农村发展历程进一步证明了就业在农村发展中的重要作用。广东坚持就业优先战略，在农村实施积极的就业政策。积极推动特色小镇建设，完善农村基础设施，统一实施乡村规划与建设，推进农村人居环境综合整治，为农村创造了良好的就业环境，吸引了越来越多的人才到农村就业。加强农村劳动就业服务，推动以新型职业农民为主体的农村人才队伍建设。积极促进农村第一、二、三产业融合发展，抓好农村电商、休闲农业、乡村旅游等新产业新业

态，建设美丽乡村。实施乡村振兴战略离不开农村人才队伍建设，建设一支以新型职业农民为主体的人才队伍，实现农村高质量的就业，让新农民成为有吸引力的职业，让农村成为安居乐业的家园，让农业成为有奔头的产业，才能真正实现农村振兴。

阅读链接

[1] 习近平：决胜全面建成小康社会，夺取新时代中国特色社会主义伟大胜利——在中国共产党第十九次全国代表大会上的报告．北京：人民出版社，2017年10月．
[2] 郑功成：全面理解党的十九大报告与中国特色社会保障体系建设．人民网，2018年1月16日，http://theory.people.com.cn/n1/2018/0116/c40531-29767488.html.
[3] 十九大报告中的提高人民收入水平．人民网，2017年11月1日，http://theory.people.com.cn/n1/2017/1101/c40531-29620525.html.
[4] 韩长赋：认真学习宣传贯彻党的十九大精神：大力实施乡村振兴战略．中国网，2017年12月11日，http://www.china.com.cn/news/2017-12/11/content_41979419.htm.
[5] 2018年广东省政府工作报告．南方网，2018年2月2日，http://news.southcn.com/gd/content/2018-02/02/content_180670819.htm.

微言民义

社会保障是“安全网”，是“稳定器”，既与人民的幸福安康息息相关，又关系到国家的长治久安。

第四章

加强农村社会保障体系建设

党的十八大以来，以习近平同志为核心的党中央坚持以人民为中心的发展思想，坚持全覆盖、保基本、多层次、可持续的基本方针，从增强公平性、适应流动性、保证可持续性出发，全面推进社会保障体系建设，覆盖城乡居民的社会保障体系基本建立，保障项目日益完备，制度运行安全有序，保障水平稳步提高，人民群众更多地分享到经济社会发展成果。当前，中国特色社会主义已经进入新时代。我国社会主要矛盾已经转化为人民日益增长的美好生活需要和不平衡不充分的发展之间的矛盾。必须适应我国社会主要矛盾转化的客观要求，在社会保障体系基本建立的基础上提出新的奋斗目标。党的十九大报告提出全面建成多层次社会保障体系，这是党中央在科学研判世情国情基础上，对新时期社会保障体系建设作出的重大部署，对于不断提高保障和改善民生水平，促进国家治理体系和治理能力现代化，推动经济社会发展朝着更高质量、更有效率、更加公平、更可持续方向前进，有着重大现实意义和深远历史意义。

1 建成农村社会保障体系

党的十九大报告指出："保障和改善民生要抓住人民最关心最直接最现实的利益问题，既尽力而为，又量力而行，一件事情接着一件事情办，一年接着一年干。坚持人人尽责、人人享有，坚守底线、突出重点、完善制度、引导预期，完善公共服务体系，保障群众基本生活，不断满足人民日益增长的美好生活需要，不断促进社会公平正义，形成有效的社会治理、良好的社会秩序，使人民获得感、幸福感、安全感更加充实、更有保障、更可持续。"建立完善的社会保障体系，就能够保障农村农民的基本权益，这就需要社会各类主体积极参与到农村社会保障体系建设中，发挥有效的作用。清远国寿与市民政局、老龄办等合作推出"银龄安康"老人保险项目，为60周岁（含）以上老年朋友推出老人意外伤害综合保险，帮助广大老年朋友增加保障渠道，减轻家庭经济负担，提高生活质量，安享晚年生活。清远国寿于2014年10月1日正式启动"银龄安康"老人保险项目，截至2018年，银龄安康老人险全面覆盖全市65万60周岁（含）以上老人，全年为超过9200人次送去700多万元的理赔金，切实减轻了老年人的经济负担。与市卫计局开展深度合作，推进计划生育家庭意外伤害保险项目。为全市病残儿、后遗症家庭、失独家庭等计划生育特殊家庭均送上一份保障，同时鼓励普通家庭自费购买，如今，全市受惠家庭已从2009年的0.5万人，达到2018年的3万多户超过10万人享受到计划生育保险保费低廉保障高的福利。2018年为全市近1400人次理赔超过200万元，给计生家庭提供了意外伤害身故、残疾、医疗费用等赔偿，一定程度上解决了计生家庭"因病致贫、因病返贫"的问题，成为清远市卫生系统的重要惠民工程。

清远中国人寿支持乡村振兴

清远全市超过18万名中小学生在中国人寿投保学生保险，中国人寿为清远地区各学校专门设计了一款涉及意外伤害、身故、疾病住院、意外门诊等多重保障的方案，为全市中小学生的平安保驾护航，2018年全市学生险理赔超过740万元，多达5600名在校学生享受到国寿的理赔呵护。通过市场调查和政策的研究，国寿发挥国有企业的担当精神，为清城区及英德市辖区内五保户人员提供特别的护理保险项目，覆盖两市（区）6000余人，其中清城区五保户保险项目投标半年来理赔超过38万元，超过300人次享受护理津贴的补助，切实减轻五保户就医难，解决住院无人照顾等痛点难点，让五保户充分享受国家发展带来的福利，也为国家精准扶贫的探索创新模式。

实践链接

大澳村完善公共服务体系

位于粤东地区的潮州市饶平县黄冈镇大澳村，在“完善公共服务体系”上的做法具有一定的代表性。黄冈镇大澳村地处沿海，毗邻县城，现有人口15 250人，全村辖区面积1600公顷。2007年，大澳村被县委、县政府定为社会主义新农村建设试点村。

要了解大澳村在“完善公共服务体系”方面的工作，不妨让我们从大澳村的过去述起。过去，大澳村曾是一个全省乃至全国闻名的“问题村”，由于历史原因，过去大澳村党基层组织建设薄弱，村内生产生活秩序混乱，黄赌毒、制假、盗抢销机动车、非法经营网吧和电子游戏室现象普遍存在。

近年来，村“两委”认真贯彻落实科学发展观，围绕“生产发展、生活宽裕、乡风文明、村容整洁、管理民主”的社会主义新农村建设的要求，扎实推进社会主义新农村的建设。为人民群众对安居乐业的需求、对社会秩序稳定良好的需求，积极提供保障，完善公共服务体系，切实解决各项民生问题。

大澳村将完善公共服务体系和解决民生问题作为村建设的重要任务，其将基层公共服务体系建设置于社会发展的大局中来定位，采取一系列方法和措施扎实推进，努力使人保系统基层公共服务体系成为保障和改善民生的重要着力点，为推进社会建设提供有力支撑。

为解决大澳村村民切身面临与关切的就业问题、社会保障问题、社会求助问题，大澳村在村设立公共服务站，积极推进一站式服务。村“两委”积极组织“文明户”评选活动，自2009年到现在，共评出文明户72户；设立志愿服务站点，精心组织以党员干部带头的志愿队伍，每逢传统节日这支队伍便为村民服务，特别是到五保户和低保户家中送温暖；2011—2012年度大澳村参加农村合作医疗、养老保险达95%，适龄儿童入学率达100%。

同时，大澳村还加强福利事业建设，致力解决民生问题。近年来，大澳

大澳村文化公园

大澳村渔民捕捞生产

村先后投资2000多万元，为群众解决饮水、道路、卫生、水利、生产、教育文化、文化公园等基础设施建设。黄冈镇委书记黄俊辉说：“从‘老先进’跌入低谷，从臭名昭著到重树形象，大澳村在近50年间经历了大起大落。”

从1994到2004年，大澳村曾是广东省出名的香烟制假村。如今制假窝点不复存在，取而代之的是占地约百亩的文化公园、羽毛球场、篮球场、综艺广场、儿童游乐场、大戏台等。“大澳经验”目前正在全镇推广，过来取经的人越来越多。

为进一步打造宜居舒适的环境，为村民、周边群众及外来游客提供秀美、多样、舒适的旅游度假空间，打造成广东省东部沿海的生态文化村，大澳村于2011年聘请广东省园林设计院为其进行远景规划，并制订《2012—2020年大澳生态园区规划说明书》，为大澳打造广东省东部沿海的生态文化村打下坚实基础。

2 全面实施农民参保计划

党的十九大报告指出：“按照兜底线、织密网、建机制的要求，全面建成覆盖全民、城乡统筹、权责清晰、保障适度、可持续的多层次社会保障体系。全面实施全民参保计划。完善城镇职工基本养老保险和城乡居民基本养老保险制度，尽快实现养老保险全国统筹。完善统一的城乡居民基本医疗保险制度和大病保险制度。”

实践链接

全面实施全民参保

广州市番禺区大龙街的新水坑村位于省道市新路旁。辖区面积1.79平方公里，由南约坊、谨岗坊和大巷坊3条自然村组成，有7个村民小组，其中户籍人口总数2101人，流动人口约7000人。

10年前，番禺有句老话：新水坑不新，旧水坑不旧。“后生仔”娶老婆，对方问家在哪条村，新水坑村的年轻人都只敢说“水坑”。

“对方一问，如果答旧水坑，就有下文，如果答新水坑，就没下文了，太破旧了。‘后生女’嫁到新水坑村，是因为爱情。”新水坑村的媳妇阿梅说。

2008年开始，新水坑村开始组建“能人班子”。在“能人班子”的带领下，新水坑村按照上级要求，在环境秩序整治、村集体经济发展、村务管理等工作中当好“导航仪”，把好“方向盘”，充分发挥党支部领导核心作用。

经过全村党员干部、村民群众的努力，新水坑村集体收入从2007年的338万元增加至2016年的3140万元，增长9.3倍；村集体总资产从2007年的1668万元增加至2016年的2.5401亿元，增长15.2倍。新水坑村也成为远近闻名的高颜值“名村”。新水坑村在村经济收入不断

今日广州新水坑村

新村新貌

增加的同时，亦“坚持惠民优先，延伸服务触角”方面的努力。

新水坑村治保主任说：“整治前村里治安不好，常有人到我们村里偷狗，甚至大白天开着车到村里抢狗。”因为治安差，村里有一半以上的年轻人嫌环境不好，挣不到钱，纷纷外出打工了。现如今，新水坑村已为全体村民购买新型合作医疗保险和意外险，为35岁以上村民购买社会养老保险，新水坑村村民的安全感、幸福感和获得感不断地增强与攀升。

新水坑村在社会主义新农村建设和文明村创建历程中，通过不懈的努力，经济社会发展取得显著成效，村容村貌整洁美观，各项活动丰富多彩，社会秩序和谐稳定，村民素质全面提高。新水坑村在新农村建设的经验与做法也引起了其他社区的关注，越来越多的社区负责人率队到新水坑村考察学习。

位于粤东的汕头市潮阳区和平镇和铺社区同样为“新农村医保”作出努力。和铺社区地处练江北岸，辖区面积1.253平方公里，耕地面积96.875亩，山地面积450亩。

2008年3月以来，和铺社区深入贯彻落实广东省委、省政府五大发展理念，推进“五位一体”总布局，协调推进“四个全面”战略布局，坚持创新、协调、绿色、开放、共享的发展理念，以培育和践行社会主义核心价值为根本，以人文美、风尚美、环境美、文化美为目标，从构筑和谐入手，以创新举措，发展经济，建设美丽和铺，全面提升社

广东名村汕头和舗社区

区人民群众生产生活幸福感。目前，社区呈现管理有序，文明祥和，健康向上，平安稳定的新景象。

和舗社区坚持以人为本，关注民生，建立扶贫助困基金和奖教奖学制度，100%实现新农村医保。从2011年7月起为16周岁以上的社区居民投放养老金每年每人100元，切实解决居民养老保障，每年平均拨出资金10万元解决病危、特困群众救济；每年平均投放资金12万元帮助困难家庭子女上大学，逢年过节每年投资2.6万元为60岁老人发放慰问金。村民陈婵卿笑着说：“这几年村里开展新农村建设，面貌焕然一新，生活也幸福多了。”

3 统筹城乡社会救助体系

党的十九大报告指出：“统筹城乡社会救助体系，完善最低生活保障制度。坚持男女平等基本国策，保障妇女儿童合法权益。完善社会救助、社会福利、慈善事业、优抚安置等制度，健全农村留守儿童和妇女、老年人关爱服务体系。发展残疾人事业，加强残疾康复服务。”

实践链接

完善社区帮扶救助体系

广州市白云区松洲街槎龙社区可谓"贴心的社区服务"的代表。松洲街槎龙社区居委会位于广州市西北出口处107国道旁，辖区内共有3.7平方公里，村属下有30多家村社企业，户籍人口1398户3799人，流动人口约1万多人。

近年来，槎龙社区不断地完善社区服务体系。每逢国庆、重阳、春节等节假日，社区"两委"积极上门探访、慰问辖内独居老人、残疾人、困难群众，解决其面临的切身关切问题。依托松洲街劳动和社会保障服务平台，槎龙社区建立起异地务工人员工作管理站，为辖内失业人、异地务工人员提供各项社会管理服务，为辖内失业人员、居民、老年人提供城乡居民养老、城镇居民医疗保险、"4050"人员资助办理服务。各项社会救助服务的不断完善使得社区的人民有了更多的心安感和幸福感。"'农转居'后，我不仅能每月领取上千元养老金，医保卡还存有1万多块，现在完全没有后顾之忧了。"陈先生喜滋滋地说。

槎龙社区纪念三八节活动现场

社会救助体系的建构离不开社区自身的努力，也离不开慈善机构、社会群体的群策群力。汕头市龙湖区外砂镇的蓬中村是外砂镇第一大村，也是全国著名的侨乡。

现在，当你走进蓬中村，犹如走进一座富有现代气息的小城市，但见平坦宽阔的村道、清新的绿化广场、崭新齐整的民居楼房、热闹的工厂、繁华的商店，还有花园式的学校、幼儿园、敬老院等等，好一派现代农村的新气象。然而，你可知道今日蓬中的变化可谓是苦尽甘来。

蓬中村凝聚侨心侨力，海外侨胞先后捐款建设了占地30亩的蓬中村华侨学校、占地9亩的蓬中幼儿园、外砂中心敬老院等一批公益设施。积极联络海外侨胞和发动社会热心人士，成立了全市最大的村级慈善会——蓬中村慈善会，共募集慈善捐款近600万元。成立村奖学基金，每年资助学生的助学金、奖学金达

海外侨胞支援家乡振兴发展

到20多万元；每年开展贫困家庭慰问，正大集团每年拨出扶贫款20多万元。逐季发放给村里100多户困难家庭。香港孙志文先生每年捐资48 000元，逐季发放给20户单亲母亲。同时，蓬中村鼓励侨胞积极回乡投资设厂，创办企业，为家乡经济社会的迅速发展作出积极贡献。社会救助体系的统筹工作为蓬中村的新农村建设配备了充足的马力与动力。

4 健全农村关爱服务体系

党的十九大报告指出："增进民生福祉是发展的根本目的。必须多谋民生之利、多解民生之忧，在发展中补齐民生短板、促进社会公平正义，在幼有所育、学有所教、劳有所得、病有所医、老有所养、住有所居、弱有所扶上不断取得新进展，深入开展脱贫攻坚，保证全体人民在共建共享发展中有更多获得感，不断促进人的全面发展、全体人民共同富裕。"

实践链接

江村村营造尊老爱幼良好村风

解决好老、幼、妇女公共服务的不足具有相当程度的紧迫性。让我们看看广州市白云区江高镇的江村村在这方面的工作。江村党委、村委会在上级党委和政府的正确领导下，带领村民群众正努力建设“生产发展、生活宽裕、乡风文明、村容整洁、管理民主”的社会主义新农村。

常年来，江村村尊老爱幼的传统始终不变。村里60岁以上的老人每月都可得到村委发放的老人金；每逢重阳节、春节等中国传统节日，老人还可得到相应的慰问金。若有村民年老去世，其家人将得到相关的抚恤金。正是借助对老人慰问与关爱行动的常规化、制度化，江村村逐步建立起农村关爱服务体系。

对于村里的幼儿园、小学、中学，江村村已设立了奖教奖学基金。每年的火龙节、元宵节是江村最热闹的日子。元宵佳节也是江村村扶贫救助基金募捐的时节，活动现场一众善心人士纷纷慷慨解囊，为江村村的贫困学生、病重困难人士捐款。江村村将对农村儿童、妇女和老年人的关爱与传统文化、传统节日的传承严丝合缝地衔接在一起。

近几年来，随着村、社集体经济的发展，村民生活水平不断提高。江村村政建设不断完善，先后建成了东边公园、古楼绿化小公园、江村文化广场和公园景点、足球场、篮球场等活动场所，给村民休闲娱乐；实现中心村道路及环村道路水泥化、食水自来化、厕所无害化、村边路旁美化绿化。村内主要路段还装上了路灯，实现坑渠硬底化，巷道水泥化，并通过“上莲塘整治”的经验以点带面全面整治村内的环境，为

尊老爱幼，保持优良村风

丰富乡村读书生活

村民提供一个安居乐业的环境。

江村村现已建立和健全10个服务网络，成立了计生协会、妇女禁毒协会、科技推广协会、教育委员会、禽畜水产协会、关心下一代工作小组；并为村民提供各项文化娱乐阵地，如村文化广场、党员活动室、图书馆、青少年之家、妇女学校、江村乐社、足球场、篮球场等等。江村村致力于健全农村儿童和妇女、老年人的关爱服务体系。

知识链接

国务院关于开展新型农村社会养老保险试点的指导意见

各省、自治区、直辖市人民政府，国务院各部委、各直属机构：

根据党的十七大和十七届三中全会精神，国务院决定，从2009年起开展新型农村社会养老保险（以下简称新农保）试点。现就试点工作提出以下指导意见：

一、基本原则

新农保工作要高举中国特色社会主义伟大旗帜，以邓小平理论和“三个代表”重要思想为指导，深入贯彻落实科学发展观，按照加快建立覆盖城乡居民的社会保障体系的要求，逐步解决农村居民老有所养问题。新农保试点的基本原则是“保基本、广覆盖、有弹性、可持续”。一是从农村实际出发，低水平起步，筹资标准和待遇标准要与经济发展及各方面承受能力相适应；二是个人（家庭）、集体、政府合理分担责任，权利与义务相对应；三是政府主导和农民自愿相结合，引导农村居民普遍参保；四是中央确定基本原则和主要政策，地方制订具体办法，对参保居民实行属地管理。

二、任务目标

探索建立个人缴费、集体补助、政府补贴相结合的新农保制度，实行社会统筹与个人账户相结合，与家庭养老、土地保障、社会救助等其他社会保障政策措施相配套，保障农村居民老年基本生活。2009年试点覆盖面为全国10%的县（市、区、旗），以后逐步扩大试点，在全国普遍实施，2020年之前基本实现对农村适龄居民的全覆盖。

三、参保范围

年满16周岁（不含在校学生）、未参加城镇职工基本养老保险的农村居民，可以在户籍地自愿参加新农保。

四、基金筹集

新农保基金由个人缴费、集体补助、政府补贴构成。

（一）个人缴费。参加新农保的农村居民应当按规定缴纳养老保险费。缴费标准目前设为每年100元、200元、300元、400元、500元5个档次，地方可以根据实际情况增设缴费档次。参保人自主选择档次缴费，多缴多得。国家依据农村居民人均纯收入增长等情况适时调整缴费档次。

（二）集体补助。有条件的村集体应当对参保人缴费给予补助，补助标准由村民委员会召开村民会议民主确定。鼓励其他经济组织、社会公益组织、个人为参保人缴费提供资助。

（三）政府补贴。政府对符合领取条件的参保人全额支付新农保基础养老金，其中中央财政对中西部地区按中央确定的基础养老金标准给予全额补助，对东部地区给予50%的补助。

地方政府应当对参保人缴费给予补贴，补贴标准不低于每人每年30元；对选择较高档次标准缴费的，可给予适当鼓励，具体标准和办法由省（区、市）人民政府确定。对农村重度残疾人等缴费困难群体，地方政府为其代缴部分或全部最低标准的养老保险费。

五、建立个人账户

国家为每个新农保参保人建立终身记录的养老保险个人账户。个人缴费，集体补助及其他经济组织、社会公益组织、个人对参保人缴费的资助，地方政府对参保人的缴费补贴，全部记入个人账户。个人账户储存额目前每年参考中国人民银行公布的金融机构人民币一年期存款利率计息。

六、养老金待遇

养老金待遇由基础养老金和个人账户养老金组成，支付终身。

中央确定的基础养老金标准为每人每月55元。地方政府可以根据实际情况提高基础养老金标准，对于长期缴费的农村居民，可适当加发基础养老金，提高和加发部分的资金由地方政府支出。

个人账户养老金的月计发标准为个人账户全部储存额除以139（与现行城镇职工基本养老保险个人账户养老金计发系数相同）。参保人死亡，个人账户中的资金余额，除政府补贴外，可以依法继承；政府补贴余额用于继续支付其他参保人的养老金。

七、养老金待遇领取条件

年满60周岁、未享受城镇职工基本养老保险待遇的农村有户籍的老年人，可以按月领取养老金。

新农保制度实施时，已年满60周岁、未享受城镇职工基本养老保险待遇的，不用缴费，可以按月领取基础养老金，但其符合参保条件的子女应当参保缴费；距领取年龄不足15年的，应按年缴费，也允许补缴，累计缴费不超过15年；距领取年龄超过15年的，应按年缴费，累计缴费不少于15年。

要引导中青年农民积极参保、长期缴费，长缴多得。具体办法由省（区、市）人民政府规定。

八、待遇调整

国家根据经济发展和物价变动等情况，适时调整全国新农保基础养老金的最低标准。

九、基金管理

建立健全新农保基金财务会计制度。新农保基金纳入社会保障基金财政专户，实行收支两条线管理，单独记账、核算，按有关规定实现保值增值。试点阶段，新农保基金暂实行县级管理，随着试点扩大和推开，逐步提高管理层次；有条件的地方也可直接实行省级管理。

十、基金监督

各级人力资源社会保障部门要切实履行新农保基金的监管职责，制定完善新农保各项业务管理规章制度，规范业务程序，建立健全内控制度和基金稽核制度，对基金的筹集、上解、划拨、发放进行监控和定期检查，并定期披露新农保基金筹集和支付信息，做到公开透明，加强社会监督。财政、监察、审计部门按各自职责实施监督，严禁挤占挪用，确保基金安全。试点地区新农保经办机构和村民委员会每年在行政村范围内对村内参保人缴费和待遇领取资格进行公示，接受群众监督。

（上述信息来源：http://www.gov.cn/zhengce/content/2009-09/04/content_7280.htm）

关于做好2017年新型农村合作医疗工作的通知

各省、自治区、直辖市卫生计生委、财政厅（局），福建省医保办：

根据深化医药卫生体制改革有关要求，现就做好2017年新型农村合作医疗（含卫生计生部门管理的城乡居民基本医疗保险，以下简称新农合）工作通知如下：

一、提高筹资标准

2017年，各级财政对新农合的人均补助标准在2016年的基础上提高30元，达到450元，其中：中央财政对新增部分按照西部地区80%、中部地区60%的比例进行补助，对东部地区各省份分别按一定比例补助。农民个人缴费标准在2016年的基础上提高30元，原则上全国平均达到180元左右。探索建立与经济社会发展水平、各方承受能力相适应的稳定可持续筹资机制。

二、提升保障绩效

政策范围内门诊和住院费用报销比例分别稳定在50%和75%左右，逐步缩小政策报销比和实际报销比之间的差距。扩大纳入支付的日间手术范围，将符合条件的住院分娩费用纳入报销范围，将符合条件的养老机构内设医疗机构和社会办医疗机构按规定纳入定点范围。积极推进对高血压、糖尿病、严重精神障碍等慢性疾病实施按病种定额付费等有别于普通门诊的慢性病补偿政策。

三、完善大病保险政策

继续加大投入力度，新农合新增筹资中的一定比例要用于大病保险，进一步调整完善大病保险统筹补偿方案。将贫困人口大病保险起付线降低50%，促进更多贫困人口从大病保险受益。健全新农合、大病保险、医疗救助、疾病应急救助、商业补充保险等制度联动报销机制，推进“一站式”结算服务。做好农村贫困人口大病专项救治工作，将儿童白血病、儿童先天性心脏病、食管癌、胃癌、结肠癌、直肠癌、终末期肾病等大病集中救治范围覆盖至所有农村参合贫困患者，并将罹患儿童先心病、儿童白血病的城市参合贫困患者同时纳入专项救治范围。支持各地对贫困人口采取“先诊疗、后付费”的政策，对县域内医疗机构垫付的贫困人口报销资金要及时足额予以支付。

四、深化支付方式改革

全面推进按病种付费、按人头付费、按床日付费等复合型支付方式改革，开展按疾病诊断相关分组（DRGs）收付费试点，进一步扩大支付方式改革对定点医疗机构和参合患者的覆盖面。将对医疗机构个体的总额控制转变为区域内总额控制，探索开展点数法付费。建立健全支付方式改革联系点工作机制，加强对支付方式改革的指导、评估和总结。助力分级诊疗制度建设，将符合规定的家庭医生签约服务费纳入医保支付范围。支持区域医疗服务一体化改革，探索通过总额预付等支付政策的引导与调控，促进城市紧密型医联体、县域医共体内各级医疗机构规范服务、上下联动、分工协作、主动控费。启动实施按照药品通用名称制订新农合药品支付标准，配合做好医疗服务价格改革，探索制订新农合医疗服务支付标准，协同推进药品和医疗服务价格改革。

五、加快异地就医联网结报

加快推进新农合信息平台全国联网，完善异地就医信息系统建设、补偿政策和管理运行机制。全面推进省内异地就医结报，切实提高参合患者异地就医结报的便捷性、及时性。加快推进跨省异地就医结报工作，确保2017年年底前实现新农合转诊住院患者跨省定点就医直接结报。鼓励社会力量参与异地结报工作，充分发挥市场机制作用，提高经办效率和水平。各级各类定点医疗机构要及时联通信息系统，加强内部管理，完善相关工作机制，协同做好异地就医结报服务工作。积极推进医保智能监控系统应用，将医保对医疗机构的监管延伸到医务人员。

六、推进制度整合

贯彻落实国务院《关于整合城乡居民基本医疗保险制度的意见》和中共中央办公厅、国务院办公厅转发的《国务院深化医药卫生体制改革领导小组关于进一步推广深化医药卫生体制改革经验的若干意见》要求，完成城乡居民基本医疗保险制度整合，实行“六统一”政策，合理确定筹资标准和待遇水平，确保待遇公平和基金安全。在制度整合过程中实行分档筹资、参保人自愿选择缴费档次办法的统筹地区，个人缴费最低档不得低于国家规定标准。加强对整合前后政策连续性和基金运行的监测分析，确保基金平稳运行和制度可持续发展。加快理顺基本医保管理体制，开展设立医保基金管理中心试点工作，承担基金支付和管理、药品采购和费用结算、医保支付标准谈判、定点机构的协议管理和结算等职能，充分发挥医保对药品生产流通企业、医院和医生的监督制约作用。继续推进管办分开，深入推进商业保险机构等社会力量参与经办服务，推动建立公平公开、有序竞争的城乡居民基本医疗保险经办服务格局。

七、保障基金安全

做好城乡居民医保制度整合过程中基金运行的监测和分析，切实防范基金风险。加强组织领导，落实监管职责，形成部门联动、齐抓共管的工作格局。各级卫生、财政部门要主动会同审计、公安、监察等部门，严密防范、严厉打击骗取套取新农合基金的行为，及时排查和消除基金安全隐患。健全责任追究制度，依法加大对贪污、挤占、挪用、骗取新农合基金等违法违规行为的处罚力度。

国家卫生计生委　财政部

2017年4月13日

（上述信息来源：https://www.xnh.org.cn/gjzxfg/20170420/4570.html）

阅读链接

[1] 习近平提出，提高保障和改善民生水平，加强和创新社会治理．新华社，2017年10月18日，http://cpc.people.com.cn/19th/n1/2017/1018/c414305-29594508.html.

[2] 习近平：完善包括机会公平在内的社会公平保障体系．人民网—中国共产党新闻网，2018年1月30日，http://cpc.people.com.cn/xuexi/n1/2018/0130/c385476-29794931.html.

[3] 尹蔚民：全面建成多层次社会保障体系．人民日报，2018年1月9日07版，http://opinion.people.com.cn/n1/2018/0109/c1003-29752604.html.

[4] 郑功成：加快健全社会保障体系．人民日报，2016年2月2日07版，http://opinion.people.com.cn/n1/2016/0202/c1003-28102692.html.

[5] 郑功成：全面理解党的十九大报告与中国特色社会保障体系建设．国家行政学院学报，2018年01月16日，http://theory.people.com.cn/n1/2018/0116/c40531-29767488.html.

[6]《关于加快发展商业养老保险的若干意见》政策解读．国新网，2017年6月28日，http://www.scio.gov.cn/34473/34515/Document/1556364/1556364.htm.

微言民义

消除贫困、改善民生、实现共同富裕，是社会主义的本质要求。对困难群众，要格外关注、格外关爱、格外关心，千方百计帮助他们排忧解难，把群众的安危冷暖时刻放在心上，把党和政府的温暖送到千家万户。

第五章

打赢农村精准扶贫攻坚战

十八大报告提出，坚持把国家基础设施建设和社会事业发展重点放在农村，深入推进新农村建设和扶贫开发，全面改善农村生产生活条件。着力促进农民增收，保持农民收入持续较快增长。十九大报告提出，让贫困人口和贫困地区同全国一道进入全面小康社会是我们党的庄严承诺。要动员全党全国全社会力量，坚持精准扶贫、精准脱贫，坚持中央统筹省负总责市县抓落实的工作机制，强化党政一把手负总责的责任制，坚持大扶贫格局，注重扶贫同扶志、扶智相结合，深入实施东西部扶贫协作，重点攻克深度贫困地区脱贫任务，确保到二〇二〇年我国现行标准下农村贫困人口实现脱贫，贫困县全部摘帽，解决区域性整体贫困，做到脱真贫、真脱贫。

1 坚持精准扶贫、精准脱贫

“民亦劳止，汔可小康。惠此中国，以绥四方。”这是我国第一部诗歌总集《诗经·大雅·民劳》中的句子。2000多年前，我们的先民就在劳动和生活中渴求美好的小康梦。

党的十八大后，习近平总书记国内考察的第二站就来到贫困革命老区——河北阜平县。2013年的元旦前夕，习近平总书记来到地处太行山深处的特困村——河北省阜平县龙泉关镇骆驼湾村、顾家台村。这次阜平之行，习近平总书记提出了“全面建成小康社会，最艰巨最繁重的任务在农村、特别是在贫困地区。没有农村的小康，特别是没有贫困地区的小康，就没有全面建成小康社会”的重要论断。

2013年11月3日，习近平总书记来到湖南省湘西自治州花垣县十八洞村，在这个武陵山腹地的偏僻苗寨里，习近平总书记首次作出了“实事求是、因地制宜、分类指导、精准扶贫”的重要指示。

2014年1月，中办详细规制了精准扶贫工作模式的顶层设计，推动了精准扶贫思想落地。2014年3月，习近平总书记参加“两会”代表团审议时强调，要实施精准扶贫，瞄准扶贫对象，进行重点施策，进一步阐释了精准扶贫理念。

2015年1月，习近平总书记新年首个调研地点选择了云南，强调坚决打好扶贫开发攻坚战，加快民族地区经济社会发展。5个月后，习近平总书记来到与云南毗邻的贵州省，强调要科学谋划好“十三五”时期扶贫开发工作，确保贫困人口到2020年如期脱贫，并提出扶贫开发“贵在精准，重在精准，成败之举在于精准”，“对象要精准、项目安排要精准、资金使用要精准、措施到位要精准、因村派人要精准、脱贫成效要精准”，“精准扶贫”成为各界热议的关键词。

2015年10月16日，习近平总书记在2015减贫与发展高层论坛上强调，中国扶贫攻坚工作实施精准扶贫方略，增加扶贫投入，出台优惠政策措施，坚持中国制度优势，注重“六个精准”，坚持分类施策，因人因地施策，因贫困原因施策，因贫困类型施策，通过扶持生产和就业发展一批，通过易地搬迁安置一批，通过生态保护脱贫一批，通过教育扶贫脱贫一批，通过低保政策兜底一批，广泛动员全社会力量参与扶贫。

2016年4月24日，习近平总书记视察安徽省六安市金寨县时强调，“扶贫机制要进一步完善兜底措施”。

2016年7月，习近平总书记到宁夏调研考察，首站来到宁夏回族自治区固原市，习近平总书记深情地说：“全国还有5000万贫困人口，到2020年一定要实现全部脱贫目标。这是我当前最关心的事情。”

习近平总书记在2017年的新年贺词中，习近平总书记又作出了这样的回答和承诺：“小康路上一个都不能掉队！”“我最牵挂的还是困难群众。”再次对打赢脱贫攻坚战发出铿锵有力的号召。

2 “广式”精准扶贫、精准脱贫

党的十八大提出2020年我国全面建成小康社会的目标以来，广东省委、省政府高度重视扶贫开发工作，紧紧围绕“三个定位、两个率先”的目标，坚决贯彻落实习近平总书记关于“采取超常举措，拿出过硬办法，按照精准扶贫、精准脱贫要求，用一套政策组合拳，确保在既定时间节点打赢扶贫开发攻坚战”的讲话精神，连续实施两轮扶贫开发“规划到户、责任到人”行动，坚持“靶向疗法”。

2013年4月，省委、省政府召开全省扶贫开发工作会议，部署继续实施扶贫开发“双到”工作，并要求更加注重用发展的办法解决贫困问题，同时出台了《广东省新一轮扶贫开发“规划到户责任到人”及重点县（市）帮扶工作实施方案》。

2016年3月，全省扶贫开发工作会议召开，研究部署新时期精准扶贫精准脱贫攻坚工作，坚决打赢脱贫攻坚战，确保贫困人口与全省人民一道迈向全面小康。同年6月，《中共广东省委 广东省人民政府关于新时期精准扶贫精准脱贫三年攻坚的实施意见》正式出台。

在如期完成新一轮扶贫开发“双到”工作后，2016年，省委、省政府又启动新时期精准扶贫精准脱贫攻坚战，坚决贯彻习近平总书记在2015年中央扶贫开发工作会议上发出的“齐心协力打赢脱贫攻坚战”的动员令，集全省之力，聚焦分散在14个地级市1.9万条村的70.8万相对贫困户176.5万相对贫困人口，发起脱贫攻坚冲锋战。

广东按照“三年攻坚、两年巩固，到2020年如期完成脱贫攻坚任务”的目标要求，扎实推进精准脱贫工作，努力在全面建成小康社会新征程上走在前列。

在“精准识别、精准施策”的精准扶贫思想指导下，到2016年，我省如期高质量完成对20.9万贫困户90.6万贫困人口、2571个相对贫困村和21个扶贫开发重点帮扶县的帮扶任务。“三年攻坚、两年巩固，到2020年如期完成脱贫攻坚任务”的新时期脱贫攻坚部署实现良好开局。

实践链接

发展特色农业，促进村民致富

近十多年来，揭阳市惠来县隆江镇月潭村党支部在隆江镇委、镇政府的正确领导下，按照新农村建设二十字方针，以开展创先争优活动为契机，以扶贫开发为动力，始终牢记全心全意为人民服务的宗旨，因地制宜，积极整合各种社会资源。

在大力推进新农村建设中，村党支部团结带领村“两委”一班人，紧紧抓住发展这个第一要务，围绕经济建设这个中心，依靠党建推进发展，大力发展特色农业，做活“发展”文章，加快集体经济发展步伐，带领群众奔康致富，为全村村民脱贫致富打下了坚实的基础。一是“党建+脱贫”路子。作为纯农乡村，村党支部充分发挥农产品资源丰富优势，因地制宜，于2003年注册了“月潭村德兴种养合作社”，兴办了一个占地20亩的土猪饲养基地，建设8个养猪棚，实行科学饲养，该养猪场年猪出栏6500多头，年创利润280多万元；抓住广东省第二轮扶贫的有利契机，注册了“月潭村月香种植合作社”，在帮扶单位的大力支持和帮助下，创办了“月潭村月香蔬菜种植基地”，规划了一个占地80多亩的蔬菜种植基地，主要种植芥蓝和油菜花等效益农业，并引进自动施肥及喷水等设备，走规模化、基地化、集约化发展新路子，年创利润20多万元。两个基地的创办，年可增加村集体收入300多万元，这既解决了村民劳力就业问题，也增加了村集体经济收入。二是实施党员干部“1+1”“1+N”联系、服务群众新模式。为扎实有效推进“领导挂点、干部驻村、党员帮户”扶贫帮扶工作，进一步发挥好党员干部服务基层、服务群众、帮扶贫困户的帮带作用。党员、干部结对帮扶贫困户19户48人，党员与贫困户结对面达100%，确保“1+1”“1+N”联系群众服务基层模式开花结果。通过走家串户、探访民情、思想引导、技术指导、生活照顾、

月潭村发展特色农业，促进村民致富

信息反馈、集体讨论等方式，帮助贫困户解决一些实际困难和问题，让党员进一步“动”起来，把群众进一步“带”起来。

3 强化党政一把手负总责的责任制

习近平总书记在十九大报告中指出：“要动员全党全国全社会力量，坚持精准扶贫、精准脱贫，坚持中央统筹省负总责市县抓落实的工作机制，强化党政一把手负总责的责任制”“确保到二〇二〇年我国现行标准下农村贫困人口实现脱贫，贫困县全部摘帽，做到脱真贫、真脱贫”。

在南粤大地上，一场脱贫攻坚战正紧张有序推进。“落实五级党政一把手抓扶贫责任，省里对全省脱贫攻坚负总责，牵头抓总，确定目标任务，加强督导考核；市、县负主体责任，市委书记和市长、县委书记和县长是当地脱贫攻坚第一责任人；处于脱贫攻坚第一线的镇、村负具体落实责任，确保脱贫工作落地见效。”

围绕责任的落实，广东严格实施扶贫考核制和问责制，省相关部门出台考评办法，公开考评结果，并将扶贫“双到”成效纳入各级领导干部政绩考核范围，通过落实工作责任，脱贫工作落地见效。

实现农村贫困人口脱贫，贫困县全部摘帽，是打赢“十三五”脱贫攻坚战、决胜全面建成小康社会的第一目标，更是各级各部门面临的历史“大考”，党政一把手作为“管总”的负责人，责无旁贷。党中央反复强调，要建立“党政一把手负总责的扶贫开发工作责任制”，一把手要“当好扶贫开发工作第一责任人”“做好扶贫一线总指挥”“切实担负起扶贫工作的主体责任”，突出的即是对“一把手责任”的严格要求。近年来，各地各部门通过签署扶贫“军令状”、严格扶贫工作的政绩考核、实施“扶贫一把手工程”等方式，不断强化“一把手责任”。在这种背景下，通报所显示的问题，实际上就是提醒密切关注扶贫“一把手责任”的深层次问题，将相应的责任机制落到实处。[1]

强化脱贫攻坚的“一把手责任”，坚持党的领导，发挥社会主义制度可以集中力量办大事的优势，这是我们的最大政治优势。要强化扶贫开发工作领导责任制，把中央统筹、省负总责、市（地）县抓落实的管理体制，片为重点、工作到村、扶贫到户的工作机制，党政一把手负总责的扶贫开发工作责任制，真正落到实处。省级要做好目标确定、项目下达、资金投放、组织动员、检查指导等工作，市（地）县要做好进度安排、项目落地、资金使用、人力调配、推进实施等工作。党政一把手要当好扶贫开发工作第一责任人，深入贫困乡村调查研究，亲自部署和协调任务落实。

强化脱贫攻坚的“一把手责任”，首先是“求实”的工作责任。当扶贫开发工作进入“啃硬骨头、攻坚拔寨”的冲刺期，精准扶贫之所以成为首要的政策要求和工作要求，目的就是避免大水漫灌、走马观花、大而化之式扶贫，做到因人因地施策，因贫困原因施策，因贫困类型施策，对症下药，精准滴灌，靶向治疗。这就要求一把手在部署扶贫工作时要实事求是，深入一线，查实情、出实招；在推进工作时要亲身抓落实，确保各项政策落到实处、发挥实效。倘若一把手对扶贫只是口头重视，听汇报，重数字，发文件，“精准”二字也就无从落实，难免出现“假脱贫”“被脱贫”“数字脱贫”。

脱贫攻坚的“一把手责任”，也是“担当”的主体责任。脱贫攻坚的“最后一公里”是深度贫困问题。要“攻克坚中之坚”，一把手必须敢

[1]《脱贫攻坚的“一把手责任”不是空话》，《南方日报》，2017-08-31。

于担当，迎难而上，而不是遇到困难就打退堂鼓，看到风险就挂免战牌。“担当”也是“党政同责、一岗双责”的要求，对下属和下级单位在扶贫过程中出现的一些问题，对应的主管领导必须敢抓敢管、严抓严管、善抓善管。“担当”就是不但要以身作则、清正廉洁，还要抓好班子、带好队伍，守土有责、守土负责、守土尽责，通过强化督导和监督，层层传导压力，有效抵御扶贫领域侵害群众利益的不正之风和腐败问题。

强化脱贫攻坚的“一把手责任”，必须加大问责力度。脱贫攻坚，既是实现全面建成小康社会第一位的民生工程，也是巩固党的执政基础、事关国家长治久安的政治任务。无论是工作中一些领导干部的拍脑袋决策、形式主义、不作为乱作为等违纪行为，还是一些部门负责人挪用扶贫资金、玩忽职守乃至监守自盗等违法问题，都严重影响了脱贫攻坚的进展和成效。对此，纪检和司法部门必须严肃问责、严格执法，对典型案例不仅要及时通报，还要深入剖析，查找问题根源；不仅要对扶贫领域违法违纪问题采取专项督查、检查等方式，关注重点、焦点问题，加大发现和查处力度，还要通过完善公开透明机制、健全内外监督体系，形成长效责任机制。[1]

十九大报告明确提出“强化党政一把手负总责的责任制”，这不仅是强调一把手的领导责任，还包括其组织、落实、督促等的全面责任。党政一把手负总责就是要确保打赢扶贫脱贫攻坚战，带领贫困人口奔小康。

要紧紧扭住脱贫攻坚领导责任制的抓手，层层签订脱贫攻坚责任书，立下军令状，细化工作任务、目标、进度，严格督查落实；各级党政主要负责人要把脱贫任务完成情况作为年度述职的重要内容；特别是县委书记和县长是第一责任人，必须做好进度安排、项目落地、资金使用、人力调配、推进实施等工作。

[1]《脱贫攻坚的“一把手责任”不是空话》，《南方日报》，2017-08-31。

实践链接

抓好基层党建　助推城镇村脱贫攻坚

梅州市五华县华城镇城镇村位于五华（古长乐）老县城区，距今已有千年历史，是全市有名的文物古村、文化之乡。城镇村是省定贫困村，由省直单位广东金融学院挂钩帮扶，全村行政区域0.9平方公里，少田，少地，无山林，下辖东区、西区、南区、北区、市区5个自然村，该村现有村“两委”干部7人，党员88人，总户数441户1867人，现有相对贫困户34户共93人。

近两年来，广东金融学院驻村扶贫工作队按照省委、省政府“三年攻坚、两年巩固，到2020年如期完成脱贫攻坚任务”的目标要求，根据五华县委、县政府，华城镇委、镇政府的统一部署，抓好基层党建，助推城镇村脱贫攻坚，以开展创先争优活动为契机，以扶贫开发为动力，始终牢记全心全意为人民服务的宗旨，因地制宜，积极整合各种社会资源，在推动科学发展、促进社会和谐、服务人民群众中忠实地践行了“忠诚于党、忠诚于人民、忠诚于事业”的响亮誓言。一项项村政基建项目有序地推进，该村正发生翻天覆地的变化，日新月异……目前，该村新农村建设正如火如荼地展开，村民生活质量不断提高，干群关系融洽，社会和谐稳定，人民安居乐业。

广东金融学院党委书记李建军慰问村民张焕新

近几年来，城镇村先后获得了“全国模范敬老村”“岭南乡村读书带头人”“广东卫生村”“梅州市文明村”“梅州市创先争优活动示范单位”“梅州市党员现代远程教育先进单位”“财务公开民主管理先进村”“五好基层关工委先进集体”“先进党支部、尊师重教先进村”“五华县培育村风民风示范村”“人居环境综合整治先行村”等光荣称号，2014年，城镇村被列入第一批广东传统村落名单，系粤东唯一的文物古村、文化之乡。光明网和广东省扶贫信息网、《源流》杂志等媒体分别报道了广金驻村工作队在开展精准扶贫工作中的经验做法。

在大力推进新农村建设中，村党支部和驻村工作队团结带领村“两委”一班人，紧紧抓住发展这个第一要务，围绕经济建设这个中心，依靠党建推进发展，大力发展产业帮扶，做活“发展”文章，加快集体经济发展步伐，带领群众奔康致富，为全村村民脱贫致富打下了坚实的基础。一是“党建+脱贫”路子。广东金融学院帮扶工作队围绕五华县委、县政府，华城镇委、镇政府对城镇村的发展定位，充分把握和利用好扶贫开发的方针政策，经与当地政府和企业的多次沟通协商，在前期充分论证的基础上：①投资30万元打造石柱塘农家乐帮扶产业，双方约定，学校扶贫资金30万元参股，入股期限为10年，每年分红4万余元，为此全村贫困户每人每年可分红430元；②统筹使用政府631资金（统筹扶贫专项资金），投资38万元再次入股石柱塘农家乐，入股期限为8年，每年分红3万余元，为此有动力贫困户每年每人可以得到400元分红；③统筹使用政府631资金15万元，投资五华县汉光超顺农业股份有限公司，每年收益1万余元，为此全村贫困户每人每年可分红120元。三个产业帮扶项目的落地，可使全村有劳动力贫困户每年每人增加收入950元，无劳动力贫困户每年每人增加收入550元，最终可增加村集体收入83万余元，这既可解决村民劳力就业问题，也可增加村集体经济收入。二是形成“扶智”长效机制。充分发挥高校人才优势，积极协助当地的智库建设，推动五华县和广东金融学院校政协作，广东金融学院广东特色金融建设协同创新发展中心五华实践基地已在五华科技产业孵化园挂牌。组织学校专家教授下乡调研，结合村情民情，探索可持续发展模式。利用暑假，开展大学生“三下乡”社会实践活动，在城镇村进行支教、专题调研、政策宣传等系列活动。三是挖掘城镇村红色资源、历史文化资源，探索发展旅游扶贫项目。城镇村最突出的特色在于其具有得天独厚的历史文化资源，以十字街（道）为主轴，分东西南北走向，古城街道保存完整，历史遗存众多，有陈模、陈元焯等历史人物，还有抗日英烈陈宜广等等。据《长乐县志》载：置长乐镇于宋熙宁四年（公元1071年）距今近有千年历史，可谓千年古村，文昌武蔚，人杰地灵。“华城古迹长乐宫，狮雄古塔在城东，西边有座城隍庙，东征遗址落城中。”这首民谣中讲的省级文物长乐学宫、市级文物周恩来率领的东征军办事处（曾家祠）、城隍庙等就在城镇村，有大大小小的书屋、家祠约40多座，如著名的秋官第、怀新家塾、雁明书屋、东征军

对口精准扶贫工作座谈会

旧址曾家祠等等；现存有钟氏、邓氏、孔氏、曾氏、卓氏等11座姓氏宗祠，关帝庙、福寿庵、天妃庙均设在村内，每年一度的城隍庙会、天妃庙会，形成万人欢度的盛景，有效传承了“华城三月三”等非物质文化遗产。四是实施党员干部“1+1”“1+N”联系、服务群众新模式。为扎实有效推进“领导挂点、干部驻村、党员帮户”扶贫帮扶工作，进一步发挥好党员干部服务基层、服务群众、帮扶贫困户的帮带作用。调动帮扶单位党员领导干部、镇驻村干部、村“两委”干部和村党员结对帮扶贫困户34户93人，党员与贫困户结对面达100%，确保“1+1”“1+N”联系群众服务基层模式开花结果。帮扶单位许多党员领导干部，主动与贫困户对接，了解贫困户情况，思索脱贫办法并慷慨解囊助困。校党委书记李建军在儿童节到来前夕，还为其结对帮扶的贫困户小孩捎去了节日礼物和运动鞋。通过走家串户、探访民情、思想引导、技术指导、生活照顾、信息反馈、集体讨论等方式，帮助贫困户解决一些实际困难和问题，让党员进一步“动”起来，把群众进一步“带”起来。

4 注重扶贫同扶志、扶智相结合

十九大报告中明确部署："要动员全党全国全社会力量，坚持精准扶贫、精准脱贫，坚持中央统筹省负总责市县抓落实的工作机制，强化党政一把手负总责的责任制，坚持大扶贫格局，注重扶贫同扶志、扶智相结合，深入实施东西部扶贫协作，重点攻克深度贫困地区脱贫任务。"

十九大报告在总结经验的基础上集聚智慧，注重创新，提出了打赢脱贫攻坚的协同治理要求。首先，提出了"注重扶贫同扶志、扶智相结合"这一具有很强针对性、操作性和创新性的内容，为下一步脱贫攻坚工作提供有效的政策工具和行动指南。

"扶智"是学习知识与技术，对教育欠发达地区，对缺少知识和技术的群体，是"授人以渔"而不是"授人以鱼"，从根本上说是从"输血型"扶贫变为"造血型"脱贫，它能够解决"一世"而不是"一时"的贫困问题。治贫先治愚，扶贫必扶智。调动贫困群众的积极性、主动性、创造性，注重培育贫困群众发展生产和务工经商的基本技能，注重激发贫困地区和贫困群众脱贫致富的内在活力，注重提高贫困地区和贫困群众自我发展能力，既要着力解决贫困地区农民科学文化素质整体偏低、精神生活比较匮乏、经济落后等现实问题，又要放眼长远，让贫困地区的孩子们接受良好教育，阻断贫困的代际传递，拔掉穷根；既要注重产业扶贫，又要从提高农民的科学文化素质入手，注重信息、知识和技术等方面的输入，激发其用自己的双手摘掉贫困帽的信心和决心。

十八大以来，围绕教育扶贫中的薄弱环节，各级政府精准发力，综合施策。国家启动实施面向贫困地区定向招生专项计划；《关于实施教育扶贫工程意见的通知》明确了教育扶贫的总体思路、主要任务和保障措施等；《国家贫困地区儿童发展规划（2014—2020年）》编就一张保障贫困地区儿童成长的安全网。[1]

广东省按国家相关政策的要求制定了《广东省教育厅关于推进教育精准扶贫精准脱贫三年攻坚的实施方案》，明确了教育扶贫的总体要求、主要任务、实施步骤和目标和保障措施等。……教育扶贫的一系列扎实行动，正在创造世人瞩目的“减贫奇迹”。

扶贫必扶智。摆脱贫困需要智慧。培养智慧教育是根本，教育是拔穷根、阻止贫困代际传递的重要途径。再穷不能穷教育。习近平总书记多次强调“扶贫必扶智”“阻止贫困代际传递”。他指出：“扶贫必扶智。让贫困地区的孩子们接受良好教育，是扶贫开发的重要任务，也是阻断贫困代际传递的重要途径。”2015年全国“两会”期间，习近平总书记在参加代表团审议时指出:“扶贫先扶智，绝不能让贫困家庭的孩子输在起跑线上，坚决阻止贫困代际传递。对残疾人等特殊群体要采取特殊帮扶政策。”

实践链接

扶贫必扶智

治穷先治愚，扶贫必扶智。教育扶贫是扶贫开发工作的重要组成部分，也是从根本上实现贫困人口脱贫致富、遏制贫困代际传递的重要途径。不让一名学生因家庭贫困而失学，积极开展教育扶贫，是国家土地督察广州局挂点帮扶善排村义不容辞的责任。

2016年11月30日下午，国家土地督察广州局驻村工作队以善排村党支部名义，邀请南兴镇党委、政府主要领导，教师代表，对贫困户子女因贫失学问题，采取“集体会诊”工作法，共同把脉剖析问题原因，共商解决问题办法。

“因为家里没钱，交不起读书费

[1]《治贫先治愚　扶贫必扶智》，共产党员网，2017-09-27。

用，只好让孩子辍学回来。”贫困户代表非常踊跃反映自身的困难及子女失学情况。但在交流中，大家渐渐感到，因学习成绩差，受到歧视或不公正待遇，厌学情绪严重，又缺乏家庭和学校的及时引导，才是贫困子女辍学的深层次心理原因和社会原因。如果简单要求返校，未必真能解决实际问题，特别是年龄较大的贫困生更是如此。

“转入职业学校，学一技之长，能否是失学贫困生可行的教育途径？而且按政策贫困生还可免除学费。”驻村扶贫工作队队长王慧锋建议，并表示若贫困户子女就读职业学校，工作队愿为每名学生一学期资助2000元生活费用。失学代表林妙金当场表态同意，女儿有读职业学校的想法，感谢扶贫工作队的帮助。

但另一名因家庭面临特殊困难，年仅17岁的贫困生代表蔡方恩，却仍顾虑重重。他担心自己上学，就不能再资助弟弟上学。南兴镇陈素良镇长安慰蔡方恩，“依据你的家庭情况虽不属孤儿，但可享受低保”。教师代表孙正才建议他弟弟申请希望工程助学金。扶贫工作队表示可以研究给予特殊支持，利用国家和自筹帮扶资金，在蔡方恩学习期间，为弟弟每月提供500元生活费。各方面的关怀终于感化了蔡方恩，他表示愿意就读职业学校，学习汽车修理。

三个孩子都已失学的李妃发，在会上言语不多。他最大的19岁女儿外出打工已两年，17岁的二儿子无所事事，16岁的三儿子寄宿亲戚家中做家务。南兴镇唐文波书记举了三四个身边人的例子鼓励和引导李妃发。比如厨师杨应松，本是南兴镇的普通农家子弟，学成厨艺，现在大酒店做大厨，年薪30万元以上。但李妃发始终认为子女已丧失学习兴趣，难以返校。扶贫工作队结合李妃发的需求和帮扶措施，建议帮助其购买农用三轮车一辆，让二儿子从事农村运输；再购买4头牛，让三儿子帮助李妃发养牛。李妃发表示欣然接受。

研究因贫失学问题“集体会诊”座谈会

会议结束时，善排村第一书记兼扶贫工作队队长王慧锋强调，要将“集体会诊”制度作为善排村党支部工作法，长期坚持下来。要真心实意关心群众疾苦，敢于正视基层治理和精准扶贫工作中的困难和问题，通过“会诊”公开、透明、民主协商解决。对复杂的问题，要勇于担当，积极邀请有关方面的领导、专家、律师，群策群力，共同研究，千方百计把群众的问题解决好。[1]

扶贫先扶志。扶贫工作中“输血”重要，“造血”更重要，扶贫先扶志，一定要把扶贫与扶志有机地结合起来，既要送温暖，更要送志气、送信心。习近平总书记强调：“弱鸟可望先飞，至贫可能先富，但能否实现‘先飞’‘先富’，首先要看我们头脑里有无这种意识，贫困地区完全可能依靠自身努力、政策、长处、优势在特定领域‘先飞’，以弥补贫困带来的劣势。如果扶贫不扶志，扶贫的目的就难以达到，即使一度脱贫，也可能会再度返贫。”

扶贫工作中的核心问题，并不是对自然和环境怎么样改造，最重要的是要让贫困群众战胜内心，自我革新，自我发展。偏远山区贫困村，不仅仅是环境差、条件艰苦，更多的是贫困群众的思想观念没有转变，自身懒散不愿发展，眼界狭窄不敢发展，技能缺乏不会发展，这才是真正的深度的贫困。山区老百姓过去穷怕了，争当贫困户，不摘穷帽子，脱贫验收时部分群众不愿意承认脱贫，觉得脱贫后可能国家的扶持政策就会减少，这种担忧普遍存在。要解开贫困群众的思想疙瘩，增强发展内生动能，需要帮扶工作队和村干部长期做大量的政策宣传工作，把扶贫政策，尤其是算清产业扶持补贴账，让老百姓看到并享受到利好政策，一步步引导他们迈开步子向前走。

[1]《善排村党支部召开因贫失学问题座谈会》，广东省扶贫信息网，2016-12-05。

“精准扶贫，不落一人”，这是习近平总书记向全国人民和全世界作出的庄重承诺。贫困群众是脱贫攻坚的主体。帮扶工作队和村干部要积极实践就业创收模式，组织“三留守”人员参加村主导产业生产劳动，让工资性收入成为贫困户脱贫致富的有效途径。根据村里贫困户的文化、年龄、劳力等实际情况，带动贫困群众发展致富，年老体弱的可以采取入股分红，年轻力壮的委派劳动任务，以工代赈，让贫困群众积极参与村集体发展建设项目，在资金、技术、人手上给予扶持帮助，扶上马送一程，凝聚群体力量，让贫困群众看到美好的发展前景，自觉跟着致富能人走。创造良好的内部发展环境，鼓励在外务工的能人回乡，充实发展力量。

实践链接

紫金县柏埔镇方湖村不等不靠，扶贫更扶志

方湖村有3500多人，分为14个村民小组。经过精准识别，方湖村共有56户181名贫困人口，贫困发生率5.14%，属省定贫困村。其中可开发贫困户37户154人，占贫困人口的85.1%；不可开发贫困户19户27人，占贫困人口的14.9%。主致贫原因有4个，缺劳力17户，因病17户，因残14户，因学8户。181名贫困人口中，男性有95名，女性有86名，平均年龄36.2岁。在校学生有63人，残疾及精神患者有29人，占贫困人口的16.2%；单亲母亲家庭有5户，占贫困户家庭的8.9%。

“精准扶贫到农户，家家都爱有志气，不要争当扶贫户……不用怨天把人忧，摆脱贫困勤劳干，弱鸟先飞能出头……”这是驻村第一书记、市检察院干部邓波群在方湖村做完摸底工作后，写的顺口溜《说说崖兜计方湖》，并贴在村委会的一面墙上，现在，很多村民对这些顺口溜都能念上几句，整个方湖村呈现了家家都讲脱贫，户户争当致富能手的生动场景。

几年前，紫金县柏埔镇方湖村的曾任娣刚建好房子，幸福的生活刚开始，不料丈夫钟伟彝却因一场车祸导致颅脑严重受伤，家里的顶梁柱倒了，曾任娣一度显得慌乱和迷茫。邓波群和谢远忠就多次上门与贫困农户交谈，鼓励他们

迈出第一步，并召集贫困农户到合作社先行学习养殖技术，而且等到农户解决了养殖场地问题，再发放乌鸡或豪猪。在驻村工作队的鼓励和帮助下，曾任娣一边照顾丈夫和小孩，一边靠着勤劳的双手和坚强的毅力，谋求脱贫致富之策，成为村里“弱鸟先飞”的榜样。驻村扶贫工作队队长谢远忠表示，扶贫应先扶志，我们要在贫困户中大力弘扬自力更生，不等不靠，勤劳致富的价值观，帮助贫困户一步一步真正实现脱贫。

最让曾任娣感到暖心的是，工作队经常鼓励她和丈夫要坚持供小孩上学，“因为这是教育投资，孩子读书出来就能帮到家里。”曾任娣两个女儿的成绩都很好，家里墙壁上贴满了奖状，上初三的女儿更是从初一开始就被学校选为优秀生，获得了3年的奖学金和生活费补助。工作队对扶贫工作的细致耐心，让曾任娣更加坚信：只要勤劳肯干，加上政府帮扶，肯定能脱贫致富。

让邓波群和谢远忠欣喜的是，看到第一批贫困户的养殖成果，其他贫困户也纷纷开始“请战”，有部分人也设置好了鸡舍、猪圈，申请发放乌鸡和豪

曾任娣精心饲养第一批乌鸡

猪。接下来，工作队还准备用集体制的方式，实施长期养殖蓝野猪的帮扶项目。扶贫工作队进驻以后，一直情系贫困户，开展了扶贫助学、关爱白血病儿童等暖民心的活动，营造了良好的氛围，赢得了村民的信赖，鼓舞了群众的内心，为扶贫攻坚工作打下良好的基础。方湖村曾任娣和其他贫困户的脱贫战斗已打响，方湖村正以饱满的精神、昂扬的斗志奔跑在脱贫致富路上。

治贫先治愚，扶贫先扶志。只有以行动从根本上解决贫困户的思想问题，以一个个鲜活成功案例鼓舞贫困对象，以阳光公平的惠民政策激励村民，彻底打消村民“等靠要”思想，激活脱贫主体内生动力，产生脱贫自觉和致富行动，才能从根本上实现持续脱贫。[1]

---

[1]《精准扶贫的“方湖经验”》，广东省扶贫信息网，2016-11-24。

5 深入实施东西部扶贫协作

十九大报告指出："坚持精准扶贫、精准脱贫，坚持中央统筹省负总责市县抓落实的工作机制，强化党政一把手负总责的责任制，坚持大扶贫格局，注重扶贫同扶志、扶智相结合，深入实施东西部扶贫协作，重点攻克深度贫困地区脱贫任务，确保到二〇二〇年我国现行标准下农村贫困人口实现脱贫，贫困县全部摘帽，解决区域性整体贫困，做到脱真贫、真脱贫。"

十九大报告从我国东部和西部自然禀赋的实际出发，清醒地认识到自然条件恶劣的地区还存在着深度贫困的现象，明确提出了要采取"东西部扶贫协作，重点攻坚"的协同治理，为下一步取得扶贫脱贫攻坚战的新突破奠定了坚实基础。

自1996年东西部扶贫协作启动至今，广东和广西、贵州等结对省区协同发展，先富帮后富，形成了多层次、多形式、宽领域和全方位扶贫协作区域格局。2016年，中央在《关于进一步加强东西部扶贫协作工作的指导意见》中给广东赋予了东西部扶贫协作的新使命，广东省帮扶广西壮族自治区、四川省甘孜藏族自治州，广州市帮扶贵州省黔南布依族苗族自治州和毕节市，佛山市帮扶四川省凉山彝族自治州，中山市和东莞市帮扶云南省昭通市，珠海市帮扶云南省怒江傈僳族自治州，扶贫协作覆盖了桂、川、滇、黔4个省区的71个县（市、区）。

到2016年9月底，广东派驻四省区的5个扶贫协作工作组共46人完成对接。10月底，扶贫协作的71个县（市、区）共7.1亿元的财政援助资金也全部到位。

实践链接

珠海：“一主四化”主打产业帮扶

80个贫困村6834户贫困户2.2万人贫困人口，贫困村集体经济收入平均每村仅7403元，人均纯收入仅2630元，这是珠海市在2013年新二轮“双到”扶贫中要啃下的“硬骨头”。根据部署，珠海市对口帮扶阳江阳春市，茂名电白、化州、信宜、高州五市（区）。

信宜市北界镇学地村村民梁家凯便是贫困户之一。“家里一共三口人。自己是唯一的劳动力，但没有技术，老母亲80多岁了，还有个孩子”，梁家凯告诉记者，自己曾经想出去打工，可家里上有老下有小，实在走不开。

2013年11月，在珠海市驻村帮扶工作队的引导下，保亨利种养专业合作社进驻学地村，采用“公司+合作社+农户”模式，建设蔬菜基地。合作社负责人梁锋告诉记者，蔬菜基地为村民带来了多种增收渠道，一是租用农户田地，每年每亩900元；二是聘请贫困户和村民在基地务工，采取绩效工资政策，每月能拿到1500元到1800元的工资。

珠海市驻派信宜市帮扶工作组组长、信宜市副市长张华伟告诉记者，珠海市在帮扶贫困村发展产业中，尤其重视发展附加值高的特色产业。

实现稳定脱贫的学地村，是珠海市新一轮“双到”扶贫开发中80个贫困村之一。在对口帮扶中，珠海市重点推进产业扶贫，坚持政府主导，搭建扶贫平台，构建政府、市场、社会协调推进的大扶贫格局，形成了珠海特色的“一

珠海帮扶80个贫困村，三年集体经济收入增13倍

主四化”（即政府主导、平台化、产业化、基地化、市场化）产业扶贫政策。

根据统计，珠海市3年共投入帮扶资金约8.25亿元，平均每村约1032万元，累计建设各类扶贫开发项目55 599个，贫困村集体经济收入平均每村10.33万元，约是帮扶前的14倍；村民人均纯收入、贫困户人均纯收入分别为12 864元和9900元，约是帮扶前的2.7倍和3.8倍。[1]

知识问答

什么是“双到”？

自2009年以来，广东省在扶贫开发工作当中形成了独具特色的“双到”模式。所谓“双到”，指的是“规划到户、责任到人”的大扶贫模式。

“规划到户”就是要核准贫困户、贫困人口、贫困状况，了解存在问题，通过摸清情况，建立扶贫数字化系统，登记造册，电脑管理。在做好这个基础性工作的前提下，按照村级扶贫开发的具体要求，做好贫困户发展规划、发展思路、发展措施的安排，因地制宜，逐项解决，逐村推进。

“责任到人”则包括领导责任、工作责任、挂钩责任、扶持责任、社会责任和自身责任六个方面，其核心要义在于坚持各项工作都要落实到具体的责任人，自始至终贯彻实施扶贫工作的责任制，奖优惩劣。

扶贫开发“双到”工作有着很强的现实针对性。省委、省政府从广东经济社会发展全局出发，针对广东省区域发展不平衡、城乡和贫富差距不断拉大等问题，创造性提出这一重要战略举措。根据省下达的任务，广州市“双到”工作挂点帮扶梅州、阳江、茂名335个贫困村6.66万户贫困户30万人贫困人口。对此，市委、市政府高度重视，作出精心部署，目前已取得阶段性成效。

[1]《坚持精准扶贫　广东四年来近148万人实现稳定脱贫》，南方网，2017-05-04。

扶贫开发“双到”工作是一项政治任务，也是一项民心工程，广州将坚决贯彻省委、省政府的决策部署，确保按时圆满完成省下达广州市的“双到”工作任务。现在离全面完成目标时间紧迫、任务艰巨。

因此，全市各级各部门必须增强政治意识和大局观念，增强责任感、使命感和紧迫感，“干”字当头。

“双到”就是“干”字当头、狠抓落实在扶贫工作中的生动体现。将扶贫的规划落实到户、责任落实到人，方能做到人员、资金、措施三到位，方能目标清晰、责任明确、方案有力、效果明显。“火车跑得快，全靠车头带。”扶贫“双到”工作强调发挥基层党支部的“扶贫工作队”“致富工作队”作用，为此，须切实抓好领导挂名联系帮扶工作，并每年选派得力干部驻村，确保落实“双到”工作，解剖好“麻雀”，把工作抓好、抓细、抓实。

扶贫开发，“造血”重于“输血”。只要坚持“政府主导、社会参与、自力更生、开发扶贫”原则，干字当头，狠抓落实，扶贫开发“双到”工作就一定能进一步深入基层、结出硕果。

一把手亲自抓。省委13位常委和分管农业农村工作的副省长分别挂钩联系一个市，并负责督察各自挂钩市的“双到”工作，各市县党政一把手也纷纷挂钩一座村庄。挂钩的职责之一，是领导每年必须起码两次亲临一线。而每个对口扶贫单位必须派驻干部驻村，切实与农民打交道，深入了解当地的难题。

建立瞄准机制，实施“靶向疗法”。核实清楚谁是贫困户，并在此基础上更直接、更精确地配置机关、企事业单位扶贫资源，减少资源消耗，实现定点清除贫困。

推行扶贫信息电脑联网管理。把每个贫困村、贫困户基本情况录入电脑，明确扶贫脱贫具体办法，将“谁去解决脱贫，解决谁的脱贫”责任落实到单位，落实到人。

实施官员问责制。在广东省，扶贫过程中出现三种情况，官员就会被问责扶贫“双到”工作年度考评，第一次、第二次、第三次考评分别有50%、40%、30%的贫困村不及格；党委、政府领导班子没有按要求挂村办点；没有建立扶贫“双到”工作本级财政经费保障机制。

阅读链接

[1] 广东省委办公厅广东省人民政府办公厅关于我省扶贫开发“规划到户责任到人”工作的实施意见. 广东侨网， 2010年7月2日，http://www.qb.gd.gov.cn/ztzl2010/zxzt2010/2010fpr/sdgz/201007/t20100702_102330.htm.

[2] 广东省新一轮扶贫开发“规划到户责任到人”及重点县（市）帮扶工作实施方案（摘要）. 南方日报，2013年4月29日，http://epaper.southcn.com/nfdaily/html/2013-04/29/content_7186040.htm#.

[3] 中共广东省委广东省人民政府关于新时期精准扶贫精准脱贫三年攻坚的实施意见. 土流网，2016年09月28日，http://www.tuliu.com/read-43034.html.

[4] 关于进一步加强东西部扶贫协作工作的指导意见. 新华网，2016年12月7日，http://www.xinhuanet.com/politics/2016-12/07/c_1120074634.htm.

微言民义

人民健康是民族昌盛和国家富强的重要标志。实施健康中国战略，增进人民健康福祉，事关人的全面发展、社会全面进步，事关“两个一百年”奋斗目标的实现。

第六章

建成农村基本医疗卫生制度

习近平总书记在2016年全国卫生与健康大会上指出：要把人民健康放在优先发展的战略地位。在党的十九大报告中，习近平总书记又进一步提出了“实施健康中国战略”，把人民健康上升为国家战略，实现人民的“健康梦”，践行“没有全民健康，就没有全面小康”的理念，切实为实现“两个一百年”奋斗目标、实现中华民族伟大复兴的中国梦打下坚实健康基础。

1 完善农村居民健康政策

保障国民健康是增加群众获得感和幸福感的重要途径，在上升到国家战略后，健康促进将成为所有部门共同追求的目标，从而更顺畅地融入所有政策。中国医改正在升级，从一个部门到多个部门，从政府重视到中央统筹，以前单纯关注治病，未来则变成关注健康。根据相关统计，影响健康的因素很多，医疗大概占10%不到，生活方式占60%，遗传和环境因素各占15%左右。全方位全周期健康服务是指覆盖每个人从生到死全生命周期，涵盖预防、急病、慢病、康复、养老等公平可及、系统连续的健康服务。

在农村，“小病挨，大病拖，重病才往医院抬”的情况普遍存在，因病致困返贫的现象非常突出，疾病已因此成为当前农村产生新的贫困的重要原因之一。为了贯彻“以人为本”的理念，有效缓解农民看病难、看病贵的问题，中共中央、国务院于2002年颁布了《关于进一步加强农村卫生工作的决定》，决定要求：“对农村贫困家庭实施医疗救助。医疗救助对象主要是农村五保户和贫困农民家庭。医疗救助形式可以是对救助对象患大病给予一定的医疗费用补助，也可以是资助其参加当地合作医疗。”为了更好地落实农村医疗救助工作，根据中央部署，2003年11月，民政部、卫生部、财政部联合下发了《关于实施农村医疗救助的意见》，明确了农村医疗救助制度的目标原则、救助对象、救助办法、申请审批程序、基金筹集和管理等内容，并提出了争取到2005年，在全国基本建立起规范、完善的农村医疗救助制度的目标。据民政部统计，到2005年底，我国所有含农业人口的县（市、区）基本都建立了农村医疗救助制度，覆盖全体农村贫困居民的医疗救助网初步形成。在社会主义新农村建设中，佛山市禅城区南庄镇罗南村敢为人先的罗南人通过几十年的创新实干，过上了“少有教、老有靠、病有报、行有路”的幸福生活；其中“病有报”就是村民获得感和幸福感的重要体现。

实践链接

江义村：建设“福利保障村”

随着人口老龄化社会的到来，须构建养老、孝老、敬老政策体系和社会环境，推进医养结合，加快老龄事业和产业发展。值得一提的是，佛山市顺德区勒流街道江义村努力打好“福利牌”，发展福利事业，提升村民幸福感。该村非常重视村民福利事业建设，于2001年成立了全区第一个村级“长者福利基金”，初时启动资金只有360万元，每月向本村年满65周岁的长者发放福利金60元，江义村“两委”班子意识到，要让老人们享受更多福利，必须谋发展，增加集体经济收益，做大长者基金规模。江义村利用固有的资金，通过投资江义市场、兴建厂房出租等多种形式，盘活资产，开源节流，壮大集体经济，夯实集体福利经济基础。同时通过每年举办庆典活动，加上各届热心人士的大力支持，发展到现在，江义村长者福利基金从发放年龄到发放金额都实现了多次飞跃，福利基金净资产达到4650万元，从2014年7月起，该村年满55周岁的村民每人每月可以享受到500元福利金，村民更大范围分享科学发展成果。江义村不但注重长者福利，还积极完善社会保障、福利、救济事业，为困难家庭办理低保救济，落实城乡医保，组建慈善福利基金，建立大学生助学、奖教奖学制度，扶持村内的弱势家庭。2011年1月，江义村为减轻村民医疗负担，建立住院医疗补贴制度，江义村村民住院医疗费用除“社保”、城乡基本医疗报销外，慈善福利基金对余下部分医疗费用按30%给予医疗补贴。2014年，江义村凭借优越的居住环境和完善的福利保障体系获得中国最美村镇评选“循环发展奖”，成为2014中国最美村镇60强。

佛山市顺德区勒流街道江义村“循环发展奖”奖牌

2 建设医疗卫生服务体系

社会保障权是公民的基本权利，医疗保障是社会保障权的重要内容。健全医疗保障制度、建设优质高效的医疗卫生服务体系历来都是广东省各级人民政府十件民生实事的重要选项。

提高基层医疗卫生保障水平是广东省人民政府2017年十件民生实事之一。截至2017年年底，该民生实事的具体工作任务已顺利完成，有力增强了人民群众的获得感。其中，在农村基层方面取得的成绩如下：村卫生站标准化建设3838家，超额完成年度任务。山区和农村边远地区乡镇卫生院医务人员岗位津贴补助标准已提高到每人每月800元，村卫生站医生补助标准提高到每村每年2万元。农村妇女“两癌”免费筛查由28个县（市、区）扩大到涉及精准扶贫的70个县（市、区），建档人数达29.2万人。

实践链接

医疗保健不出村

2017 年，佛山市人民政府为着力保障和改善民生，共建和谐幸福家园，将“实施基本医疗保险城乡一体化改革”作为十件民生实事之一，这无疑是提升农村医疗保障的重要举措。按照“统一制度、基金合并”的原则，从 2017 年开始，佛山市整合职工医疗保险和居民医疗保险（含门诊），参保人享受“基础 + 大病”的医疗保险待遇，建立由基本医疗保险一档、二档构成的基本医疗保险城乡一体化医保制度。

“村民利益无小事，好政策贵在落实”，佛山市禅城区文明村紫南村在落实村民医疗保障方面，让广大村民实实在在享受集体发展红利的同时，又真正实现了村民“小病不出村，大病有村帮”的目标。紫南村每年出资 500 万元，为村民购买新农保，实现全民社保；55 岁以上的村民，无论男女，都可以按月领取老人金，金额从数百到 1000 多元不等；在医疗上，村民凭身份证只需 4 元门诊挂号费或 400 元住院费，就可享受医保范围内的药费、床位费等费用全免。

3 加强农村全科医生队伍建设

我国有近14亿人口，全科医生只有20.9万人。每万人口拥有全科医生1.5人。我国全科医生占医生队伍比例约为6.6%，欧美发达国家这一数字为30%至40%。全科医生在基层承担常见病多发病诊疗和转诊、预防保健、病人康复和慢性病管理等一体化服务，被称为群众健康的“守门人”，起着首诊、分诊、双向转诊的重要作用，他们在居民身边进行专业健康管理，作为家庭医生指导居民得到可即、可得的全方位全周期健康服务。同时，全科医生还是健康和控制医疗费用支出的“守门人”，在基本医疗卫生服务中发挥着重要作用。一定程度上说，没有乡村全科医生的健康发展，就没有农民健康。从2013年起，广东省投入5亿元为全省4000个行政村建设标准化的村卫生站，并遵循“县聘、镇管、村用”原则聘用乡村医生队伍人员，解决乡村医生编制、养老、退休等问题，初步解决村医新老更替产生的“空白村”难题。

为贯彻党的十九大和全国卫生与健康大会精神，落实《“健康中国2030”规划纲要》要求，2018年1月，国务院办公厅印发了《关于改革完善全科医生培养与使用激励机制的意见》，分别从总体要求、建立健全适应行业特点的全科医生培养制度、全面提高全科医生职业吸引力、加强贫困地区全科医生队伍建设、完善保障措施等五方面描绘出全科医生发展的愿景——2020年，适应行业特点的全科医生培养制度基本建立，适应全科医学人才发展的激励机制基本健全，全科医生职业吸引力显著提高，城乡每万名居民拥有2至3名合格的全科医生；2030年，城乡每万名居民拥有5名合格的全科医生，基本满足健康中国建设需求。其中，意见还专门提出了加快壮大贫困地区全科医生队伍。对集中连片特困地区县和国家扶贫开发工作重点县（以下统称贫困县）加大农村订单定向医学生免费培养力度。

有关省份可结合实际，以贫困县为重点，订单定向免费培养农村高职（专科）医学生，毕业生经助理全科医生培训合格后，重点补充到村卫生室和艰苦边远地区乡镇卫生院。

实践链接

加强基层医疗卫生队伍建设

目前广东每万人口全科医生数为1.73人。广东已基本实现“村村有卫生室、乡乡有卫生院、每个街道都有1所社区卫生服务中心”，群众可就近获得基本医疗卫生服务。2015年1月广东省卫生和计划生育委员会贯彻落实广东政府《关于印发广东省深化医药卫生体制改革近期工作要点的通知》精神，建立健全“5+3”全科医生和“3+2”助理全科医生培养体系，加强以全科医生为重点的基层医疗卫生队伍建设，推进全科医生制度建设，制定了《广东省全科医生规范化培训项目方案》，从2014年起，每年支持我省经济欠发达地区定向招收临床医学、中医学专业本、专科学历人员750人，其中本科以上学历人员参加全科医生（5+3）规范化培训，专科学历人员参加助理全科医生（3+2）培训。力争到2020年，初步建立以“5+3”为主体、“3+2”为补充的全科医学人才培养模式，实现全省每万名城乡居民有2—3名合格的全科医生的目标。

4 深入农村开展爱国卫生运动

为深入贯彻落实党的十九大精神，深入开展爱国卫生运动，着力改善城乡人居环境，减少病媒生物危害，保障人民群众身体健康，努力把我省建设成为实施健康中国战略的重要“窗口”和“示范区”。按照“以人民健康为中心，政府主导，跨部门协作，全社会动员，预防为主，群防群控，依法科学治理，全民共建共享”的新时期爱国卫生运动方针，在广东省范围内深入开展爱国卫生运动。

集中开展城乡环境卫生综合整治，提升乡村“颜值”。在城乡彻底清除背街小巷、城中村、城乡接合部、河道沟渠沿岸和铁路公路沿线等卫生死角，重点对学校、医疗机构、机场、车站、港口等人员聚集场所和农贸市场、建筑工地、公园、花店、公厕、“五小行业”等进行集中的环境卫生治理。在农历新年期间组织开展农村“清扫家园”活动，集中清扫“村边”“路边”“田边”“河边”垃圾，清除村庄卫生死角，提升村庄整洁程度，强化群众文明卫生意识，推广垃圾分类，提倡“门前三包”。要深入开展文明公厕创建，加强公厕管理维护，解决城乡公厕污水横流、排便淤积、通风不畅、设施污损等问题。要清除积存垃圾，整治污水坑塘，疏通沟渠，规范农贸市场秩序，解决群众反映强烈的环境卫生突出问题。加强农村人居环境综合整治，广泛发动群众开展“三清理”“三拆除”“三整治”，加快乡村道路、给排水、垃圾收运、生活污水处理等基础设施建设，建立健全长效管护和保洁机制。完善和落实村规民约，倡导健康生活方式，提高城乡居民居住环境卫生和个人卫生水平。通过集中开展环境卫生综合整治，做到全省城乡基本消除垃圾成堆、污水横流现象，房前屋后无暴露垃圾，无杂物乱堆，无垃圾乱倒，无污水乱排，无禽畜放养，无粪土乱堆，环境卫生得到明显的改善。

科学开展病媒生物防制。要认真贯彻落实《广东省病媒生物预防控制管理规定》，落实四方责任，坚持环境治理为主、药物防制为辅的病媒生物综合防制原则。加大重点行业、重点场所、重点部位的灭鼠消杀力度，结合当地实际，组织专业防制队伍落实防蚊灭鼠措施，做好规范投药，确保城镇鼠类密度符合国家标准要求。要发动群众疏通沟渠、沙井、填平坑洼，翻盆倒罐，清积水灭蚊虫，彻底清除室内外各类闲弃容器和积水，做到“不漏单位住户、不漏楼宇院落、不留积水容器”，彻底铲除蚊虫滋生环境，消灭媒介伊蚊越冬滞育卵，防止羽化滋生蚊虫，必要时使用热烟雾剂喷雾消灭下水道越冬成蚊。各地要进一步健全病媒生物监测网络，加强病媒生物滋生地调查和处置，同时要根据疾控部门的监测结果，重点强化蚊媒中、高密度地区滋生地清除工作，坚持综合整治手段，科学合理用药，将各项防控措施落实到位，及时评价防制效果，做到科学除害。

广泛开展宣传动员和健康教育。要做好春季爱国卫生运动的宣传策划，充分利用各类大众传媒，创新宣传方式，采取专家访谈、信息发布、微博、微信、短信等多种形式，结合推进移风易俗、弘扬时代新风，有针对性地加强爱国卫生宣传，广泛动员机关团体、企事业单位、社会各界和群众积极参与，营造“自己是健康的第一责任人”“我的健康我做主”等良好氛围，普及健康知识，进一步提高群众自我保健意识和能力。[1]

实践链接

环境卫生工程惠及村民

广东省在推动新农村建设中，坚持绿色发展，推进乡村振兴；制定了“广东省卫生村标准”，开展了“广东省卫生村”评选授牌活动。对照标准，各农村纷纷加大人力物力的投入，推进基础设施改造、生态环境建设、村级城管水平提升等民心工程，环境卫生工作成效显著。比如，顺德区北滘镇黄龙村在珍惜自有自然环境、人文景点的基础上，从改善水质、加大绿化、修葺祠堂古建等方面还原岭南水乡风貌。在水环境提升方面，完成黄涌片污水管网

[1]《广东省爱国卫生运动委员会等5部门关于深入开展2018年春季爱国卫生运动的通知》，广东省卫生计生委，2018-02-05。

一期工程，做好河涌垃圾清理、河道清淤工作，力争实现“一年见成效、三年水质清、六年上水平”的目标；并推进一河两岸建设，建设景观桥和水景观。最终，该村被评为“广东省A级卫生村”“佛山市生态村”“佛山市四星级健康村”。

5 倡导农村健康文明生活方式

习近平总书记在十九大报告中指出：“倡导健康文明生活方式，预防控制重大疾病。”何谓“健康文明生活方式”？1992年世界卫生组织总结了世界预防医学最新成果，提出“维多利亚宣言”：合理膳食、适量运动、戒烟限酒、心理平衡，对健康科学文明的生活方式作出了精准的阐明。呼吸新鲜空气、喝干净水、吃放心食物、住宜居环境，是每个民族、每个中国家庭、每个中国人的梦想。党的十八大以来，以习近平同志为核心的党中央，把生态文明建设纳入中国特色社会主义“五位一体”总体布局和“四个全面”战略布局，加快推动中国绿色发展进程，为实现中华民族伟大复兴的中国梦不懈奋斗。绿色发展是生态文明建设的必然要求，关系到每个人的切身利益，也关系到中华民族的未来。

目前，由于人们的生活观念尚未适应新的社会发展，不健康的生活方式已经成为疾病负担的最主要来源。因此，倡导健康文明生活方式，预防控制重大疾病既要发挥政府的主导作用，又要加强基层农村的健康建设，更要广大村民培养健康文明生活的理念、方式和习惯，不断提升生活品质来提高生命质量。要贯彻落实好乡村振兴的首要战略任务——食品安全任务，主要是所有食物，包括粮食、蔬菜、水果、动物产品及其加工产品的健康生产与科学合理的体系建设。

在基层农村层面，要加大宣传和教育力度，结合乡村卫生站和乡村全科医生队伍建设，让健康文明生活观念和知识深入民心，创设良好的条件开展广大村民喜闻乐见的文艺活动和运动项目，让运动无处不在。比如组织跳广场舞、篮球、乒乓球等项目。

在村民层面，要从自身做起，对照健康文明生活方式的标准，做到合理膳食、适量运动、戒烟限酒、心理平衡；并从身边的小事做起，不乱扔垃圾、不露天焚烧秸秆、种植农作物时不过量使用农药等等，建设好“生态农村和健康农村”，切实预防控制重大疾病。

实践链接

古一村：加强健康建设，提高保健意识

古一村位于中山市西北部古镇，为增强村民卫生保健意识，提高医疗服务水平，村与古镇医院合作，成立了社区医疗服务中心，2009年1月1日起村民正式享受基本门诊医疗保险待遇，个人只须交3元即可看门诊，这标志着“门诊有保障、住院有统筹、重大疾病有补充”的医疗保障格局基本形成。在这个基础上，该村还根据自身情况，继续推行村民免费健康体检政策，对35周岁以上的村民到指定医院进行健康体检的，村委会每年给予最高600元/人的体检报销，从2013年起健康体检年龄降低至30周岁以上村民，进一步提高村民的健康意识。

医疗保障取得丰硕成果

微言民义

改革开放以来，我国法制建设不断完善，特别是党的十八届四中全会通过了全面推进依法治国的决定，为中国的未来描绘了一幅法治的蓝图。蓝图已画好，但道路很艰难，依法治国具体到农村地区，就是要依法治村。

第七章

开展农村社区“扫黑除恶”

全国开展的扫黑除恶专项斗争是中共中央、国务院作出的重大决策部署，自2018年年初开始，至2020年年底结束，为期三年。通过三年不懈努力，黑恶势力违法犯罪特别是农村涉黑涉恶问题得到根本遏制，涉黑涉恶治安乱点得到全面整治，重点行业、重点领域管理得到明显加强，人民群众安全感、满意度明显提升；黑恶势力“保护伞”得以铲除，加强基层组织建设的环境明显优化；基层社会治理能力明显提升，涉黑涉恶违法犯罪防范打击长效机制更加健全。广东省在基层治理实践中摸索出了一整套将村级权力规范化运行的制度改革措施，实现“依法依规治村”，不但打开了村级干部权力行使的黑箱，将权力放在村民和公众的监督下阳光运行，村民和干部真正具有了同等公开透明的权力运行知情权，为治理民主和过程民主提供了制度基础保障，也使得“黄赌毒黑拐卖”等违法犯罪活动远离农村，为新农村建设起到了引领示范作用。

1 从“能人治村”到“依法治村”

改革开放初期，广东一些具有得天独厚的经济发展条件，但又不知道如何开展生产经营的农村，率先采取了“能人治村”的模式。由此广东省农村涌现了一批“能人治村”的典型，他们凭借个人的能力、胆识、品格，带领村民共同走上致富道路，成为村里的权威，从而成为乡村治理的决定性人物。随着经济社会的发展，总的来说，广东省农村涌现出来的各类经济能人，包括种养大户、营销能人、科技带头人、个体业主、务工回乡青年等等，就是农村最缺乏的资金、技术、信息、管理能力的拥有者，是农村先进生产力的代表。在农村实际工作中，由于实际中全体村民之间难以就共同利益达成一致，从而使得大量的公共决策无法形成和实施，一些具有明显公共效益的公共事务和公益事业也无法开展。而“能人治村”的好优势体现在：首先，能够通过个人威望和权威，有时甚至是暴力，可以对公共事务中的反对者形成强大的个人压力，迫使其放弃采取不合作行为；其次，在农村内部，村庄能人往往依靠其个人能力以及诸如宗族势力等社会资本，具有权威性价值分配，影响力颇广，村庄凝聚力的维持，也与村庄能人的存在密切相关，这样，在集体行动过程中，村庄能人的存在就有利于降低其他成员的机会主义倾向；第三，村庄能人自身所具有的企业家才能，使得集体经济实力增强，这为村庄公共事务的发展提供了经济基础。

实践链接

那站村：从“能人治村”到“依法治村”

茂名市电白县那站村用10年时间从“能人治村”转变为“依法治村”。过去在相当长一段时间里，那站村赌博、吸毒、斗殴滋事、小偷小摸等乱象

扫黑除恶，依法治村

百出，成为附城村委会18条自然村中治安最恶劣的一条村。物极必反。那站村恶劣的村居环境和治安状况，引起全村村民的强烈不满。在2008年原村民小组组长、副组长、村委集体辞职后，经过重新改组成立新的村委会，并通过实行“建设那站文明工作职能实施方案”，到2018年，经过10年的建设和发展，那站村实现了：①民主选举规范有序。村民委员会成员、村民代表、村民小组长依法选举或推选产生，选举秩序良好，选举程序规范、合法、公开、公正。②民主决策落实到位。村民会议和村民代表会议依法组成，制度健全，议事规则完善，重大村务事项决策前进行民主协商，实行村民会议或村民代表会议民主决策，并有完整的表决和会议记录等档案。③民主管理扎实细致，依法制定村民自治章程和村规民约，并根据经济、社会发展适时进行修改和调整。④民主监督推进有力，建立固定的村务、财务公开栏，村务、财务公开规范、全面，一般事项公布每季度不少于一次。⑤法制宣传教育和法律服务深入开展，法制宣传有专管领导，专责机构，有骨干队伍，有工作计划，有法制课堂（或法制夜校），有法律图书室（角），有法制宣传栏。⑥经济发展，治安稳定，社会和谐，集体经济持续性增长，农民收入逐年递增，村内公益事业发展良好。

随着新时代新农村建设，广东省农村正逐步实现由“能人治村”向“依法治村”转型，而这一转变的关键是“能人”要有法治思维，勇于舍弃“能人”光环，将人的管理权威变为村规民约制度管理权威，而“能人”自身廉洁、带头遵法是保障制度执行的主因。党的十八届四中全会指出，要注重发挥乡规民约等在社会治理中的积极作用。广东省各地由“能人”带出的富裕村子不少，当增强全民法治观念的时代号角吹响，农村不

论富裕程度如何，其可持续发展、新农村建设、农业现代化，都应走法规治理新路子。当然，某些地方情况特殊，“能人”领头作用仍然需要，但“能人”与法治，前者须服从于后者，“能人”要提升法治能力并外化于行。一切法规在村级末梢落细、落小、落实，靠干群上下相合的法治思维。千千万万个村子依法治村，在广东的乡野大地“最后一公里”形成“能人治村”到“依法治村”，依法治国就有了厚重坚实的基座。[1]

2 依法治村　除恶务尽

党的十八届四中全会所提出的全面推进依法治国的国家治理方略，是发挥法治引领和规范作用的根本要求。广东省委、省政府深入贯彻落实依法治国的基本方略，多年来持续开展“送法下乡”。以村干部为核心主体，大力实施“依法治村”的治理战略，着力提升村“两委”干部学法、用法、护法的能力。现实中，要实现“依法治村”这一目标，必须以村干部管理上的依法选人、依法管人和依法办事为前提，引导村干部做“依法治村”的排头兵。

首先，要确保依法选人。村干部是最基层的干部，与广大农民可谓零距离接触，一言一行直接关系着党和政府的形象。广东省农村工作干得好不好，关键在于村干部选得对不对、好不好。作为农村民主政治的基础工程，村“两委”换届选举工作事关基层社会治理成败的大局，历来受到各级党委、政府所重视，与广大农民群众的切身利益息息相关。因此，在村“两委”换届选举尤其是村民委员会的换届选举中，须严格按照《宪法》《村民委员会组织法》等法律法规，选举时须做到不走过场、不落一个环

[1]《丁文奎：让法治思维成为新常态》，中国广播网，2015-01-16。

节。通过合法程序保证村民行使自己的民主权利，选出党性强、作风硬、懂法守法、群众满意的村干部。

实践链接

普法活动进乡村

罗定市双东街道白荷村委坚持法治宣传。自“六五”普法及开展“民主法治示范村”创建活动以来，白荷村结合实际，积极推进普法宣传工作和基层民主法制建设，通过法制宣传教育，村民的法律意识明显提高，“黄、赌、毒”风气得到有效遏制，本村社会大局稳定，治安形势良好，未发生过重大负面事件。同时，白荷村通过成立以村支部书记为组长，村“两委”班子为成员的“民主法治村”创建领导小组，分工负责，密切配合，干部包片原则，规划创建法治村的标准，建立规章制度，健全各种工作簿册，确保全村的各项工作做到有法可依、有章可循、有案可查。最后，利用发宣传资料、广播会、专题讲座等形式进行宣传，使村民依法办事和依法维权的法律意识得到了加强。

其次，要确保依法“管人”。实践证明，“一肩挑”对于增强基层村干部的积极性和战斗力大有裨益。但在现实中，广东一些地方的村干部由于权力过于集中、监督制约薄弱，也滋生了一些严重的“小村官、大硕鼠”贪腐现象。故而，“依法治村”的前提，必然是村干部自身作风要过硬，要经得起各种不良诱惑的考验。特别要依法开展经济责任审计工作，在加快推进村务信息（尤其是农村经济中的集体资产、财务方面）公开化、透明化上常抓不懈，确保阳光能照得清村委“账本”的灰区和黑点。

实践链接

清远公布扫黑除恶第一大案

2018年4月2日凌晨，在公安部，广东省公安厅，清远市委、市政府三级联合指挥下，一举铲除了以陈某辉、陈某金为首的涉黑组织，现场抓获涉案人员35人，扣押现金折合人民币270多万元，查封不动产房产177套，查扣车辆101台，运砂船27艘。该案涉及水务、公安、镇政府、村委会等部门党员干部和国家工作人员共17名，成为清远开展扫黑除恶斗争以来第一个大案。

陈某辉、陈某金均为清城区龙塘镇新庄村委会大沙塘村村民，于20世纪90年代走上“黑帮”这条路。为获取更多政治资源，他们把目光瞄向了村委会选举，陈某辉以威胁、恐吓等非法手段迫使新庄村委会党支部原书记陈某明推选其当选大沙塘村村主任。该团伙多次策划、纠集大沙塘籍团伙成员通过威胁、恐吓其他村干部成员以及宴请、贿赂上级职能部门公职人员等非法方式控制村委会选举。

陈某辉还先后安插组织成员陈某全、陈某水等人控制大沙塘村小组20余年。

为巩固“陈氏家族”地位，该团伙还在2007、2008年间，通过“绑架”村集体的手段，干预龙塘镇政府对新庄村党支部书记的人事任用。

除了操控基层政权，陈某辉团伙还非法垄断北江河砂。2000年后，毗邻清远的广州等城市房地产业兴起，北江优质河砂成了抢手货。陈某辉很快也将觊觎的目光投向这个“砂黄金”。自2003年开始，陈某辉团伙开始组织潘某添等人在北江流域清远河段大肆盗采、运输河砂，采砂船变成了“印钞机”。

陈某辉等人通过他人名义成立或参股多家具备开采、销售河砂经营资格的公司，拉拢腐蚀负有河砂开采管理职权的有关部门公职人员，通过串标投标挤压其他具有竞标资格的投标公司。陈某辉以此手段暗中操纵北江流域清远河段河砂开采招投标长达近10年。

陈某辉先后多次纠集指使组织成员陈某华等人持刀棍等作案工具到清远北江河堤，对疑似盗采河砂的行为进行“巡逻执法”，驱赶、殴打、恐吓其他盗采人员，打击其他竞争对手。

非法盗采河砂、对合法企业敲诈勒索等违法行为得以顺利进行，离不开“保护伞”的庇佑。除了用强硬手段控制村委会外，陈某辉团伙还用金钱开路、多方拓展人脉，长期拉拢腐蚀公职人员，以换得违法犯罪行径“一路绿灯”。

在收取该涉黑组织人员好处后，龙塘镇政府三名班子成员开始按照陈某辉等人的意图行事，包括安排其组织成员在基层群众自治组织担任要职，用违规手段推选陈某辉、陈某金、陈某强等人分别获取市、县、镇人大代表身份，包庇纵容该团伙的一些违法行为。

多年来，陈某辉等通过宴请、送礼、行贿，甚至暴力威胁等方式，拉拢腐蚀多名监管公职人员。监管部门也“识趣”地从日常监管“放水”，到检查时通风报信，再到被查处的降格处理，“一条龙”服务让陈某辉非常满意。

清远市公安局退休民警、有近30年公安工作经验和专业知识的周某华，明知陈某辉涉黑团伙从事违法犯罪活动，还在重金聘请之下充当“军师”，对其组织成员授课、指点、出谋划策、疏通关系，进行问话审讯演练，提升该组织成员的反侦察能力。

2018年4月，清远市机关查办陈某辉涉黑组织案件期间，省纪委领导到清远调研，指示和督导清远市纪委监委同步介入，摸查该专案背后的“保护伞”。

2018年5月，清远市纪委监委抓住战机，迅速行动。清远市水务局水政监察支队原前后两任支队长李某斌、尹某清涉嫌严重违纪违法问题被立案审查调查。

2018年6月，清远市公安局刑警支队原支队长张某平被审查调查。该案中，市、县纪委先后接受问题线索7批涉及78人，目前已立案21人。

2018年6月14日，在高压震慑和政策感召下，英德市水务局水政监察大队队长黄某苗主动到英德市纪委监委投案自首。

2018年8月16日，英德市水务局水政监察大队副大队长雷某接受纪律审查和监察调查。

为乘胜追击，扩大成果，在查办陈某辉团伙涉黑案中，办案组抽丝剥茧、顺藤摸瓜，成功挖出英德市公安局原政委张某坚、英德市公安治安管理大队原主任科员张某刚等人涉黑涉恶问题。

2018年11月4日凌晨，在省纪委监委和省公安厅的统一部署下，清远市纪委监委联合中山市公安局一举打掉以英德市公安局原政委张某坚为首的涉黑涉恶犯罪集团，对张某坚等8人涉案公职人员采取留置措施，并进行审查调查。

中山市公安机关共抓获47人，清远市纪委监委查处公职人员13人，留置11人，冻结银行账户金额1.4亿元。

该专案创新了纪委监委机关和异地公安机关联合办案方式，实现了纪委监委机关和公安机关同步无缝对接，开了我省异地合作办案的先例。

专案收网后，为做好“以案为鉴”

“坚决打赢扫黑除恶攻坚仗”主题海报

后半篇文章，清远市纪委监委从适时召开警示教育大会、全媒体投放投案自首通告及亡羊补牢、堵塞监管制度漏洞等方面着手，多措并举。

2018年11月16日，清远市纪委监委在英德市公安局及时召开警示教育大会，对重点领域、重点岗位和重点人员进行大排查、大起底，不断强化纪律法律意识，促使涉案人员主动投案自首。

同时，该委广泛张贴张某坚等涉黑涉恶违法犯罪团伙成员投案自首的通告，鼓励动员违纪违法人员自动投案主动交代问题，让违纪违法者回归正途。目前，共有9名涉黑涉恶人员到纪检监察机关投案自首，实现了政治效果、纪法效果和社会效果的统一。

（摘选自《广州日报》报道）

第三，要确保依法“办事”。随着农村经济社会的快速发展，农民生活水平的逐步提高，法已悄悄融入农民的劳动生产和日常生活中。群众的法律意识也逐步增强，他们不仅能运用法律法规武器来保护自己的合法权益，并时刻在用法律法规的准绳来丈量每个干部的言行。在这样的情况下，作为提供服务的村干部，不仅不能继续沿用过去的一些有效但未必合法的“土办法”来解决问题，更不能“只看结果不看过程”地讲“风格”，认为只要是好事就可以不按法律、不讲程序地搞工作。伴随着依法

治国的基本国策的推进，法治与法制将会不断在农村立地生根，村干部要顺应这一历史潮流，坚持依法办事的基本原则，确保好事不仅办得漂亮，还要办得合法。此外，村干部更应该走在农民的前面，积极掌握法制知识，既要引领农民规范学法，又要不断提高依法治村的能力和水平。[1]

3 保护农民人身权、财产权、人格权

党的十九大报告指出，加快社会治安防控体系建设，依法打击和惩治黄赌毒黑拐骗等违法犯罪活动，保护人民人身权、财产权、人格权。这是“人格权”一词首次写入党的全国代表大会报告。一般人格权包括人身自由和人格尊严，人身自由和人格尊严在我国宪法中也有规定，是公法上权利和私法上权利的结合。十九大报告将人格权与人身权、财产权并列加以保护，充分体现了执政党的现代法治理念，顺应人权和人格权保护的历史潮流，彰显人文关怀，把对人民的权利的保护放在至高的地位。人格权的核心是人格尊严，十九大报告提出保护人格权，继承了民法通则加强人格权保护的优良传统，是保障人的地位和尊严的重要措施，是实现以人民为中心的发展思想的基本要求，是顺应人民呼声，保障民生，实现人民当家作主，实现人的价值的应有保障，是党的根本宗旨的体现。

法治的核心就是保护人民群众所享有的基本的权力，这些基本的权力概括起来，就是人身权、财产权和人格权。黄赌毒黑拐骗，是侵犯人格权的严重违法犯罪行为和典型侵权行为。打击和惩治黄赌毒黑拐骗将有力保护人民人格权。此外，保护人格权也是适应社会主要矛盾变化，满足人民日益增长的美好生活需要，尤其是对人的全面发展的需要。人的全面发展

[1]《村干部要做依法治村排头兵》，2014-11-12。

《人身权与法治》

不仅是享有充分的财产权，也应享有充分的人格权。这样，人才能更有尊严，更能实现人的价值。进一步保护人民群众三项基本权利，不光利于推动法治社会建设，而且有助于进一步全面建成小康社会，提高广大人民群众的幸福感、安全感和获得感。进一步保护人民群众依法享有的人身权、财产权和人格权，还有助于进一步深化改革：包括进一步推进经济体制改革，还有社会治理的改革；进一步用权力的保护来引领各项改革；进一步让人民群众在政治、经济、科技、文化和社会生活领域都能够享受到法律的尊重和保护。

实践链接

以依法治村为立根之本

汕头市潮阳区和平镇和铺社区坚持建章立制，按章办事。制度建设是推动农村经济建设发展，建设美丽乡村的强有力保障。没有规矩，不成方圆。社区在改革开放的历程中，特别是近几年来，把集体资产、资源、资金管理、土地管理、财务管理、财务公开管理、社区自治组织管理、资料档案管理、党内学习制度等作为立根之本。班子一班人坚持每周一学习，党员每季一个课，发挥核心作用和战斗堡垒作用，思想上、政治上与党中央和上级保持高度一致。火车跑得快，全靠车头带，社区以陈坚辉同志为班长，大公无私，按章办事，做到每一个项目建设、每一项涉及民生的实事、每一项重大决策都全面进行调查研究，依法依规，按章执行，走群众路线，不忘人民当家作主，把着力点放在为人民服务，公平公正，用制度管理社区。如社区工业园区兴办以及村民宅基地的分配，都是依法依规、公正、有序地进行处理，既构筑和谐，促进经济发展，又让村民共享家园的优越性，调动了群众参与建设的积极性。

贯彻落实好十九大报告提出的关于保护人格权的内容，最重要的就是在编纂民法典的历史机遇中，在我国的人格权立法的现有经验基础上，加强和完善人格权法建设。很多国家通过立法的修改或者司法判例完善了人格权制度。时至今日，已经有越来越多的国家的民法典将人格权独立成节、成章甚至成编。保护人民群众依法享有的人身权、财产权和人格权，切实体现了树立安全发展理念，弘扬生命至上，安全第一的思想。应当说社会治理格局的进一步健全和完善，需要社会协同，需要公众参与，但是更需要法制保障。在人民知道自己享有哪些人格权的基础上，能够更加清晰地知道自己享有的这些人格权究竟有哪些权利内容，怎样行使好自己的人格权，还需要规定具体的保护措施，使人

《中华人民共和国物权法注释全书》

民享有的人格权能够得到落实，使人民在人格尊严、人格地位以及具体人格权方面，得到人格权所体现得实实在在的实惠。当今时代，科技迅猛发展，互联网、云计算、大数据和人工智能不断迭代更新，使人格权保护面临更加复杂的局面，保护人格权的呼声也更加强烈。例如，智能机器人的出现，对人的尊严和人的地位提出挑战。互联网时代，“人肉搜索”、个人信息泄露、电信诈骗、网络侵权频频发生，在新的科学技术挑战面前，只有更好地保护人格权，才能更好地维护人的尊严和地位。

链接阅读

广州深入推进扫黑除恶专项斗争出台奖励办法并公布举报方式

为充分调动广大人民群众同涉黑涉恶犯罪斗争的积极性，严厉打击黑恶势力违法犯罪，铲除黑恶势力滋生土壤，深挖黑恶势力“保护伞”，按照党中央要求和省委、市委部署，广州市扫黑除恶专项斗争领导小组办公室制定了《广州市群众举报涉黑涉恶违法犯罪活动奖励办法（试行）》（简称《办法》），对提供涉黑涉恶线索的群众进行公开奖励，最高奖励20万元。

依照《办法》，奖励对象是指举报广州市辖区内发生的涉黑涉恶组织及人员违法犯罪活动的公民、法人或其他组织。负有防范和打击处理涉黑涉恶违法犯罪工作职责的政法机关和行政事业单位工作人员举报涉黑涉恶组织、人员非法活动的，不适用《办法》。

严格保密举报人信息

《办法》规定，提倡实名举报，也可以匿名举报。举报人在举报时，应提供有效联系方式，以便回复处理结果和兑现奖金。

举报人必须实事求是，不得虚构、夸大、捏造事实，严禁借举报名义对他人诬告、陷害。提供的线索要尽量详细，包含涉黑恶组织或人员的基本情况、违法犯罪活动范围或领域、主要违法犯罪事实依据等内容。

《办法》着重强调了对举报人信息的保密和保护制度。规定"对举报人个人信息严格保密，依法保护举报人的合法权益。任何单位和个人不得对举报人进行打击报复。对泄露情况或打击报复举报人的，一经查实，将依法依纪从重处罚，构成犯罪的移送司法机关依法惩处"。

举报涉黑奖励5万到20万元

《办法》要求，对实名举报的每一条线索，及时向举报人反馈核实结果。凡被认定为有效举报线索的，一律按规定兑付奖金。

举报涉黑涉恶违法犯罪活动线索，经公安机关立案侦查确认基本属实的，涉黑案件视情给予50 000—200 000元奖励；涉恶案件视情给予2000—50 000元奖励。举报奖励由广州市扫黑除恶专项斗争领导小组办公室会同市公安局确认并发放奖励金。

对符合奖励条件的举报人，《办法》规定，对涉及不同违法犯罪人员的举报，查实属于同一案件线索的举报奖励不重复发放；两个或两个以上举报人联名举报同一线索的，按一案进行奖励；同一线索有两个以上举报人分别举报的，主要奖励最先举报人。举报顺序以受理举报的登记时间为准。其他举报人提供的情况对查清案件确有直接作用的，酌情给予奖励。根据当事人的意愿和实际成果，可以同时给予见义勇为证书等精神奖励。

17种情况属涉黑涉恶违法犯罪

据《办法》，涉黑涉恶组织及人员违法犯罪活动是指违反《中华人民共和国刑法》等相关法律法规规定，依法应当追究刑事责任的行为，主要包括下列17种情况：

1．威胁政治安全特别是政权安全、制度安全以及向政治领域渗透的黑恶势力；

2．把持基层政权、操纵破坏基层换届选举、垄断基层资源、侵吞集体资产的黑恶势力；

3．利用家族、宗族势力横行乡里、称霸一方、欺压残害百姓的"村霸"等黑恶势力；

4. 在征地、租地、拆迁、工程项目建设等过程中煽动群众闹事、组织策划群体性上访的黑恶势力；

5. 在建筑工程、交通运输、矿产资源、渔业捕捞等行业、领域，强揽工程、恶意竞标、非法占地、滥开滥采的黑恶势力；

6. 在商贸集市、批发市场、车站机场码头、旅游景区等场所欺行霸市、强买强卖、收保护费的市霸、行霸等黑恶势力；

7. 操纵、经营“黄赌毒”等违法犯罪活动的黑恶势力；

8. 非法高利放贷，以暴力或软暴力讨债的黑恶势力；

9. 插手民间纠纷，充当“地下执法队”的黑恶势力；

10. 境外黑社会入境发展渗透或跨国跨境黑恶势力；

11. “地下钱庄”背后的黑恶势力；

12. 垄断一定区域内产品或物资经营的黑恶势力；

13. 侵害学生人身和财产安全，妨害校园及周边治安秩序，或者教唆、胁迫在校学生参加犯罪组织或从事黑恶犯罪的黑恶势力；

14. 恶意插手物业管理、医疗纠纷等案事件，严重妨碍小区、医疗机构等管理秩序，制造负面影响并从中牟利的黑恶势力；

15. 组织雇用网络“水军”在网上威胁、恐吓、侮辱、诽谤、滋扰的黑恶势力；

16. 为黑恶势力充当“保护伞”的公职人员；

17. 群众反映强烈、深恶痛绝的其他各类黑恶势力违法犯罪。

相关部门涉黑涉恶线索举报方式

为充分调动广大人民群众参与扫黑除恶专项斗争的积极性，踊跃举报涉黑涉恶线索，深入推进全市扫黑除恶专项斗争，广州市扫黑除恶专项斗争领导小组办公室集中公布相关部门涉黑涉恶线索举报方式。

微言民义

建设共建共治共享的农村社会治理体系须加强农村社会治理制度建设、完善农村社会治理体制、提高农村社会智能信息化治理能力、加强预防和化解社会矛盾机制建设。

第八章

农村共建共治共享的社会治理体系

为适应新时代社会主要矛盾变化的新特点和新要求，党的十九大报告提出“打造共建共治共享的社会治理格局”，报告还提出，到2035年基本实现社会主义现代化的时候，“现代社会治理格局基本形成，社会充满活力又和谐有序”，明确了社会治理现代化的目标和美好前景。十九大报告中关于加强和创新社会治理的相关论述，是社会治理现代化的基本纲领，指明了社会治理现代化的方向、任务和实现路径。乡村社会是作为社会治理现代化中的重要一环，建设共建共治共享的社会治理体系势在必行。党的十九大报告提出，在从现在至2020年的全面建成小康社会决胜期，将实施乡村振兴战略作为坚定实施的七大战略之一。习近平新时代中国特色社会主义思想对乡村社会治理提出了更高要求，也是实施乡村治理战略有效的理论保障。

1 加强农村社会治理制度建设

农村基层政权是我国政权体制的重要组成部分，是社会稳定和国家建设的基石。为了适应新的发展形势，落实依法治国基本方略，有必要通过改善行政体制、创新社会治理方式和落实相关制度来加强乡镇政权建设。在乡村社会治理、基层公共事务和公益事业中实行群众自我管理、自我服务、自我教育、自我监督，是人民依法直接行使民主权利的重要方式。

完善村民自治制度。随着市场经济的发展，农村利益分化重组，价值观多元发展，民主法治的制度性保障在乡村治理中的作用将会愈发凸显。当前要以村民自治制度为依托，让农民群众通过合法的方式、民主的形式、制度化的渠道有序地参与到农村社会治理中来，只有全体村民都积极参与进来才是真正的村民自治。要妥善解决村委会“行政附属化”问题，推动镇级政府变“领导关系”为“指导关系”，弱化对村委会的控制和主导，尊重和维护村委会的自治地位。合理划分村支“两委”的权限和职责，在有条件的行政村铺开农村“政经分离”改革，推动村党支部回归基层党建主业，村民委员会回归社会管理和服务职能，集体经济组织回归集体资产管理职能，使国家行政权力和村民自治权力良性互动。

不断完善村务公开民主管理，以扩大有序参与、推进信息公开、加强议事协商、强化权力监督为重点，拓宽范围和途径，丰富内容和形式，逐步建立责权明晰、衔接配套、运转有效的村级民主监督机制，保障村民享有更多更切实的民主权利。建立健全民主议事、民主管理、民主监督制度和村民委员会直接选举制度，推动村民自治，在征地拆迁、集体资产处理、项目设施建设等重大决策上提升农民群众“话语权”，发挥农民群众在社会治理中的主体地位。在村民代表会议、村党支部、村委会之间构筑起既相对独立又相互制衡的架构体系，既保证村委会对自治权利的有效行使，又确保其在党的领导和村民监督之下有效维护村民切身利益，实现农村社区村级治理机制的良性运行。完善镇级党委、政府对村民自治监督机制，树立法律权威，限制消极社会资本的作用，防止宗族势力操纵民主选举。[1]

实践链接

夏村坚持贯彻村民依法自治

珠海市斗门区乾务镇夏村现有户籍人口930人，其中，村民代表18人，党员50人。在村的建设管理过程中始终坚持以村民代表大会为主要形式的民主自治制度，全面推行民主提事、民主决事、民主理事、民主监事，不断健全完善村“两委”联席会议制度，坚持“四议两公开”工作法，同时积极探索如何维护异地务工人员等非户籍常住人口的合法权利及义务，加强异地务工人员的归属感和责任感。

建立村级村务监督委员会。夏村村务监督委员会成员共5人，其成员由村民代表会议在全体村民代表中推选产生。村务监督委员会的主要职责是参与研究、安排村务公开工作，监督村委会按时、按程序、真实公开村务，监督村委会具体财政收支情况并督促按时公开，

“全国文明村”珠海斗门夏村

[1] 黄仁兴：《当前阳江农村社会治理成效、难点和对策建议》，粤西地区农村社会治理创新政研专题座谈会，2015-01-14。

向户主会议或村民代表会议报告村务公开监督情况，受理村民对村务公开工作的意见、要求，督促村民委员会及时解决问题，改进工作。村务监督委员会的工作大大加强了村委会的公信力，也保证了村内财务的公开、透明，从而化解了村民与集体之间的矛盾，使社会更加和谐稳定。夏村通过实施“阳光村务、民主管理”机制，以“创建村务公开平台，实施监事会制度”为抓手，让村民自治在民主中实施，给予村民充分的知情权、决策权、管理权和监督权，村民代表的满意率达95%以上。

潮南区陇田镇东华村数十年来坚持制度先行且不断完善，坚持做到制度面前人人平等。近年来在原有基础上，广泛倾听党内外群众意见，修订编成《东华村各项管理制度汇编》，分廉政建设、民主选举、民主决策、民主管理、民主监督五部分，分发每户一册，使各项管理有章可循，可操作性强，做到用制度管人、管钱、管物。凡属上项目、搞建设等与群众密切相关，而且比较敏感的事情，都坚持集体研究讨论，召开党员大会、村民代表会议，实行民主决策，自觉接受群众监督。基本做到公开的“六个规范”，即内容规范、形式规范、时间规范、程序规范、违反行为处罚规范、档案管理规范。

全面推行“五个有”：一是有一个符合全省统一的模板式样要求的固定村务公开栏。同时争取到中国移动公司和电信局支持，设置新农村信息化示范点东华村务公开栏一个，触摸屏一个。二是有一本《东华村各项管理制度汇编》小册子，分发每户一册。三是有成立一个公开监督小组和一个民主理财小组。四是有一套村务公开的档案资料。五是有一个公开意见箱和一部公开电话，自觉接受群众监督举报，做到给群众一个明白，还干部一个清白，进一步增强了干群的民主法制意识和参政议政意识。

建立精干高效的管理网络，“两委”干部工作责权和工作目标都十分明确，支部将每月中心工作和责任分工公布上墙，人人皆知，互相监督，确保每月工作逐项抓落实。对工作有阻力的及时召开会议商讨对策，或是委派其他干部协助主管干部开展工作。30多年来一直坚持“制订逐月工作要点，划分线条追踪落实”的方法，使村里布置的工作，说一件，办一件，成一件，根本没有“隔年账”。这样，村里的大事小事条条有人抓，块块有人管。

2 完善农村社会治理体制

2017年12月中央农村工作会议强调，办好农村的事情，实现乡村振兴，关键在党，必须加强和改善党对“三农”工作的领导，切实提高党把方向、谋大局、定政策、促改革的能力和定力，确保党始终总揽全局、协调各方，提高新时代党领导农村工作的能力和水平。要健全党委统一领导、政府负责、党委农村工作部门统筹协调的农村工作领导体制。要建立实施乡村振兴战略领导责任制，实行中央统筹、省负总责、市县抓落实的工作机制。党政一把手是第一责任人，五级书记抓乡村振兴。

完善的社会治理体制是社会治理现代化的必然要求和重要保障。党委领导、政府负责、社会协同、公众参与、法治保障是符合中国国情和时代发展要求的社会治理体制，契合不同主体共建、共治、共享的社会治理本

乾务镇基层工会干部集体协商培训

质。党委领导、政府负责并不是说党委、政府大包大揽，这与社会治理的实质是背道而驰的。社会治理意味着在发挥党委、政府作用的同时，也要发挥社会和公众的作用，形成公共权力和社会力量的协同治理。随着社会的进步、技术的变革和权利意识的增强，社会组织（包括企业组织）和公众在公共事务和社会治理中所起的作用越来越大。社会组织和公众既是社会治理的成果享有者，也是社会治理的主体。如何发挥社会协同和公众参与作用，从传统的“强政府、弱社会”走向“强政府、强社会”，是我国社会治理现代化关键之所在，潜力之所在，也是难题之所在。[1]

实践链接

梅州乡村创新经济发展新模式

进入新世纪，兴宁市径南镇东升村敢于创新，勇于尝试合作化经营模式，成立了全镇第一家农民专业合作社；在收获提高附加值的第一桶金后，再次尝试将合作化经营模式向各行各业拓展，目前全村有水果专业合作社3个、蔬菜专业合作社1个、茶叶专业合作社2个，全村21户餐饮业经营户全部加入餐饮协会，86家茶叶种植加工户加入茶叶协会，使全村经济建设成功转型到合作化、专业化经营上来。在改革开放涉水履深的浪潮中，为探索农村快速发展的有效模式和村民致富途径，村“两委”鼓励村民开拓思路，支持发展多种经营，在全村形成发家致富的浪潮：各种经济作物在田间坡脚涌现，经营商店叠立村头，合作经营组织如雨后春笋，更有能者凭着勤俭耐劳外出创业成为商海的弄潮儿，为新农村建设打下坚实的基础。

丰顺县潭江镇官下村通过内外联动，外出经商与家乡建设相辅相成。改革开放初期村民外出珠三角等地，充分把握改革开放后经济、信息技术迅猛发展的新机遇投资经商，主要经营手机等通信设备，创业致富后回报家乡。如外出乡贤投资的顺兴茶叶公司，既是茶叶

[1]《“共建共治共享”推进社会治理现代化》，法制网，2017-10-24。

产业的龙头企业，又是旅游休闲养生的好去处。2016年，该公司投资的丰顺县龙溪生态旅游度假村在官下村建成开业，这是主动融入市、县打造韩江文化生态健康旅游特色产业带的重要农旅结合的新项目。该度假村有集茶叶种植、茶园风光观赏等吃、住、玩等于一体的农旅项目。群众在村“两委”的带领下，认真谋划，围绕镇党委、政府“抢抓机遇促发展，抓服务优环境、抓民生筑和谐、抓作风强素质”的工作思路，以发展茶叶产业为主线，积极响应“八村联动”打造美丽乡村，积极筹资，加大公共基础设施建设投入资金完善基础设施，建设了集休闲养生、观光旅游、防洪灌溉于一体的官溪绿色休闲文化旅游长廊，村中交通、文化、民生等各项事业得到快速发展。

3 提高农村社会智能信息化治理能力

农村社会治理中，因为农民处于弱势地位，其利益诉求缺乏良好的表达渠道，或者根本没有形成制度化的表达机制。这是基于制度的视角进行分析。在大数据时代，从技术化的角度分析农村社会治理面临的机遇和困境，是需要加以关注和考察的方面。从一定程度而言，伴随着时代发展的特征，如何运用技术手段，突出农村信息化建设，影响着农村社会治理的效度。

社会治理应该是强政府、强社会，如何在政府和农民之间形成对话机制，并能够有效地形成一种“对话”的可能。这不仅仅是从治理思维上转变就能做到的，更需要“接地气”式的治理方式，比如说加强农村信息化建设。

农村信息化建设在当代中国的农村社会日益被重视起来。当然，不仅仅是面对农村社会的冲突而形成这样的一个网络虚拟社区平台。它所能承担的还有农产品的销售、农村社会政府部门的OA（办公自动化）等等。毋庸置疑的是，这对于农村社会的政府与农民而言，是一个非常有意义的技术支持。就利益表达的渠道不通畅而言，有了农村信息化的建设可能，那么就可以让农村利用网络社区的优势，减少申诉成本，简化申诉程序，从而能够依靠网络本身的碎片化与及时性等优势将问题化解。并且，利用信息化这样的一种工具，农村社会的和谐程度也将会因此而提高，因为利益能够在这样的技术平台上得到解决或者比起原先更容易得到及时的解决。农民与政府的沟通渠道也就由此搭建而成，而农民不再采用到政府部门暴力维权的方式。[1]

农村信息化是农业现代化的制高点。“十三五”时期，大力发展农业农村信息化，是加快推进农业现代化、全面建成小康社会的迫切需要。《中华人民共和国国民经济和社会发展第十三个五年规划纲要》提出推进农业信息化建设，加强农业与信息技术融合，发展智慧农业；《国家信息化发展战略纲要》提出培育互联网农业，建立健全智能化、网络化农业生产经营体系，提高农业生产全过程信息管理服务能力；《全国农业现代化规划（2016—2020年）》《“十三五”国家信息化规划》对全面推进农业农村信息化作出总体部署，这将推动信息技术与农业农村全面深度融合，确保“十三五”时期农业农村信息化发展取得明显进展，有力引领和驱动农业现代化。

生产信息化迈出坚实步伐，物联网、大数据、空间信息、移动互联网等信息技术在农业生产的在线监测、精准作业、数字化管理等方面得到不同程度应用；经营信息化快速发展，农业农村电子商务在东中西部竞相迸发活力，农产品进城与工业品下乡双向流通的发展格局正在形成。管理

[1] 刘晨：《农村社区信息化与农村治理》，爱思想网，2013-01-23。

信息化深入推进，农村土地确权登记颁证、农村土地承包经营权流转和农村集体“三资”管理信息系统与数据库建设稳步推进；服务信息化全面提升，“三农”信息服务的组织体系和工作体系不断完善，形成政府统筹、部门协作、社会参与的多元化、市场化推进格局。基础支撑能力明显增强。广东省第十二次党代会也指出：大力发展特色优质高效现代农业，加强农业科技创新和推广应用，加强绿色农产品供给，扶持发展“一村一品”“一镇一业”，狠抓农产品标准化生产、品牌创建、质量安全监管。

实践链接

杭美村：借助网络平台助推商品流通

揭阳市惠来县周田镇杭美村加强市场流通的信息化建设，建立村村农业信息网，可搜集农产品生产信息，建立特色产品网站，创建农业生产网页与终端广大网民的链接，设立农村网络营销网站和QQ群、农产品市场网站。普及农村的互联网，搭建农产品供求信息平台，使农民随时了解相关信息，避开风险，拓宽农产品的销售渠道。加强市场硬件设施建设，规划建设规模适当的农产品交易市场。培育农产品的品种与规模增加效益；建立农村农产品市场营销讲习班支援营销讲解组。新农村建设老百姓满意，推进新农村“五新”进程，培育和发展农业市场体系，建立新农村农业产业市场才能带动农民的商品生产，构建农村经济危机的防火墙，防范世贸国外农业冲击，以龙头企业推进农业产业化水平，不断优化产业结构，促进农业生产提高到一个新的水平，建立市场流通的信息化平台。

4 加强预防和化解社会矛盾机制建设

十九大报告将社会治理现代化的基本内涵概括为“社会化、法治化、智能化、专业化”四个方面，要求“提高社会治理社会化、法治化、智能化、专业化水平”。社会治理社会化意味着社会各方面力量的共同参与，实现政府与社会的优势互补和良性互动。当今社会，已经不可能仅仅依靠单一力量就治理好，而这正是社会治理价值之所在，因为社会治理的实质就是多元社会主体的共建共治，进而达致政府与社会的最佳状态、公共利益的最大化，也就是善治。社会治理法治化意味着把社会治理各项工作纳入法治轨道，善于运用法治思维和法治方式解决社会治理难题。这既是全面依法治国的应有之义，也是社会发展的必然要求，因为在新时代，人民美好生活需要日益广泛，不仅对物质文化生活提出了更高要求，而且在民主、法治、公平、正义、安全、环境等方面的要求日益增长。

社会治理智能化意味着科技与社会治理的深度融合，善于运用大数据等现代科技手段破解社会治理难题，提高社会治理的预见性、精准性、高效性。社会治理专业化意味着尊重社会运行规律和治理规律，善于运用专业的队伍、专业的方法、专业的精神提升社会治理效能。这是社会分工日益细化、社会矛盾和问题趋向复杂化的必然要求。[1]广东省第十二次党代会也指出要深入推进基层治理，持续开展基层腐败、涉农领域职务犯罪、农村黑恶势力违法犯罪等突出问题专项治理，着力化解历史遗留问题，深化党务、村务、财务公开，以基层治理促进基层党建，以基层党建引领基层治理。

---

[1]《“共建共治共享”推进社会治理现代化》，法制网，2017-10-24。

实践链接

为乡村治理注入制度力量

兴宁市径南镇东升村首先通过加强法制，强化农村社会治安综合治理。东升村紧贴群众生活，把社会治安的触角延伸到百姓的日常生活，规范人的行为，做到重视小意见小分歧、化解小矛盾小纠纷，实现连续多年无治安案件和刑事案件。他们紧密结合生活中的大事小情，积极推送主题法律知识，及时更新法律专题宣传栏，使法制意识家喻户晓，全力营造生态法制、法治新村的深厚氛围。安装“平安视频”监控摄像头21个，设立农村矛盾纠纷调解室，成立护村队伍，聘请基层法律顾问，健全治安设备，建立巡查和值班值日制度。积极开展免费法律咨询服务、矛盾纠纷隐患排查、治安隐患排查整治和交通安全劝导活动，严厉打击违法犯罪活动，实现全村社会稳定，人民安居乐业。其次，走群众路线的管理模式强化群众参与度。在信息高度发达的今天，群众的利益观念日益多元，诉求的多样性亦层出不穷，如何化解人民的不满，满足群众的诉求，东升村的做法是依靠群众、走群众路线的管理模式来提高村民参与管理和参与建设的热情和积极性，解决信息不对称造成的“不满”和意外诉求。建设村级综合服务中心，设立办事窗口，建立村“两委”干部值班制

兴宁市径南镇（东升村）系列活动

度，简化村民办事流程，安装服务信息查询系统，提升基层公共服务水平，加强“两公开一监督”等制度的落实，将重大事务的议事决策在“两联席会议”上公开，惠民政策和措施落实由村民代表集体评议决定，实行动态管理，让村务、党务、财务信息在公开栏、党风廉政信息公开平台、“三资”监管交易平台等多个平台同时公开，打造阳光东升，提高群众参与基层管理和新农村建设的积极性和自觉性，诚如该村支部书记温质彬所说，“只要事情（村情）让群众完全知道，只要群众认为是这个事情好，只要群众说要干下去，自然就会有无穷的力量、有无穷的智慧”，“只要我们咬定青山坚持真理，久久为功，坚持不懈就一定会成功”。

中山南头镇南城社区探索建立建设协调委员会和居委会特别委员制度，促进新老南头人融合。南城社区建设协调委员会，是一个让新老南头人共同参与社区建设的平台。协调委员会由社区“两委”成员、特别委员、社区党员代表、镇人大代表、事业单位代表、企业主和居民代表组成，主任由社区党组织书记兼任。委员会每月召开一次以上联席会议，凡社区公共公益的大事要事均在建设协调委员会联席会集中民主讨论、决议。设立群众接访室，充分利用社区建设协调委员会职能。为方便特别委员和协调委员参与社区服务管理，社区专门设立特别委员和协调委员工作室，确保他们办公有场所，接待群众有地方。特别委员和协调委员工作室的设立，开辟了一个新老南头人反映利益诉求和寻求帮助的新平台，在实践过程中，逐渐形成一个新老南头人遇到困难有地方反映，反映后有人参与调查处理，处理后有人回复的利益协调机制。目前每晚7：30—9：30（除天气或其他特殊原因外）都有一名委员在工作室轮值，接待来访群众，接受电话咨询和情况反映。通过这个工作室，委员们更直接地倾听民声，收集民意，而新南头人有了一个直通、便利的利益诉求反映渠道，从而真正形成“社区建设靠大家，广籍不分你我他”的良好氛围，构建起新老居民融合共进的社会生活共同体。

微言民义

建立健全党委领导、政府负责、社会协同、公众参与、法治保障、科技支撑的现代乡村社会治理体制，以自治增活力、以法治强保障、以德治扬正气，健全党组织领导的自治、法治、德治相结合的乡村治理体系，构建共建共治共享的社会治理格局，夯实乡村振兴基层基础，全面推进乡村治理体系和治理能力现代化。

第九章

广东乡村社会治理启示

习近平总书记在党的十九大报告中指出，加强农村基层基础工作，健全自治、法治、德治相结合的乡村治理体系。同时，要完善党委领导、政府负责、社会协同、公众参与、法治保障的社会治理体制，提高社会治理社会化、法治化、智能化、专业化水平，打造共建共治共享的社会治理格局。总书记同时指出，最重要的还是以提升组织力为重点，突出政治功能，把基层党组织建设成为宣传党的主张、贯彻党的决定、领导基层治理、团结动员群众、推动改革发展的坚强战斗堡垒。对广东工作提出了在营造共建共治共享社会治理格局上走在全国前列的要求，尤其是针对广东社会结构复杂多元、社会治理难度大的问题提出要创新社会治理体制、改进社会治理方式，形成社会治理人人参与、人人尽责的良好局面。论述乡村“五个振兴”时指出，要推动乡村组织振兴，打造千千万万个坚强的农村基层党组织，建立健全党委领导、政府负责、社会协同、公众参与、法治保障的现代乡村社会治理体制，确保乡村社会充满活力、安定有序。乡村治理是否有效是乡村振兴的重要衡量标准。新时代，在习近平新时代中国特色社会主义思想的指导下，乡村治理开启新篇章，创设新经验，成为新典范。

1 共建共治——乡村治理发展实践选择

广东广大乡村有着深厚的社会自治的传统，中华人民共和国成立以来，广东与全国其他大多地区一样，经历了以政党下乡、政权下乡等为主要特征的现代国家建构，并经合作组、初级社、高级社最终形成“准军事化”的人民公社体制，这一“政社合一”的体制将传统自治压抑到历史最低状态，深刻地改变了乡村治理的发展轨迹，并最终导致乡村社会在20世纪70年代陷入了严重的治理危机。人民公社体制取消之后，广东乡村在很长一段时间内按照广东省统一部署实施管理区体制。1998年，广东省开展全省村民自治改革试点，并于当年7月启动了民主选举村委会的工作，推广“乡政村治”的乡村治理体制，为全省村民自治试点创设经验。改革开放四十多年后的今天，珠三角经济较发达地区处于迅速工业化、城镇化、现代化进程中，基层治理中面临着全新的治理难题，进行了全新的改革创新，探索出契合珠三角实际、具有南粤特点、引领全国方向的乡村治理现代化新路。

乡村社会治理创新成就

整个珠三角地区基层治理现代化路径是广东乡村社会治理现代化探索的重要组成部分，佛山、东莞、珠海乃至广州、深圳在基层治理领域面临着共通的问题，进行着同向的探索，共同书写着基层社会治理现代化的广东路径。整体看来，乡村治理已经初步形成了契合当前经济社会发展且符合广大人民福祉的以“大党委”制为统领、以“2+8+N”社区建设模式为支撑、以全面修身及新老乡村人融合为根基的治理体系，基本实现了乡村社会的有效治理。当然，由于广东经济社会发展仍处于快速的现代化变迁之中，整个乡村治理体制也在不断地创新，以适应新时代的新形势、新挑战、新要求。

（1）多元模式

广东经济社会发展模式，依靠领先全国一步的改革开放走出了一条不同于全国其他地区的发展路径。与之相对应的是，广东乡村治理的改革创新也基本与整个珠三角尤其是珠海、东莞、深圳的乡村治理创新同构，形成了独具特色的乡村治理变迁路径和创新模式。改革开放以来，随着广东农村工业化的推进和经济的快速发展，发展集体经济成为乡村治理的核心，也成为广大农村居民最为关注的公共议题，正是基于此，基层治理呈现出明显的“能人治理”的特点，且多数村（社区）都是基层党组织、群众性自治组织、集体经济组织“三块牌子、一套人马”。但集体经济的发展、外来人口的增多以及乡村治理中的“能人政治”等也带来了一系列的治理问题，由此珠三角大多地市先后启动了农村股权制改革、“政经分离”改革、“政社分离”改革等农村综合改革，同时加强基层党建，促进外来人口融入，最终形成了具有珠三角地区特色的基层治理体制。

（2）多样创新

在具有珠三角特色的同时，相对特别的是，现代化水平较高的广州、深圳不同于经济发展较为落后的城市，正处于快速的现代化进程中，区域内发展也存在很大的不平衡，有经济发展水平较高、城镇化程度较高的地区，也有经济发展水平较为落后、城镇化进程刚刚启动的地区，还有因地利之便大力发展房地产产业而导致经济发展与城镇化进程不相适应的地区。各地区经济社会发展的不均衡也导致了基层治理的多样性，每个片区乃至每个地区都有自己的特点、自己的模式，如中山村（社区）“两委”的工资都有三四种发放方式。就村（社区）而言，广东大致分为城市社区、“村改社”社区以及纯农村社区（村）3种类型，3种社区也都有各自的问题。因此，乡村社会治理是一种现代化进程之中的多样化的社会治理，近年来的基层治理创新也比较零散，各具特色，甚至部分改革方向也是不一致的。当然，乡村治理的这种不系统、不整体、不协调性，也表明整个基层治理体制还没有完全理顺，破解基层治理问题的金钥匙仍未完全找到。

（3）动态优化

在具有历史变迁的主体脉络和现实层面的总体形态的同时，广东乡村社会治理不仅是千差万别的，还是千变万化的。要理解乡村治理这种动态性，首先还是要对乡村治理的时代背景有清晰的认知。一方面，中国正处于迅速的现代化进程之中，广大农村地区更是经历着千年未有之变局，变化中的农村社会自然推动着基层治理的不断创新，社会转型不结束，治理创新就不会停止，治理现代化相对稳定的模式就不会出现。也正是在这一背景下，当前中国农村治理已经走到了新的历史节点。在这个历史节点上，旧的经济发展模式、社会管理模式已经难以为继，新的农村治理模式正在萌芽但尚未完全建立起来。对于新的农村社会治理模式，基层甚至还存在着迟疑、徘徊甚至是反复。乡村治理的创新路向还并不完全清晰，还在黎明前最黑暗的夜晚中摸索前进。另一方面，在新的历史节点上，先发地区肩负着新的时代使命，那就是实现乡村治理的现代化。正是从这个意义上讲，习近平总书记在党的十九大报告中关于乡村治理的新思想的阐述以及其对广东工作提出的“在营造共建共治共享社会治理格局上走在全国前列”是激励，更是鞭策。

乡村治理特色优势

在改革开放40周年的历史节点上，乡村治理虽仍处于迅速的现代化进程之中，但也呈现出新时代崭新的气象，是一种阶段性的有效治理形式。这种乡村治理形态契合了广东经济社会发展的要求，也基本达到了习近平总书记提出的健全党委领导、政府负责、社会协同、公众参与、法治保障的现代乡村社会治理体制的要求。具体而言，广东乡村社会治理具有以下基本特征：

（1）党建统领和全民参与有机结合

基层党组织是党的全部工作和战斗力的基础，是推进基层治理的领导核心。改革开放以来，广东乡村治理不断变迁，但党建统领一直是整个乡村治理的核心与灵魂，尤其是近年来不断加强的“大党委制”，为强化乡村治理的党建引领构筑了体制支撑。所谓“大党委制”，即在总结一些乡村“大党委制”经验的基础上，将条件成熟的村（社区）党（总）支部升格为党委，将辖区内机关事业单位、非公经济组织和社会组织等纳入党建工作范围，初步构建了以村（社区）党委为核心、单位党组织为基础、辖区党员为主体、群团组织共同参与的动态开放党建工作体系。“大党委”下设纪律检查、村务监督、建设协调3个委员会，统筹党务、村务、财务管理，基层党组织的治理功能进一步增强。注重发挥基层党组织的核心引领作用，依托“大党委制”“平安书记”，把广大群众充分调动起来，形成了党委主导、全民参与、有序高效、充满活力的乡村治理格局。此外，群众是乡村治理的主体力量，其参与程度直接关系乡村治理的成效。乡村治理在党组织的统一领导下，坚持走群众路线，最大限度发动群众有序参与。针对村居外来人口与本地居民出现倒挂的问题，推广聘任优秀外来务工人员为村“两委”特别委员的做法，在中山规定只要外地人口占到本地人口40%以上的村（社区），都要聘任特别委员。外来人的“代言人”参与到最基层的社区治理中，成为党群之间的“连心桥”、社区矛盾的“减压阀”，外来务工人员有了更强的参与感和归属感。针对外来务工人员的党建做法契合了习近平总书记“四个走在全国前列”的指示精神，也已经在完善优化之后以“‘两非’进‘两委’”的形式在全省范围内推开。

（2）乡村治理和社区服务有机结合

与“皇权不下县”“无为而治”的传统治理不同，现代乡村治理更加强调管理和服务相辅相成，最好的管理便是“寓管理于服务之中”。在村（社区）党委的领导下，首先是创新社区治理体制，探索出了社区治理模式。例如中山“2+8+N”模式，“2”是指建立一个建设协调委员会，搭建一个社区服务中心；“8”是指社区服务中心设“四站”“四室”，即公益事业服务站、环境卫生监督站、志愿者服务站、农技服务站和文体活动室、计生卫生室、治安警务室、法律服务室；“N”是指根据当地居民需要，组建若干社会团体组织。这一社区治理模式本身就是寓管理于服务的典范，主要通过社区基本公共服务实现对社区的有效治理。目前，社区服务中心建设实现全市村（社区）全覆盖，不仅将政府公共服务延伸至村（社区），方便了群众办事，也使村级组织机构牌子数量减少了88%。“2+8+N”模式曾获得全国创新社会治理最佳案例奖。在此基础上，火炬开发区以及海洲村等还将社区服务大厅向村（社区）以下治理单元延伸，以更好地服务群众，更好地实现“让群众少跑路”。以建立“2+8+N”服务平台为契机，中山市全面加强惠民工程建设，着力解决民生问题。持续加大财政对民生事业的投入，每年集中力量办好10件民生实事，全面启动雨污分流工程，“绿化大提升”三年行动计划累计投入16亿元。推进秀美村庄建设，实施村容整治工程，农村生产生活环境明显改善。推进城乡公共财政、教育文化、公共卫生服务“三共享”和社会保险、社会救助、劳动就业“三并轨”。

（3）德治为先和法治为本有机结合

基层治理需要法律和道德共同发挥作用，必须一手抓法治、一手抓德治，既重视发挥法律的规范作用，又重视发挥道德的教化作用。坚持在法治轨道上推动基层治理，积极创建“法治镇街”“民主法治示范村”，引导群众养成遵法守法、学法用法的习惯。为此，基层组织建设与平安市、平安镇街、平安村居建设结合起来，以村（社区）“两委”换届为契机，根据班子配备情况，结合社会治安形势和维稳工作需要，在公安派出所中选派所长、副所长和优秀民警挂任村（社区）党组织书记或副书记，每个村（社区）至少配备1名。“平安书记”充分利用双重身份，着力推进基层综治维稳和社会治安管理工作。一方面当好“公安”，广泛深入接地气，通过走访群众掌握社情民情，把工作前移到街头巷尾、居民家中，把矛盾隐患解决在萌芽状态，做到“小事不出村、大事不出镇”。另一方面干好“村干部”，发挥利益牵绊少、法治意识强等优势，监督村级组织权力运行，保护群众合法利益，维护村“两委”的威信。挖掘乡村社会传统“德治”元素，通过宗族自治、华侨支持等推进乡村善治。深入开展全民修身行动，在潜移默化中增强社会主义核心价值观的感召力影响力，使和谐善治成为全民的行动自觉。

乡村治理认识底蕴和价值认同

乡村社会的有效治理，依赖于在达成社会共识的基础上凝聚治理合力，社会共识是乡村治理的精神支点。近年来，中山一方面坚持新发展理念，强调社会共享改革发展成果，尤其是紧紧围绕破解“双重二元结构”，打破农村与城市、本地人与外来人两个壁垒，推动基本公共服务均等化，让发展成果更多更公平惠及全体人民，调动了广大群众参与社会建设与管理的积极性。如中山在社会保障方面，农村居民全部购买城镇社保，提高居民保障水平，实现了社会保障的城乡一体化。另一方面，中山更是强调乡村社会文化素养的提升，以全面修身提升新老中山人素质，增加全社会价值认同。道德文化的滋养熏陶，铸就了市民群众的共同价值取向和精神追求，崇德向善氛围日益浓厚，各类道德模范不断涌现，好人好事蔚然成风。在全民修身行动带动下，全民治安、全民禁毒、全民防火、全民绿化等“十大全民牌”先后付诸实施，使基层治理由党委、政府唱“独角戏”，变为与市民群众联动互动，最大限度地调动群众参与的积极性、主动性、创造性。

法治化治理是习近平总书记在党的十九大报告中再次强调的社会治理发展方向。在乡村社会治理中，法治化治理的关键不在于理念，而在于实践，在与通过怎样的体制机制将法治化治理的精神与理念具体化、实操化。新时代，就是要在前期创新探索的基础上考虑如何在更大范围、更广区域内构建一个多层次、多元化的法治化治理体系，让法治化治理的理念内化到社会的各个角落，让法治化治理的机制应用到社会的各个方面。

2 组织动能——培育乡村治理源动力

加强和改进农村基层党组织建设，不断增强其创造力凝聚力战斗力，既是党的建设新的伟大工程的重要内容，也是推动乡村振兴的重大举措。习近平总书记指出，农村工作千头万绪，抓好农村基层组织建设是关键。党的十九大提出，要以提升组织力为重点，突出政治功能，把基层党组织建设成为坚强战斗堡垒。充分发挥基层党组织的核心引领作用提升组织力，推动农村基层党建守正出新的治理，提出农村基层党组织振兴对推进乡村振兴发展的启示。

突出基层党组织核心引领作用

用活“互联网+”推动学习教育常态化，自开展“两学一做”学习教育以来，党支部充分发挥基层党组织的核心引领作用，紧紧扭住加强思想政治建设这一根本，推动村内各项事务有序发展。通过采取支委带头谈、党员讨论讲、深入党员群众听等方式，党支部制定支部学习方案和年度计划，建立健全“三会一课”、组织生活会、党务公开、联系服务群众等各项工作制度，明确学习教育时间表、路线图、任务书等一揽子清单，促进学习教育的常态化长效化。在原有基础上，标准化党员活动室，添置党员电教设备，增加党章党规宣传专栏和展板，设置自动触摸式查询系统，精心打造加强思想建设的平台阵地。此外，在人流量大的地段、村道两旁以及村委办公楼常年悬挂宣传横幅标语，营造良好学习氛围。党支部坚持学习教育与中心工作深度融合、良性互动，以党建促发展，以实干促实效。

突出学习教育主体责任

第一，扭住一个根本。村支部压实主体责任，牢牢扭住加强思想政治建设这个根本，不断推动学习教育常态化长效化。一是抓主体责任落实。党支部积极履行学习教育的主体责任，落实支部班子成员职责分工，坚持“议事+学习”双结合，做到学习教育时间、内容、地点、人员、责任“五落实”，及时学习传达贯彻中央、省、市有关精神，不断提高思想认识，领会核心要义，确保学习教育突出思想性、政治性和实效性。

第二，用活两个载体。村支部探索打造O2O党员公益服务模式，用活“联动党支部”和“党员+公益”两个载体，把学习成果转化为践行“四讲四有”的实际行动。一是充分发挥“联动党支部”的联系带动作用。居家养老服务中心、文体协会联动党支部等组织，成功带动了更多的社会资源参与社会治理，有效弥补了政府公共服务供给的不足。二是积极发挥“党员+公益”的“红色基因”引领作用。村支部成立党员义工队，探索建立党员义工、社工、志愿者联动服务机制。党员义工队带领社工、志愿者积极参加“圆梦微心愿”“暖心六一，党员同行”“垃圾不落地，沙溪更美丽”等党员志愿活动。通过党员义工们的实际行动，引领带动周围群众，培养“帮身边人、做身边事”的行为自觉，汇聚起建设文明幸福和谐乡村的强大正能量。

第三，紧抓三种学习。落实执行“三会一课”等基本教育形式外，紧抓三种方式，激发党员学习动力，强化党员党性意识。一是授课送书“辅导学”。邀请省学习教育宣讲团专家、学者、村老党员，讲党课作报告谈体会。向党员派发《中国共产党章程》《习近平总书记系列重要讲话读本（2016版）》等党建学习资料，还选送《苦难辉煌》《甲申三百年祭》等书以供参考。通过集中学习与个人自学相结合、支部书记讲党课、撰写心得体会等方式，提高思想认识，增强行动自觉，将学习教育不断引向深入。二是感同身受“体验学”。组织党员收看《冲锋号》《没有共产党就没有新中国》等红色经典影片，自编自导舞台剧，开展“忆党史·唱红歌”，以新颖形式展示革命历史，提高党员的思想觉悟；组织部分党员到烈士陵园重温入党誓词，缅怀革命先烈，教育引导党员牢记党的优良传统；从体验式学习中汲取营养、获得力量，取得事半功倍的效果。三是互联网+“灵活学”。搭建移动学习平台，建立学习教育QQ群和微信公众号，以图文并茂的方式定期推送学习资料，使党员无论身在何处，都可以通过信息化手段接受党组织的教育。

第四，强化四个促进。党支部坚持学习教育与中心工作深度融合、良性互动，以党建促发展，以实干促实效，扎实推进各项事业迈上新台阶。一是促进发展理念转变。创建国家级农业公园。用好非物质文化遗产资源，打造“乡村休闲+农业观光”旅游文化节品牌，推动农业农村经济绿色可持续发展。二是促进基层治理创新。扩建规范化社区综合服务大厅，打造承接政府下放职能、覆盖实有人口的扁平化服务窗口；搭建共建共享共参与的社区建设治理平台。三是促进民生福祉改善。改造村主干道路的路面、给排水，完善相应消防应急设施；将村民的闲置危房进行改造，建成停车场、绿化地；若村民持续购买社保医保，退休老人除领取养老金外，逢年过节还可领到慰问金。四是促进民俗文化繁荣。村支部注重保护传承传统民俗文化，民俗传统文化蔚然成风。

突出乡村社区组织体系建设

在乡村治理中，党支部强化村党组织领导核心作用，着力构建以党组织为核心、自治组织为主体、集体经济组织为支撑、群团组织为辅助、社会组织为补充、社会各方广泛参与的村基层治理组织体系。一是不断扩大党组织覆盖面。以社工组织等为单位，加强党支部建设，有效地扩大了党的组织与工作覆盖面。二是充分发挥基层党建引领作用，加快落实党群服务中心建设。把社区建设协调委员会作为深化基层服务型党组织建设、推动基层治理的重要抓手，努力探索凝聚党员、服务群众的新途径。三是坚持以群众需求为导向，搭建党员干部从事志愿服务、发挥先锋模范作用的实践平台，推动各领域党建资源集约使用、合理流动，以党建带动社会公益项目进入社区、服务群众，引导更多党组织、党员参与到社会公益活动中来，构建党政主导、部门协同、社会动员、党员示范、全民参与、共建共享的社会治理新格局。四是探索“党建+公益”的基层党建引领社会治理创新模式。加强统筹谋划，抓好资源整合，以“党建+孵化+提升+服务”，不断加强党建对社会组织公益活动的引领，实现基层党组织各类资源服务群众的最大效用，开拓党建引领惠民落实的新局面。五是积极利用信息化手段，探索“互联网+党建”新模式，积极探索智慧党建网络平台，开发集培训教育、管理服务、组织生活、信息发布、互动交流于一体的网络党建新平台，实现对党员身份识别、日常教育管理、党建作用发挥的智能化管理新模式。

3 现代和谐——乡村治理新境界

进入新时代，位于乡村治理创新第一矩阵的广东更有优势再领先一步，在营造共建共治共享社会治理格局方面走在全国前列，打造乡村治理的新标杆、新典范，为全国乡村治理创新贡献更多可借鉴经验。广东乡村治理创新实践在于其多年来不断以党建引领带动乡村治理创新的努力与尝试。当然，乡村治理作为一种尚处于现代化进程中、仍随社会深刻变革而不断创新的治理形态，还存在诸多的问题，也还会遇到全新的挑战。在新的历史时代，唯有以习近平新时代中国特色社会主义思想为指导，方可不断创新以基层党建为引领的现代乡村治理体制。

新时代乡村组织振兴新方向

习近平总书记曾经指出，要坚持问题导向，把专项治理和系统治理、综合治理、依法治理、源头治理结合起来。这为新时代乡村治理创新明确了思路、指出了方向。新时代的广东乡村社会治理恰恰需要从这三个方面着手，攻坚克难，破解根本性难题，推进整个乡村治理的优化和提升。

（1）源头治理

在乡村治理整体形势较好的同时，也要直面部分领域的问题与隐患。历史经验表明，农村的核心问题就是土地问题，土地问题的关键又在于土地制度。乡村治理中征地的问题、宅基地的问题、集体经济的问题、社会保障的问题等等，几乎所有的这些基层治理中的问题都与土地制度有千丝万缕的联系。很长一段时间以来，乡村治理创新不断推进但却始终难以形成根本性突破，主要是由于诸多改革还是没有从根本上对土地问题进行彻底的变革，从而为乡村治理奠定坚实的基础。下一步的改革中要从源头上进行思考，借着现在土地确权的机遇，在坚持农村土地集体所有不变的前提下赋予农民更多的土地权益，在坚持农村经营体制稳定的前提下探索集体经济的有效实现形式，在坚持党的核心领导作用的同时促进基层组织的适度分离。近年来，无论是南海的“政经分离”、成都的“党政经”三分离、温州的“三分三改”，其实都是在解决这样一个基层治理改革的源头性难题。广东理应在借鉴全国范围内改革经验的基础上探索出符合广东乡村社会治理实际的改革路径。

（2）综合治理

乡村治理千头万绪、错综复杂，复杂性问题的解决必然要依托于综合性的举措。在乡村治理中，基层党建的问题，集体经济发展的问题，村民自治推进的问题，公共服务供给的问题，必须有一个全盘的考虑，打出一套“组合拳”。更为重要的是，乡村治理的问题可能还是需要跳出治理看治理。乡村治理改革不是孤立的，它又是农村综合改革中的一个重要环节，乡村治理机制的理顺必然依托于整个农村改革的不断向前推进，依托于整个社会的不断向前发展。另一方面，乡村治理创新也是与乡村经济社会发展以及城镇化进程紧密结合的，对于乡村治理的顶层设计与阶段推进必须综合考虑这些因素的影响。综合治理自然需要综合发力，长期以来，乡村治理中组织部门、农业部门、民政部门以及社工委都是垂直管理、各自为政，工作虽有交流互动但却难以有机统一。对此，加强乡村治理工作的统筹管理也是将来工作的着力点之一。

（3）系统治理

现代化进程中的乡村社会处于不断的变化之中，因此乡村治理模式也不可能在社会变迁的过程中稳定下来。此外，乡村治理中的问题往往都有较深的历史渊源，盘根错节，千头万绪，其解决不可能寄希望于“毕其功于一役”，而必须有一个较长时间跨度上的系统考虑。乡村治理的创新改革走向已经逐步明朗，但是改革的节点的选择却牵涉基层的稳定与经济的发展，是改革、发展、稳定的权衡。当然，这是一个古老命题，却永远没有一个现成的答案。因此，必须树立系统治理的理念，在更长的历史跨度内科学地设计改革的节点、把握改革的节奏，将改革对社会产生的震荡降到最低点。

新时代乡村组织振兴新要求

新时代有新使命，同样面临着新矛盾、新挑战，推进乡村治理创新以最终实现乡村治理的现代化，就需要方式方法的创新。当然，这种方式方法的探索既要符合新时代的要求，又要契合广东乡村社会治理的实际。

（1）强化顶层设计，确立长远目标

习近平总书记曾经指出，改革开放在认识和实践上的每一次突破和发展，无不来自人民群众的实践和智慧。要鼓励地方、基层、群众解放思想、积极探索，鼓励不同区域进行差别化试点，善于从群众关注的焦点、百姓生活的难点中寻找改革切入点，推动顶层设计和基层探索良性互动、有机结合。当前，农村经济社会发展过程中所产生的矛盾错综复杂，农村基层社会治理中的问题杂乱丛生，农村社会治理创新改革必然要注重顶层设计，以整体性、系统性的综合改革全面重构乡村治理体系，开启乡村治理崭新格局。

（2）关注现实问题，选准改革节点

改革的关键在于从实际出发，关照改革所面临的土壤与具备的条件，选择好推进改革的最优时间节点。改革的成功往往不在于改革方案的最优，而更多取决于改革条件的成熟。“政经分离”的方案无疑能够最终较好地理顺基层治理的关系，也可能是整个广东乡村社会治理创新的最优走向。但目前而言，这一改革路径将牵涉到诸多的历史性遗留问题，可能引发社会矛盾的上升乃至社会群体性事件的发生。

（3）划定改革底线，明确基本要求

乡村治理创新道路上的困难不能成为阻碍改革、抗拒改革的理由。改革固然需要根据实际情况选择好节点，但这并不表明改革就可以踏步不前。当前最为重要的是要强化改革的进取意识、明确改革的基本原则、划定改革的共同底线。划定底线就是要明确所有村（社区）都要推进的改革举措，明确所有村（社区）都要推进的必选项目，统一做好改革的基础性工作。比如农村土地确权、集体经济组织股份固化、“三资”管理平台建设、公共服务大厅建设等。

（4）坚持因地制宜，鼓励多种探索

基层治理创新从上要制定长远目标，从下要划定基本底线，中间则可以允许镇（区）、村（社区）根据自身所处的发展阶段选择改革最优的时间节点、根据自身具体情况选择多样化的治理模式。城镇化进程中的乡村社会是一个变动着的乡村社会，在城镇化进程完成之前，变化中的乡村自然难以形成一个稳定的治理架构。乡村治理只能是根据当时当地的实际情况进行最优化的调整，并随着乡村经济社会的发展变化而不断地创新改革。

新时代乡村组织振兴新路径

广东乡村社会治理有很好的基础，整体呈现出了新时代善治的特征。但另一方面，乡村治理也面临根基不牢、体系不顺、机制不畅、保障不力等问题。此外，乡村社会治理也处于发展变化之中，随着农村经济社会发展尤其是社会的深刻变革而不断地创新。但万变不离其宗，乡村基层治理归根结底还是要处理好各种组织之间的关系，以社区党组织建设为核心，大力推进乡村组织振兴。

（1）夯实基层党组织，强化党对基层核心领导

“大党委”制构筑起了党在基层的组织体系架构，提升了基层组织的运行效率和绩效，夯实了党在基层核心领导地位，对于乡村治理创新起到了定海神针的作用。新时代，根据习近平总书记在党的十九大报告中关于以提升组织力为核心、提升基层党建质量的要求，乡村基层党建需要在“大党委”制的基础上重新出发，在现有党建体系下做实、做细、做活，将基层党组织打造成为一个个的“活力细胞”。一是纵向下移。将基层党组织由社区向居民小组、村民小组、住宅小区等治理单元延伸，真正将基层党组织嵌入乡村社会内部，使其在基层生产生活共同体中生根发芽。二是横向拓展。将基层党建向“两新”领域拓展，创新行业党建、楼宇党建、园区党建等形式，主动将律师、会计师等新领域人群纳入基层党建范畴。三是外向勾连。根据不同性质基层党组织的特质，加强各类党组织之间的相互连接，以主题党课、党组织活动等有效形式发挥各类党组织作用，实现资源共享。四是内向激活。着力创新运行机制、强化资源配置，将基层党组织打造成为融入乡村社会的“活力细胞”。

（2）创新集体经济组织，打造合格市场经济主体

创新集体经济组织形式，最主要的还是要夯实农村产权改革根基，即在土地确权、股权固化的基础上推进农村产权改革。广东土地产权改革的试点，最重要的还是要正确认识“确权确地”与“确权确股不确地”的区别，选择合理时间节点，尽全力确地到户、确股到户，保障农民合法的土地权益，尽量一次性解决农村土地产权不清晰、不稳定的问题。在此基础上，着力探索集体经济的有效实现形式，促进集体经济的市场化改革。一是创新集体经济组织形式。以现代市场经济思维，在明晰产权的基础上变“按人共有”的集体经济为“按份所有”的股份经济，打造新型的集体经济组织。集体经济组织成员享有的权益不因居住地和户籍的变化而变动。

二是创新集体经济组织架构。集体经济内部实行公司化运营，建立健全村级集体经济组织章程和新的股份合作经济联合社股东大会、董事会、监事会等决策议事机构，规范集体经济组织内部运行。三是创新集体经济分配方式。集体经济组织不再承担社会公共服务与社会保障费用支出，改变集体经济分配方式，变集体经济按人平均分配为按份按股分配。四是创新集体经济发展方式。集体经济发展逐步走向市场化，努力通过资本下乡促进集体经济与民营经济在资本、管理上的“高位嫁接”，促进集体经济转型升级。

（3）推动自治组织下移，激发乡村社会自治活力

新时代村（居）民自治的发展要着力重构自治单元、挖掘自治元素，激发乡村社会的自治活力。一是研究村民自治单元最佳规模。各镇区、各村（社区）经济发展水平不同，社会文化底蕴各异，要因地制宜地加强调研工作，一村一策的研究调整方案，探索不同地区村民自治单元的最佳规模。二是探索村民自治单元调整方式。在充分调研、认真筹划的基础上，以遗留问题较为严重的村（社区）为试点，探索村民自治单位调整的有效方式。三是推进村民自治单元重构工作。在总结试点经验的基础上，根据各村（社区）的具体情况，在尊重历史、尊重民意的基础上，宜分则分，宜合则合，开展新一轮村民自治单元的调整工作。四是探索村民自治有效实现形式。以村民自治单位重构为基础，在总结经验的基础上，探索村民自治的多种有效实现形式。

（4）多元组织协同共治，加快实现乡村治理现代化

推进农村治理现代化、巩固党在农村的执政根基，就是要创新农村组织体系，理顺农村治理机制。一是逐步把村干部纳入到公职人员管理范畴，推行“一管到底”。将村“两委”尤其是党组织书记纳入到全市公职人员管理“一盘棋”之中，参照公务员和事业编制的管理办法，逐步、适

当、适时地把公职人员编制、财政经费及其管理办法倾向村一级基层，让村“两委”管理方式从内嵌于村集体到服从于市镇行政，进一步加强党和政府对农村的管理统筹力度。二是探索经济管理与社会事务管理分开的基层管理体制。在加强基层组织建设的同时，还要理顺村委会与村集体经济组织的关系。村委会要尊重村集体经济组织依法独立进行经济活动的自主权，条件成熟的集体经济组织要逐步建立与市场经济相适应的法人治理结构。三是要实现政府管理一体化。促进政府管理体制、管理资源下移，尤其是政府行政事务要与社区公共事务分离，行政事务所需经费由政府财政负担。加大农村公共服务队伍建设与公共服务资金投入，为农民居民提供基本的社会公共服务，最终实现社会服务均等化。在社会医疗保险与社会养老保险等社会保障方面加大财政支持力度，纳入统一社保体系，实现城乡一体化。实现社区管理一体化。农村社区治理要与城市社区治理，建立环卫、治保等公共事务的经费分担机制，实现社区公共事务的市场化、社会化运作。

/参考文献/

[1] 习近平．决胜全面建成小康社会，夺取新时代中国特色社会主义伟大胜利：在中国共产党第十九次全国代表大会上的报告[Z]．北京：人民出版社，2017.
[2] 习近平．习近平谈治国理政[M]．北京：外文出版社，2014.
[3] 习近平．习近平新时代中国特色社会主义思想三十讲[M]．北京：学习出版社，2018.
[4] 中共中央文献研究室．习近平关于社会主义社会建设论述摘编[M]．北京：中央文献出版社，2017.
[5] 新华社．中共中央 国务院关于实施乡村振兴战略的意见[J]．中华人民共和国国务院公报，2018(5)：4-16.
[6] 新华社．中共中央办公厅 国务院办公厅关于加强和改进乡村治理的指导意见[J]．中华人民共和国国务院公报，2019(19)：11-16.
[7] 陈锡文，赵阳，罗丹．中国农村改革30年回顾与展望[M]．北京：人民出版社，2008.
[8] 郭书田．中国农村改革开放经历回顾[M]．北京：中国农业出版社，2008.
[9] 贺雪峰．乡村治理的社会基础：转型期乡村社会性质研究[M]．北京：中国社会科学出版社，2003.
[10] 贺雪峰．乡村治理的社会基础[M]．北京：中国社会科学出版社，2003.
[11] 黄学平，刘洪盛，汤建东．从贫穷到小康：三十年广东农村经济体制改革之路[M]．广州：广东科技出版社，2008.

[12] 徐勇. 流动中的乡村治理：对农民流动的政治社会学分析［M］. 北京：中国社会科学出版社，2003.
[13] 徐勇. 中国农民的政治认知与参与［M］. 北京：中国社会科学出版社，2012.
[14] 阎海军. 崖边报告：乡土中国的裂变记录［M］. 北京：北京大学出版社，2015.
[15] 于建嵘. 岳村政治：转型期中国乡村政治结构的变迁［M］. 北京：商务印书馆，2001.
[16] 张德扬，耿静超. 伟大历程的回顾与展望：广东省农村经济学会纪念农村改革30年文集［M］. 北京：中国农业出版社，2009.
[17] 周大鸣. 告别乡土社会：广东农村发展30年［M］. 广州：广东人民出版社，2008.
[18] 邓超. 实践逻辑与功能定位：乡村治理体系中的自治、法治、德治［J］. 党政研究，2018（3）：89-95.
[19] 邓大才. 社会化小农与乡村治理条件的演变：从空间、权威与话语维度考察［J］. 社会科学，2011（8）：77-83.
[20] 邓大才. 走向善治之路：自治、法治与德治的选择与组合：以乡村治理体系为研究对象［J］. 社会科学研究，2018（4）：32-38.
[21] 高翔. 选择性培育：赋予乡镇政府更多自主权的实践逻辑及其优化［J］. 探索，2019（1）：36-43.
[22] 贺雪峰. 保护养育乡村精英的土壤［J］. 农村工作通讯，2014（17）：53.
[23] 乔惠波. 德治在乡村治理体系中的地位及其实现路径研究［J］. 求实，2018（4）：88-97.
[24] 仝志辉. 农民选举参与中的精英动员［J］. 社会学研究，2002（1）：1-9.
[25] 夏红莉. "新乡贤"与健全自治、法治、德治相结合的乡村治理体系［J］. 湖南省社会主义学院学报，2018（3）：64-67.
[26] 徐茜. 乡村治理也需要"德治"［J］. 人民论坛，2018（30）：76-77.
[27] 徐勇，赵德健. 找回自治：对村民自治有效实现形式的探索［J］. 华中师范大学学报（人文社会科学版），2014（4）：1-8.
[28] 余练，陈跃. 返乡创业型土地精英的兴起与基层治理互动［J］. 中国青年研究，2018（9）：37-44.

［29］俞可平．中国公民社会：概念、分类与制度环境［J］．中国社会科学，2006（1）：110-123+208-209．
［30］张树旺，李伟，王郅强．论中国情境下基层社会多元协同治理的实现路径：基于广东佛山市三水区白坭案例的研究［J］．公共管理学报，2016（2）：119-127．
［31］赵晓峰，刘成良．利益分化与精英参与：转型期新型农民合作社与村两委关系研究［J］．人文杂志，2013（9）：113-120．
［32］郑永君，张大维．社会转型中的乡村治理：从权力的文化网络到权力的利益网络［J］．学习与实践，2015（2）：91-98．
［33］郭鲁江．党建领航乡村治理现代化［N］．光明日报，2019-09-02（05）．
［34］陶希东．实现乡村有效治理的四大行动方略［N］．学习时报，2019-01-28（05）．
［35］文宏．乡村治理历程的回顾及未来展望［N］．中国社会科学报，2019-01-02（09）．
［36］郑会霞．构建新时代乡村治理体系［N］．学习时报，2018-08-31（03）．

/后　记/

根据广东省委宣传部谋划部署，为深化对中国道路、中国理论的研究，以广东改革开放百村史为例，深入总结改革开放四十多年的“三农”事业成就与广东经验。本书是广东省委宣传部、广东省中国特色社会主义理论体系研究中心理论丛书的重要组成部分，纳入广东省委宣传部“乡村振兴启示录——改革开放中的广东百村探索”系列丛书出版计划。

2016年，广东省中国特色社会主义理论体系研究中心与广东金融学院签订共同开展哲学社会科学规划学科研究的合作协议，共同开展以“中国道路：广东改革开放百村探索”为主题的研究。2017年广东省哲学社会科学“十三五”学科规划共建项目“中国特色的乡村综合治理研究——以广东部分乡村为例”（GD16XZZ04）获得立项。

项目研究过程中，课题组成员在充分研讨开题的基础上，分成若干小组，到全省各地市深入村庄开展调研，完成广东20个地市300个村子的调研任务。开展对村集体的访谈，实地调研，采访村中个别老居民，收集改革开放以来乡村发展的历史文献、文件、图片等资料。

经过课题组成员不懈的努力，本书以《治理与和谐：广东农村社会发展研究》最终完稿。李建军负责研究设计与撰写绪论；第一章，何晓华撰写；第二章，白翠红、陈杰英撰写；第三章，孙章龙撰写；第四章，曾英杰、林泽楷撰写；第五章，谢志均撰写；第六章，丘志君、黄河撰写；第七章，范斯义、刘佳秋撰写；第八章，张春华撰写；第九章，杨明、陈力撰写。全书由李建军、杨明统稿。

在项目立项、研究、撰写、编辑与出版工作中，李向军、吴茂勤，刘洪盛、丁晋清、侯军、彭国华、谢祥、邓中好、胡乐明、王振中、万军、林代伦等领导专家给予了许多宝贵意见和建议，在此表示深深的感谢！

本书出版之际，衷心感谢广东省委宣传部领导以及相关专家学者的鼎力支持和协助，感谢相关农村或社区干部为本书提供的素材、图片及数据资料，感谢南方日报出版社对本书编辑和出版工作所付出的辛勤劳动。

乡村社会治理无论理论还是实践，都尚处于起步和发展过程中，课题组成员对该项目的调查和研究颇下功夫，但研究成果中仍有许多不足之处。在此，恳请领导专家给予批评指正，也为今后研究确立新的方向和新的起点。

课题组

2019年12月于广州

“乡村振兴　百村探索”丛书

广东省中国特色社会主义理论体系研究中心　编

传承与创新

广东乡风文明建设研究

林如鹏　程京武　主编

南方日报出版社
NANFANG DAILY PRESS
中国·广州

图书在版编目（CIP）数据

传承与创新 ：广东乡风文明建设研究 / 广东省中国特色社会主义理论体系研究中心编. — 广州 ：南方日报出版社，2020.7
（“乡村振兴 百村探索”丛书）
ISBN 978-7-5491-2145-8

Ⅰ. ①传… Ⅱ. ①广… Ⅲ. ①农村－社会主义精神文明建设－研究－广东 Ⅳ. ①D422.62

中国版本图书馆 CIP 数据核字(2019)第 285650 号

CHUANCHENG YU CHUANGXIN
传承与创新：广东乡风文明建设研究

编　　者：广东省中国特色社会主义理论体系研究中心
出版发行：南方日报出版社
地　　址：广州市广州大道中 289 号
出 版 人：周山丹
出版统筹：母发荣
责任编辑：阮清钰　范先鋆
责任技编：王　兰
责任校对：裴晓倩
装帧设计：易　界
经　　销：全国新华书店
印　　刷：广州市尚铭印刷有限公司
开　　本：787mm×1092mm　1/16
印　　张：15
字　　数：198 千字
版　　次：2020 年 7 月第 1 版
印　　次：2020 年 7 月第 1 次印刷
定　　价：98.00 元（全 2 册）

投稿热线：（020）87360640　读者热线：（020）87363865
发现印装质量问题，影响阅读，请与承印厂联系调换。

/序/

提起广东，人们大多会想到繁华富庶的珠三角，高楼林立、车水马龙的城市风貌，描绘着世界级都市群蓝图的粤港澳大湾区。岭之南，海之北，这块生机勃勃的土地从古至今一直呈现出与众不同的精神风貌。作为改革开放的先行地，广东经济社会发展一直走在全国前列。

在改革开放的时代印记里，繁荣的工商业、现代化的都市是广东最主要的画面，然而，让很多人意想不到的是，近31年经济总量连续稳居全国第一的广东，曾经也有因发展断崖而形成的“环珠三角贫困带”。沿珠江及其支流溯流而上，在广东的东、西、北三个方位上，仍散布着大片的农田和众多的村庄，生活着为数众多的农民，人均地区生产总值低于全国平均水平。

为解决发展不平衡不充分的问题，广东省委、省政府坚定实施乡村振兴战略。这个被庄严写进党章的战略，是全面建成小康社会的重大战略部署，也为广东农村农业的改革和发展提供了契机。

乡村振兴战略提出的“产业兴旺、生态宜居、乡风文明、治理有效、生活富裕”二十字总要求，为农业农村改革发展指明了方向，也为新农村精神文明建设工作提供了根本遵循。乡风文明作为乡村振兴战略中的一大战略目标，在乡村振兴战略的实施过程中具有重要的意义。

广东乡村发展不平衡不充分的问题，放在全国范围内看也相当普遍，其破解具有全局示范意义。因此，本书试图从广东乡风文明建设研究的实践摸索中，总结出广东乡风文明建设的经验教训以及有益成果，为全国的乡村发展提供具有普遍适用性的经验。

本书共分为八章，分别从广东乡风文明建设概论介绍、广东乡风文明建设历史考察、推动广东农村教育新发展、擦亮广东农村文化品牌、培育广东农村良好习俗民风、推进家风建设养护乡风文明、完善广东文化建设体制机制以及回顾广东乡风文明建设经验及其当代启示八个方面展开，结合广东乡风文明建设过程中具有代表性的具体案例，旨在总结广东实施乡村振兴战略的经验教训，为今后广东乃至全国的乡村发展提供有益经验。

作为改革开放的排头兵、先行地、实验区，广东不仅在城市发展中走在前列，更通过乡村振兴战略和大力发展农村农业来缩小城乡区域发展差距的探索实践，引领我国书写新时代推进城乡融合发展的新答卷。

目录 Mulu

第二章

第三章

习近平总书记指出，实施乡村振兴战略，不能光看农民口袋里的票子有多少，更要看农民的精神风貌怎么样。敦风化俗，久久为功，只有持续提高乡村社会文明程度，才能改变陈规陋习，塑造农民精神风貌，使乡村文明焕发新气象。从2005年党中央制定的第十一个五年规划提出“推进社会主义新农村建设”，到党的十九大提出“实施乡村振兴战略”，有一个建设要求始终不变，那就是建设“乡风文明”。中央对乡风文明一以贯之的强调，一方面说明乡风文明建设极受国家重视，另一方面也反映乡风文明建设仍需要做出更大的努力才能真正实现。思考如何建设乡风文明便是本书的缘起。

本书总结了广东省在乡风文明建设摸索过程中的有益成果，成果主要针对“人”“家”“乡”这三个方面：于“人”，重视德育科教，培养新型农民，加强乡村人才及乡村干部的培育，积极发挥乡贤作用；于“家”，造血扶贫，同时弘扬孝善、传承家训，推进社会主义核心价值观入万家；于“乡”，注重挖掘红色历史、传统印记、侨乡文化，修缮古迹，筑城中村，打造美丽的文创村落、生态文明村落，建造流动博物馆、流动图书馆，办新农村公益村晚，完善公共服务设施，普惠农村。本书课题组希望凭借对广东乡风文明建设经验的合理总结，更好、更快地助推乡村振兴，为实现中华民族伟大复兴的中国梦作出积极贡献。

党的十九大报告提出要在全国农村实施乡村振兴战略，在总结以往“新农村建设”“建设美丽乡村”的经验教训之后，提炼出“产业兴旺、生态宜居、乡风文明、治理有效、生活富裕”的二十字总要求。2018年《中共中央　国务院关于实施乡村振兴战略的意见》强调并阐释了“乡风文明”的重要地位和基本内涵：“乡村振兴，乡风文明是保障。必须坚持物质文明和精神文明一起抓，提升农民精神风貌，培育文明乡风、良好家风、淳朴民风，不断提高乡村社会文明程度。”可以说，乡村振兴需要乡风文明，乡风文明是乡村振兴战略的重要组成部分，是乡村振兴之“魂”。只有把乡村振兴与乡风文明建设有机结合起来，二者相向而行，良性互动，互相促进，才能深化乡村振兴内涵，增强乡村振兴动力和活力，乡村振兴战略的实施才会稳步推进。

第一章

理论视野：
广东乡风文明建设概论

第一节
乡风文明建设的基本内涵

乡风文明建设包含了三个关键词——“乡风”“文明”和“建设”，从整体上看是一个行为实施的过程，分解来看具有从是什么、为什么到怎么做的逻辑结构。

1 内涵外延　概念脉络

“乡风”的内涵是什么，由哪些外延组成？苏轼曾在《馈岁》中作“亦欲举乡风，独唱无人和”表达思乡思亲之情，此处的“乡风”即作风俗解。“乡风文明建设”中的“乡风”不仅仅指风俗，还指乡村居民的整体精神风貌，包含了风气、风俗和风尚各方面。

作为行政区域划分的基础单位，一个自然村或者一个乡镇中的居民在生存方式、生活习惯和人际交往等思维行为习惯方面存在普遍共识，从本质上说，“乡风”就是特定地域的文化，按照文化层次理论结构要素，可以分为物态文化（包含生态文化）、精神文化、制度文化和行为文化几个方面。

一个地方的物态文化，是指这个地方的人们在改造客观世界的活动中形成的物质生产活动及其产品的总和，是文化中可以具体感知的物品或生产方式，如生存和生产方式中的农耕、游牧、狩猎、渔业、林业等行为及其带来的物质结果。精神文化，则是该地居民在从事物质文化基础生产过程中产生的特有意识形态，如对待自然和生产的观念、价值观、思维方式、宗教信仰等心理和心灵世界的总和。精神文化和物质文化一样，也是由人们在日常的生活中总结得出，是在物质文化基础上衍生出的独具地方特色的意识形态和观念集合。

乡村的制度文化主要是指各种制度规范、乡规民约和一代代传下来的规矩。它规范的是乡村人与人、人与家庭、家庭与家庭、家庭与家族、家族与家族之间的关系。乡村的行为文化则包括人对自然、人对生产、人对人、人对家庭、人对集体、人对国家的举止行为。狭义的行为文化是指人与人交往过程中约定俗成的地方风俗、管理方式以及由此形成的地方风气。

2 乡风文明　指向何处

“乡风”是否有优劣之分，是否所有“乡风”都能冠之以“文明”？文明，是指“人类改造世界的物质和精神成果的总和；社会进步和人类开化状态的标志”。现存现行的“乡风”是否能够一直反映、适应并指导时代和人们发展的需要？显然不能。这就要用历史的眼光和辩证的态度进行甄别，更要用科学的态度和方法改造、扬弃、建设和发展“乡风”。乡风文明不应该单从乡风和精神文明的角度理解，而应将两个方面结合起来认识，乡风文明可以理解为文明的乡风，即包含良好乡风和社会主义精神文明在内的乡村文化。

改革开放四十多年，乡村建设取得了巨大成就，具体到乡风方面，也有明显改观。如乡村的生活条件不断改善，卫生、环境质量有明显提升，对教育的重视程度也比以往有了很大程度的提高，乡村居民的健康意识和法律意识不断增强等。但也不能否认，一些与当前经济社会文明极不相称的乡风仍然存在，如攀比摆阔之风，烧香拜佛、算命占卜等迷信之风，有些地方甚至赌博之风也颇为盛行。“文明”二字的意义不仅仅在于甄别乡风的优劣，更有动态的继承、改造和发扬的使命。

3 建设目标 四个方向

之所以提出“建设”的概念，是基于历史的考察，着眼于当下和未来的举措。在乡村历史的变化过程中，优秀文明的乡风需要继承和发展；不文明、欠文明，或是与当前乡村经济社会发展不匹配的乡风需要被剔除和改造；更要从长远的战略角度，建设与乡村经济社会发展目标相匹配的精神文化风貌。乡风文明建设涉及农村的政治、经济、文化、习俗以及生存方式和情感心理等，是一项复杂庞大的系统工程，其内部结构具有多层次的特性。新时代如何建设乡风文明？《中共中央　国务院关于实施乡村振兴战略的意见》从宏观层面给出了方向。

（1）加强农村思想道德建设。以社会主义核心价值观为引领，坚持教育引导、实践养成、制度保障三管齐下，采取符合农村特点的有效方式，深化中国特色社会主义和中国梦宣传教育，大力弘扬民族精神和时代精神。同时，要深入实施公民道德建设工程，挖掘农村传统道德教育资源，推进社会公德、职业道德、家庭美德、个人品德建设。推进诚信建设，强化农民的社会责任意识、规则意识、集体意识、主人翁意识。

（2）传承发展提升农村优秀传统文化。立足乡村文明，吸取城市文明及外来文化优秀成果，在保护传承的基础上，创造性转化、创新性发展，不断赋予农村优秀传统文化时代内涵、丰富其表现形式。切实保护好优秀农耕文化遗产，推动优秀农耕文化遗产合理适度利用。深入挖掘农耕文化蕴含的优秀思想观念、人文精神、道德规范，充分发挥其在凝聚人心、教化群众、淳化民风中的重要作用。划定乡村建设的历史文化保护线，保护好文物古迹、传统村落、传统建筑等遗产。支持农村地区优秀戏曲曲艺、少数民族文化、民间文化等传承发展。

（3）加强农村公共文化建设。按照有标准、有网络、有内容、有人才的要求，健全乡村公共文化服务体系。发挥县级公共文化机构辐射作用，推进基层文化服务中心建设，实现乡、村两级公共文化服务全覆盖。深入推进文化惠民，公共文化资源要重点向乡村倾斜，提供更多更好的农村公共文化产品和服务。支持“三农”题材文艺创作生产，鼓励文艺工作者不断推出反映农民生产生活、乡村振兴实践的优秀文艺作品，展示新时代农村农民的精神面貌。培育挖掘乡土文化本土人才，开展文化结对帮扶，引导社会各界人士投身乡村文化建设。活跃繁荣农村文化市场，丰富农村文化业态，加强农村文化市场监管。

（4）开展移风易俗行动。广泛开展文明村镇、星级文明户、文明家庭等群众性精神文明创建活动。遏制大操大办、厚葬薄养、人情攀比等陈规陋习。加强无神论宣传教育，丰富农民群众精神文化生活，抵制封建迷信活动，深化农村殡葬改革。加强农村科普工作，提高农民科学文化素养。

乡风文明建设是复杂而庞大的系统工程，明确乡风文明的内涵，要厘清与把握乡风文明建设的层次结构、重要内容、主要因素以及相互之间的关系，避免出现眉毛胡子一把抓的现象。也正因为乡风文明是多层次的复杂整体，所以可以从不同角度与层面来认识与划分，从乡风文明蕴含的实质和内容，可以划分为物质与精神层面；从乡风文明呈现的载体和表现上，可以划分为个人、家庭与邻里关系层面；从乡风文明形成的时间和空间上，可以划分为传统与现代层面；从乡风文明的形态和构成上，可以划分为实体、制度与精神层面等等。

第二节
广东乡风文明建设的基本特征

改革开放后，特别是十八大以来，广东着力推进解决“三农”问题，深化农业农村综合改革，实施粤东西北发展战略，推进现代农业发展和新农村建设，农业农村工作取得了显著成就。广东农业农村的综合改革与发展为乡风文明建设提供了充足条件，乡村文明建设呈现出文化传承与文化产业融合发展、基础教育与素质提升协同发展、法治建设与村规民约相互促进、美丽乡村与都市文明相得益彰的基本特征。

1 文化双创　融合发展

岭南文化源远流长，在中华民族文化发展史上发挥着重要作用。以广府文化、广东客家文化和潮汕文化为主题的岭南文化内涵丰富，涵盖了学术、文学、绘画、书法、音乐、戏曲等众多内容，它们分布在广东各地，渗透到乡村生活和价值观念中，具有深厚的历史背景、强大的吸引力和感召力。广东的乡风文明建设，注重保存、传承、发扬历史文化，将文化传播与经济效益联系起来是其首要特征。

实践链接

潮州：在发展中促传承

潮州饶平注重古村落与古驿道的保存，深挖古民居、古驿道、古村落的历史文化内涵，在做好文物保护工作的同时，也对其进行修缮和利用，推动旅游产业、文化产业融合发展。如载阳客栈是潮州首家由清代民居修复而成的客栈，前座是典型的潮州“四点金”古民居府第，后院阁楼为清末骑楼二层建筑，开业后备受好评，并影响带动了一批古民居改造利用，取得了较好的经济效益。

潮州载阳客栈

珠村：在建设中树品牌

广州天河区珠村大力发展传统乞巧文化，打造乞巧民俗文化品牌，入选“广东省历史文化名村”，被文化部评为“中国民间文化艺术之乡”。珠村保护利用古祠堂、名人故居等，定期举办具有相当人气的祭祀性民俗文化活动，节庆旅游文化产业链初见端倪。

广州天河珠村乞巧节

桥乡村：在共享中求效益

梅州市梅县区南口镇桥乡村背靠麓湖山度假区，四周原始森林植被茂盛，形成了独特的山色美景。基于“观围屋、享田园、尝豆干”的客家文化旅游和乡村特色品牌旅游，旅游业及农副产品加工、餐饮等服务产业的年营业收入超过镇总产值的15%。

桥乡村围屋

类似的例子有很多，潮州市饶平县钱东镇钱塘村、河源市和平县林寨镇林寨古村、惠州市博罗县罗阳镇观背村、梅州市丰顺县潭江镇官下村、韶关市仁化县董塘镇高莲村也有一些积极的尝试和探索。

2 提升教育　协同发展

教育是地区振兴的动力保障，办好教育，对更好地促进文明乡风、村风和民风，凝聚精神力量，推动乡村经济和社会事业全面发展具有深远意义。毋庸讳言，广东经济文化发展不平衡的现状尚未得到根本改变，乡村教育也存在不充分不均衡的状况。注重中小学教育，注重对村民的多方位教育，注重将两者结合起来，是广东乡风文明建设过程中体现出的明显特征。

实践链接

新坛村：优先发展，多样育人

普宁市流沙东街道新坛村党委会、村委会把优先发展教育列入村经济和社会发展的议事日程。改革开放初期就开始筹建新坛华侨学校，发动海内外乡亲，筹集近900万元建校资金，动用30亩地，满足全村小学生就读需求。之后，村党委会、村委会又一鼓作气，斥资1500万元，动用20亩地，建起普宁市新坛中心幼儿园，可容纳1000多名幼儿就读，优化了学前教育环境。1997年，新坛村在优先发展教育中加大投入，无偿提供土地58亩，出资300万元，支持市政府兴建普宁城东中学，助推普宁教育事业的发展。除了建设学校，新坛村还每年拨款30万元用于奖教奖学。近几年来，全村每年考入大学新生近百名，还涌现了一批博士、硕士研究生，教育事业发展迅速。新坛村在优先发展教育的同时，着力抓好“文化新坛”建设，村党委会带头开展“两学一做”，践行社会主义核心价值观，力求好的党风带动好的村风民风。该村还举办了富有特色的文化系列活动，如2015年的“弘扬优秀文化，创建礼仪文明之乡”、2016年的新坛学校祭孔大典等活动，营造“文化新坛”浓烈氛围，把“两个文明”建设推进一步。

这种例子在广东各个地市并不少见，如佛山市九江镇沿南村、惠州市惠阳区沙田镇田头村、湛江市赤坎区调顺街道调顺村等。

基础教育与素质提升协同发展意味着村镇一方面加大对基础教育的投入，另一方面注重对村民文化素质的培养提升，把提升各年龄段村民的科学文化素质和道德素质作为乡村文明建设的出发点和落脚点，不仅有利于村民在社会财富增加中获得实惠，更有利于他们适应不同的工作岗位，提高生活水平，利于文明乡风的形成和发扬。

3 法治民约　相互促进

农村中有许多体现中华优秀传统文化的风俗习惯，同时社会经济文化的发展使得一些旧俗和思想观念与现代社会发展格格不入，农村中封建迷信活动和黄、赌、毒等丑恶现象还在一定程度上存在，消除农民中的迷信、愚昧、颓废、庸俗等落后腐朽文化还需要漫长的过程。法治建设与消除不良风俗行为两手抓，是广东乡风文明建设的突出特征。

实践链接

西塘村：多维度的法治促文明

广州从化区鳌头镇西塘村过去毒祸成灾，社会治理混乱。21世纪初以来该村以法治建设为抓手，筑牢农村的法治防线。一方面开展法治宣传教育，提高村民的法治意识，建立完整的法律服务工作机制，为村民共同服务；另一方

从化西塘村稻草节

面，强化治安体系建设，提高治安防控能力，同时，完善村规民约，引领乡风良俗。针对封建迷信、家庭暴力、赌博等不良习气制定村规民约，推动移风易俗，促进村民自觉抵制各种陋习和不良行为，为该村从“问题村”变身“童话小镇”奠定了良好的思想行为基础。

司前村：示范性的民约辅法治

河源市连平县忠信镇司前村是“广东民主法治示范村”，一方面加强村中的法治建设，另一方面又将村规民约与“八条家训”结合，组织村务理事会、禁毒禁赌会、同年会等群众性自治组织，为营造和谐乡风起到重要作用。在乡风文明建设过程中，惠州市开展了142个村的法治农村建设，重点将法治农村与家庭、家风建设结合起来，起到了很好的示范作用。

司前村吴氏家训

重视法治建设和村规民约相结合，在广东各个地市都不少见。如揭阳市普宁流沙东街新坛村秉承“商贸强村、法制治村、文化兴村”的发展理念取得骄人成绩；佛山紫南村从问题村走向法治村，从后进村走向小康村……这些鲜活的例子体现出广东乡风文明建设中重视法治建设和村规民约相结合的特征。

4 城乡互纳　相得益彰

广东部分乡村的城市化进程相对较快，在乡村文明建设过程中，难免遇到乡村文化与都市文化的碰撞，乡村一方面要保存好特有的古风古貌，另一方面又要快速融入都市文化生活的浪潮，因而在吞吐吸纳之间，形成了极具特色的既有传统美丽乡村框架，又有都市文明形态的广东式乡风文明建设特征。

实践链接

紫南村：优环境，惠民生

佛山市禅城区紫南村把乡村当成企业管理，把农村当城市规划。一方面主打商贸牌，另一方面精细规划硬件建设，生活区、办公区、工厂区、商业区等以河隔开，互不干扰，同时，每年拿出上千万资金改善村容村貌，形成广东在新型城镇化下探索村居升级、建设美丽乡村的重要样本。

紫南村村景

珠三角地区的城中村改造也是一个典型。广东的城中村不胜枚举，在城市化进程中乡村民俗形态向都市民俗形态转型、演变，并不断与后者碰撞交融，形成了城中村民俗发展的独特景观，具有鲜明的广东都市村庄特性。广州市天河区的猎德村借助城中村改造和亚运会契机彻底改变脏乱差的城中村面貌，以现代文明与传统文化交相辉映的全新面貌脱颖而出，村民较快地融入城市生活，也保存了文化民俗，猎德的建筑文化、淳朴民俗、灵动龙舟大放异彩。珠村在撤村改制的过程中成立股份实业有限公司，有着800多年历史的美丽珠村不但与城市风貌连为一体，同时也成为弘扬乡村民俗文化的窗口。

都市文明形态的广东式乡风文明建设特征不但体现在珠三角地区，在地理位置相对较远的惠州、潮州、肇庆、云浮、梅州等地也并不鲜见。

第三节
广东乡风文明建设的基本思路

2017年中央农村工作会议提出，要坚持物质文明和精神文明一齐抓，发展农村优秀传统文化，加强农村公共文化建设，开展移风易俗行动，提升农民精神风貌，不断提高乡村社会文明程度。近年来，广东认真贯彻落实中央方针政策，陆续出台政策，已经有一大批村镇按照省委、省政府要求，因地制宜开展乡村文明建设，形成了许多有益经验。2017年，惠州市博罗县罗阳镇观背村等55个村镇被授予第五届全国文明村镇称号，另有广州市增城区派潭镇等66个村镇被授予广东省文明村镇称号，充分证明了广东乡风文明建设思路的科学性与系统性。

1 政府主导　依靠村民

2018年发布的《中共广东省委　广东省人民政府关于推进乡村振兴战略的实施意见》（简称《实施意见》）指出，乡村振兴要“坚持多方投入、共建共享，激发各级政府、企业、社会和农民参与乡村振兴积极性”。乡风文明建设是一个系统工程，不仅是乡村振兴的阵地，更是检验执政能力的平台。复杂的系统工程需要精心计划和笃力推动，需要在政策制定、组织实施、监督管理、控制反馈等各方面下足功夫。在广东乡风文明建设过程中，将各级政府作为主导，村民作为主体，方能够保证良好效果的取得。各地党政机关为了激发农村的内生动力，让村民充分意识到乡风文明建设关系到乡村科教文卫等各方面工作，在办好乡村教育，发展乡村文化事业、医疗卫生事业，推动移风易俗等方面都需要从政策制定、资金投入和规范管理等方面做文章。

事实上，各地重视党的基层组织建设，把贯彻党的决定、领导基层治理、团结动员群众、推动改革发展作为重要政治任务；与此同时，发挥农民的主体作用，在建设美好家园的实践过程中培育具有新时代气息的农民。在落实这一理念的过程中，必然要把维护农民群众根本利益、促进农民共同富裕作为出发点和落脚点，要解决政策与乡村建设的落地问题，要处理好乡镇组织与基层村有效衔接和良性互动的问题，因而，这种思路尽管在宏观方面有指导意义，但需要因地制宜地细化实施。

应该说“政府主导，依靠村民”是广东乡风文明建设过程中最明显的思路，各级政府和组织结合实际情况，较好地按照这一思路推进工作。

实践链接

西樵镇：执行有力，各方联动

佛山市南海区西樵镇紧紧围绕上级关于古村活化升级工作的要求，抓住各级领导重视发展文化旅游业的机遇，挖掘利用松塘村特有的自然景观和历史文化资源，围绕农耕文化、水乡文化和翰林文化特色，发展绿色产业。打造历史文化深厚、生态环境优美、群众安居乐业的生态宜居名村。通过政策引导、资

西樵镇特色景观及文化资源

金扶持、村民参与等方式，稳步推进松塘村古村文化保育和传承工作。该村成立组织架构，统筹推进古村文化保育和传承工作，加强与村（居）沟通，协调推进古村活化升级项目的固化工作。

紫南村：固本强基，狠抓落实

佛山紫南村从村“两委”班子抓起，建立了“一评分二公开三上网”的村务监管体系。班子成员轮流值班，首问负责，不准回避、推诿、敷衍，先后有16名不称职的小组长被撤换。在好班子的基础上强调规划、执行和责任制，把乡村当企业管理，把农村当城市规划，大大调动了村民建设的积极性，村集体“钱袋子”鼓起来了，村民持续发展的观念树立起来了，主人翁的意识和责任感更强了。

佛山紫南村村景

留洞村：示范引领，激发内力

云浮市云安区石城镇留洞村在加强基层党组织核心作用的基础上，充分利用本村党员、干部、外出乡贤及乡贤理事会的带头作用，做好生态文明村建设的宣传发动工作，群众积极筹资投劳，自愿自发拆除猪栏牛舍，并通过先进村带动后进村，充分营造了你追我赶，共建共享新农村的良好氛围。村民文明礼貌、诚信守诺，呈现出良好的文明风尚和整体形象。

2 因地制宜　重点突破

实施乡村振兴战略不能一蹴而就，要分阶段分步骤推进，要坚持因地制宜，分类实施。珠三角地区农村经济发展水平较好，市场化、城市化水平较高，有条件有基础在实现乡村振兴中走在全省乃至全国前列，努力在实践习近平新时代中国特色社会主义思想、走中国特色社会主义乡村振兴道路上提供乡风文明的重要示范；粤东西北地区结合资源禀赋，突出产业、生态、文化特色，加快补齐乡村振兴短板。无论是经济建设还是乡风文明建设，广东的思路绝不是“一刀切”，而是结合当地的风土人情和资源优势集中开发，重点突破。

《实施意见》指出，“坚持乡村全面振兴，统筹谋划农村经济建设、政治建设、文化建设、社会建设、生态文明建设和党的建设；坚持城乡融合发展，加快形成工农互促、城乡互补、全面融合、共同繁荣的新型工农城乡关系；坚持以绿色发展引领乡村振兴，牢固树立和践行绿水青山就是金山银山的理念；坚持规划先行、因地制宜、分类施策，既尽力而为、又量力而行，不搞统一模式、‘形象工程’、‘面子工程’”。这既是对广东乡村发展经验的总结，同时也为往后的发展指明了方向。

具体到乡风文明建设方面，依靠广东省各地市、县、乡具有的特殊资源，制定符合地方实际情况的政策，既保护了自然资源和绿水青山，又能将当地民俗文化融入社会经济发展的浪潮。

实践链接

文里村：小乡村书写大文章

潮州文里村一方面保护文化古迹，另一方面在不同历史时期有倾向性地发展各产业。经济文化协调发展的大环境中营造了村容整洁、村貌壮观的小环境，既有传统的古建筑民居，又有林立的现代化高楼，道路四通八达。值得一提的是，该村结合自身实际情况，作词谱曲，传唱村歌，唱响文里文化；作文著书，编撰《文里史谭丛书》《潮州传统建筑格局与吉祥图案释义》等，传承了优秀文化；设计村徽，烙下了文里的印记。

文里村文化活动

墩头村：小举措带来大机遇

河源市和平县彭寨村墩头村保护人文古迹，建立乡规民约，得到村民的拥护与支持，他们积极参与保护、修缮古迹老宅，引凤筑巢。墩头村历史文化保护工作受到了各级政府的高度重视，和平县将墩头村列入《2009—2020年旅游发展总体规划》中，提出将墩头村作为构建“大和平旅游圈”中的重要一环。

墩头村村景

李工坑村：小家园孕育大思维

凤凰山脉南麓的李工坑，是潮汕平原独特的少数民族聚居的古村落，是畲族最古老的家园之一。畲族少数民族文化，犹如潮安北部一朵盛开的奇葩，在海拔400多米的高山上热烈绽放。近年来，李工坑村响应潮州市绿色发展示范区建设精神及潮安区绿色生态发展规划，坚持突出特色少数民族文化在旅游中的引领作用，以打造特色文化旅游品牌为目标，以贯彻落实发展平等、团结、和谐的社会主义民族关系为基础，以充分保护和利用好少数民族资源为抓手，大力发展本地自然资源、少数民族特色的旅游事业，为建设具有社会主义特色的新农村，探索了一条特色之路。

李工坑文化展览馆开馆仪式

3 科学发展　协调发展

乡风文明建设是在实践中不断丰富发展的开放性形态，不能把乡风文明的内容要求和建设目标视为封闭的体系，而是要以开放性态度与发展性眼光对待乡风文明建设，认识到它是不断丰富、发展、进步的历史过程，具有长期性和系统性。十九大报告指出，发展是解决我国一切问题的基础和关键，发展必须是科学发展，必须坚定不移贯彻创新、协调、绿色、开放、共享的发展理念。《实施意见》指出建设乡风文明要“坚持物质文明和精神文明一起抓”，就是要求在科学发展的基础上促进各方面的协调发展。

广东乡村文明建设坚持科学发展的理论方针，将创新作为引领发展的第一动力，破除物质文明和精神文明的理念和技术障碍；追求绿色发展，以环境的绿色发展推动经济和乡风文明的建设；力求做到调动各方力量加大投入，发展成果社会共享。同时，广东乡村文明建设并不是单独的工作体系，它应融入社会经济文化发展的全局，将行业间、地区间、城乡间的协调统一起来，形成经济发展与乡风文明的互相促进和良性互动。

实践链接

松塘村：科学规划，统筹布局

佛山市西樵镇松塘村坚持规划先行，编制古村建设规划。为保护古村宝贵的历史文化资源，实现对历史文化资源的永续利用，同时融合西樵山5A旅游景区旅游大环境，2010年松塘村邀请中山大学旅游研究院编制了《松塘翰林文化村旅游开发规划》，将松塘村定位为佛山历史文化与生态特色名村、翰林文化旅游名村，以科学规划引导松塘村旅游开发。2011年，西樵镇邀请了华南理工大学建筑设计研究院的专家编制了《西樵镇松塘村名村建设规划》，全面指导广

西樵镇松塘村村景

东旅游名村创建，力求将松塘村打造为自然风光秀美、传承人文历史、彰显岭南特色文化的历史文化名村。同时，西樵镇以“一村一品”的策划思路，编制古村文化保育和传承策划方案。西樵镇邀请华南理工大学建筑设计研究院的专家在对松塘村历史文化保护规划和名村整治规划进行整合的基础上编制古村活化升级策划方案，结合“明理养德，翰林松塘”的策划主题，着重整合村落的基础设施和公共服务设施改善提升项目、传统建筑保护利用示范项目、旅游环境风貌再造项目，梳理挖掘宣传文化资源，为村落的活化升级提供切实的目标和依据。

三溪村：抓住机遇，持续发展

中山市东区三溪村走可持续发展之路，通过综合整治、连片三旧改造与新产业平台建设三管齐下，探索产城融合新路径，全力打造绿富美三溪，使三溪村在保留原有生态特色的基础上，不断转型发展，逐渐成为文化、创意和旅游集聚的特色村落，与中部中心商务区、北部岐江新城，共同塑造中心城区核心经济走廊与创新中轴线，迎接粤港澳大湾区时代。村民在共同参与“文化旅游+传媒创意+城中村改造示范区”的过程中，文化意识越来越强，文化自信的底气也越来越足。

三溪村村景

4 传承传统　以文化人

广东地区有着极具特色的文化传统和人文风情，传承传统就是要“传承发展岭南优秀传统文化，推进移风易俗，积极培育文明乡风、良好家风、淳朴民风，提振农村精气神”。

传承传统需要大力发掘传统中的优良基因和经典载体，鼓励镇、村基层组织和群众自办节目、自创形式，传承民间戏曲、民俗活动、民间音乐等乡土文化，办好民间“村晚”、民俗文化活动、传统体育活动。一方面建设好覆盖镇、村的基层综合性文化服务场所，另一方面因地制宜开展村民喜闻乐见的文化活动，丰富村民文化生活，提升乡村文化格调。传承传统，是乡村文明建设的重点之一，广东乡村蕴含着丰厚的历史文化传统，不但表现出历史的深度，还表现出多样性的广度。

乡风文明的建设中“传承传统”具有示范意义的案例俯拾皆是，如佛山的紫南村、罗南村、独树岗村；潮州的文里村、大吴村、大澳村；广州的猎德村、珠村；河源的新塘村、林寨村、墩头村；惠州的松树岗村、鹿颈村；韶关的必背村、石塘古村等。

优秀传统文化需要发扬光大，落后消极的价值观念和行为习惯也必须予以改造和清除，广东乡风文明建设过程中，还要注意“遏制大操大办、厚葬薄养、人情攀比等陈规陋习和以抵制封建迷信、打击吸毒赌博违法行为为重点，制定‘负面清单’。发挥乡贤积极作用，支持以自然村为单位成立村民红白理事会、道德评议会、禁毒禁赌会，将移风易俗纳入村规民约”。

传承优秀传统文化，推进移风易俗，目的是在乡村打造科学健康、文明向上的社会风貌，引导广大农民树立新时代的思想观念和文明意识，养成科学文明的生活方式，提高思想道德素质，为振兴乡村提供思想保证、精神动力、智力支持和文化支撑。

第四节
广东乡风文明建设的当代价值

如果说经济发展是乡村振兴的根本，那么乡风文明就是乡村振兴的灵魂。做好广东地区的乡风文明建设，在国家发展的宏观大局上有重要的意义，也关乎每一位村民的切身利益。

1 融合发展　振兴乡村

广东发展不平衡不充分的矛盾体现在城乡之间、区域之间、产业之间，实现乡村振兴计划是解决当前社会主要矛盾的重要路径，而乡风文明建设是乡村建设的灵魂所在。乡风文明与乡村产业互为因果，相互促进。产业兴旺是乡风文明的物质前提，乡风文明既为产业兴旺提供保障，同时也是产业兴旺的重要资源。文明乡风赋予农业和农产品以乡村文化内涵，可以打造农产品文化品牌，实现农业、文化、旅游的融合，成为有效增加农民收入，实现生活富裕的重要途径。

乡风文明与生态宜居的良性关系是显然的，生态宜居需要绿色的生产与生活方式做保障，环境友好型的生产方式、低碳的生活方式以及生态信仰和习惯，都是实现生态宜居的重要条件。文明乡风与乡村治理的关系更为密切，有效的乡村治理，就是建设文明乡风的过程。充分利用文明乡风中的优秀传统文化，如家风、家训、村规民约等，有助于构建自治、法治、德治的治理体系，提高乡村治理的有效性。

2 铸魂强根 反哺经济

文化是人类生生不息的精神家园，是国家和民族发展进步的根脉。乡风文明是乡村中已经形成的精神价值和生活方式，即乡村文化，而建设乡风文明的最终成果体现在这一区域的集体人格身上。

广东乡风文明建设在中国进入新时代以后有了全新的内涵，它是广东在改革开放过程中传统与现代的融合，是乡村文化与城市文化的融合，还是本土文化、中国文化与世界文化的融合。文化自信，体现在对乡村文化的自信。广东的乡风文明建设，要求通过实践提升人们对乡村的满意度和生活的幸福感，尤其要在传承、创新、发扬传统文化过程中，逐渐树立起对家乡文化的自信，这种自信将更加具有乡土气息、生活气息和切肤体验，能够帮助人们更加深刻地领会到文化自信的时代内涵。

乡风文明建设是实现农民梦想，提高农民生活水平的重要一步，也是实现中国梦的重要一步。加强乡风文明建设，才能提高村民的文化素质，才能确保我国经济全方位健康有序地发展。广东作为改革开放的前沿阵地，在经济发展、社会治理、文化建设等各方面都发挥着重要意义，建设好乡风文明，能够进一步激发农民投身建设的主动性、积极性和创造性，增强适应时代发展的基本素质，提高生产技术水平和生产效率，进而提高农民的收入和生活质量，实现农民的全方位发展。

3 实现目标 树立典范

2018年3月7日上午，习近平总书记参加十三届全国人大一次会议广东代表团的审议，要求广东的同志们进一步解放思想、改革创新，真抓实干、奋发进取，以新的更大作为开创广东工作新局面，在构建推动经济高质量发展体制机制、建设现代化经济体系、形成全面开放新格局、营造共建共治共享社会治理格局上走在全国前列。

中央提出到2020年乡村振兴取得重要进展，制度框架和政策体系基本形成。到2035年，取得决定性进展，农业农村现代化基本实现。到2050年，乡村全面振兴，农业强、农村美、农民富全面实现。而广东则提出要拿出“走在全国前列”的气魄和行动，全力以赴落实乡村振兴各项任务，确保三年取得重大进展、五年见到显著成效、十年实现根本改变。这一时间进度表体现出广东敢为人先和勇于担当的勇气，建设好乡村文明，就是提升实施乡村振兴计划的精神，既要实现广东承担的硬指标，也要为其他地区提供可借鉴和参考的目标、经验和方法。

尽管乡风文明建设是近年来才明确提出的，但其实质性内容建设与我国五千年的农耕文明发展同步进行。改革开放以来，我国乡风文明建设迎来了新的发展契机，乡风文明建设的指导思想和具体内容都发生了深刻变化，取得了显著成绩。广东作为我国极其重要的省份之一，具有独特的地理文化条件和经济发展优势，这使得其在乡风文明建设上除了与其他地区存在共性之外，也显示出鲜明的个性特征。

第二章

追根溯源：
广东乡风文明建设历史考察

第一节
乡风文明建设的重要转折

1 振兴农村 物质精神两手齐抓

党的十一届三中全会作出了实行改革开放的重大战略决策，党和国家工作重心转移到经济建设上来，我国步入发展的快车道，经济、政治、文化、社会等发生了一系列重要变化。广东作为改革开放的排头兵、先行地、实验区，不仅物质文明建设走在全国前列，精神文明的探索也处在领先位置，乡风文明的实践取得了显著的进步和成绩。

党的十一届三中全会以后，邓小平自始至终把农村作为改革的重点，确立了物质文明与精神文明“两手抓，两手都要硬”的战略方针，在推动农村经济改革与振兴农村经济的同时，大力加强农村精神文明建设。在1979年10月召开的中国文学艺术工作者第四次代表大会上，邓小平首次阐述物质文明和精神文明两手抓的思想。他指出，我们的国家进入了社会主义现代化建设的新时期，要在建设高度物质文明的同时，提高全民族的科学文化水平，发展丰富多彩的文化生活，建设高度的社会主义精神文明。

20世纪80年代，随着改革在农村的成功，商品经济进一步发展，人们的思想观念、生活方式都朝着更积极的方向转变，精神面貌发生了可喜变化。与此同时，思想领域的一些问题依然存在，甚至越来越突出，针对这些问题，邓小平在多次会议上强调，要充分认识到社会主义精神文明建设的重要性，社会主义精神文明不仅为社会主义物质文明的发展提供理论指导，促使其沿着正确的方向前进，而且为物质文明的发展提供智力支撑、精神动力和思想保证。社会主义精神文明是社会主义的显著特征，也是社会主义优越性的重要体现，是衡量中国特色社会主义的重要标准，也是增强社会主义综合国力的一大支柱。

随着改革开放的不断推进，邓小平精神文明建设理论得以形成、发展，并逐渐走向成熟，社会主义精神文明建设的根本目标、主要内涵、基本任务、主要手段、时代价值等以系统化的方式呈现出来，为全国各地加强精神文明建设提供了科学理论指导和行动指南。

2 践行政策　全省农村改革探索

在邓小平精神文明建设理论指导下，广东省委、省政府在改革开放的具体实践中，对包括广大农村地区在内的精神文明建设进行了积极探索，走出了一条由标到本、由点到面、由浅入深、上下互动的发展道路，取得了显著成绩。对此变化，《邓小平精神文明建设理论在广东的实践》一书进行了很好的梳理和概括。

一是从表层的文明礼貌活动的开展到深层次的价值观、道德观建设以及精神支柱的确立。20世纪80年代，广东积极响应中央有关部门提出的开展“五讲四美三热爱”活动，在全省农村开展了以治穷、治愚、治脏、治乱为主要内容的创建文明村活动。建设的主要内容是“六抓、六治、六变”，即抓生产发展，治穷变富；抓思想教育，治旧变新；抓文化科学，治愚变智；抓社会秩序，治乱变新；抓服务质量，治差变优；抓环境建设，治脏变美。这一时期的创建活动在促进农村改革，发展农村经济，改变农村面貌，提高农民素质上发挥了重要作用。进入20世纪80年代中期以后，广东的精神文明建设适应改革开放变革过时旧观念的要求，把精力主要放在提高人们的思想道德水平、转变社会风气和振奋民族精神上，精神文明建设得到了丰富和发展。

二是从零散的创建活动到系统化、科学化的统一规划、部署和实施。仓廪实而知礼节，较早明白“贫穷不是社会主义”而在全国率先致富的广东人，也认识到富裕不等于文明。对精神文明的向往和追求意识明显增强。从20世纪80年代中后期开始，广东精神文明建设摆脱了零散性、地方性特征，广东省委、省政府明确要求把精神文明建设作为系统工程来抓，统一认识、规划、部署、实施，把普遍开展创建文明村户活动与建设经济繁荣、社会文明、环境优美的高标准现代文明新村镇结合起来，总结表彰和推广创建文明村户的经验。

三是从自发的感性实践到注重理论研究和方法、规律的总结。20世纪80年代中后期，随着实践经验的不断丰富和精神文明建设的深入进行，广东人对精神文明建设理论的渴求越来越强，从理论高度把握广东精神文明建设的方法、规律以及未来走向显得日益迫切。广东掀起精神文明建设理论研究的热潮，成立全国首家精神文明学会，召开多次专题研讨会，并有一系列著作问世，对广东农村精神文明建设的经验进行了总结，并分析了一些地方（如东莞、南海等）的成绩和模式，为广东各地开展精神文明建设工作提供了重要参考。

四是从单靠职能部门发动到齐抓共管、各方共建。改革开放初期，广东各级行政部门成立了“五讲四美三热爱”的专门领导精神文明建设的机构，后来从省到乡镇都成立了精神文明建设委员会或领导小组，指导协调精神文明建设。在发挥党政部门主导作用的同时，通过调动各方面的积极因素，发挥社会各界的力量；坚持社会共建，全面动手；鼓励竞争，实行严格的奖惩制度；充分发挥“育、导、建、管”的综合效能，使精神文明建设变成广大人民群众的自觉行动。

改革开放初期，广东对农村精神文明建设的探索引起了全国广泛的关注，其中《人民日报》曾在头版发表了描述广东精神文明建设概貌的文章。文中指出，广东作为改革开放的排头兵，要让经济发达、世风日上的双子星座，灿烂地升向南粤的上空，昔日“贺致富”，今朝“贺文明”，促使农民的精神文明意识发生了深刻变化。

实践链接

联滘村：物质精神两手抓

南海区大沥镇联滘村开辟了一条捡废旧塑料致富的路子。很长一段时间，村里垃圾乱堆臭水横流，是名副其实的垃圾村。随着物质文明的不断提升，对精神文明的需求也越来越强烈。1990年，联滘村村委会发动群众，再造家园，巴掌大一块地方光公园就建了三个。1991年，工程师再访联滘村，新村新貌使他不敢相信自己的眼睛，回省城后喜而牵线。很快，大沥镇第一个外商投资企业在联滘村诞生了。由此，联滘村村民对精神文明与物质文明的关系形成了这样一个朴素的认识：“后抓，拖后腿；同步抓，往前推。”步入20世纪90年代，“贺致富”活动演变成“贺文明”，祝贺的对象变为文明户、文明村，声势则更盛，被贺者更觉荣光，这是历史性的一大进步。

南海区大沥镇联滘村贺龙母活动

改革开放初期，广东乡风文明建设取得了显著成绩。一是促进了广大农民思想观念的更新。经济社会发展促使人们的精神面貌发生了巨大变化，形成了经世务实的价值取向、敢为天下先的精神品格、竞争和合作并存的经济伦理观、重在参与的民主意识等新观念新意识。二是促进了道德风尚的变化。中华民族的优秀传统美德得到了弘扬，传统封建的道德观逐步被摒弃，适应新时期的道德观念得到了萌生发展。三是促进了健康、科学、文明生活方式的形成，推崇拼搏为先的生活哲学、日趋合理的消费生活、求职求乐的新工作追求、愈发开放的社会交往方式等。四是促进了精神文明建设基础设施的发展，教育事业的硬件建设得到显著提升，文化设施的数量种类大大增加。与此同时，由于受到市场经济冲击等多种因素影响，新时期乡风建设还存在一些突出问题，理想道德迷失、道德准则失范、道德行为失序等现象比较常见，拜金主义、享乐主义等错误思想在一定程度上蔓延，打牌赌博现象严重，封建迷信抬头，宗族势力惹纷争，部分农民法治观念、民主素质令人担忧，亟待改进。

第二节
乡风文明建设的稳步推进

1 重视三农　乡风文明显著提升

党的十三届四中全会以后，中央高度重视“三农”问题，推动农村改革不断取得新进展新成就，总体上突破了计划经济模式，初步构筑了适应社会主义市场经济发展的农村新经济体制框架。这个根本性改革，解放和发展了农村生产力，带来农村经济和社会发展的历史性巨变，开创了有中国特色的农村现代化道路，农民生活水平显著提高。农民的思想观念顺应时代要求发生着深刻变化，农村精神文明和民主法制建设取得了明显进步。1998年10月，党的十五届三中全会通过了《中共中央关于农业和农村工作若干重大问题的决定》，强调农村精神文明建设要坚持以邓小平理论为指导，紧紧围绕发展经济、建设小康的目标，同农村经济工作、基层民主政治建设和社会治安综合治理相结合，以创建文明户、文明村镇为主要形式，依靠群众，立足基层，狠抓落实，讲求实效。对农民进行爱国主义、集体主义和社会主义教育，进行党的基本路线和方针政策教育，进行社会公德、职业道德、家庭美德教育。思想道德教育要贯穿到群众性创建精神文明的各项活动中去。加强农村文化设施建设，组织好文化、科技、卫生“三下乡”，鼓励和支持农民业余文化体育活动。发展农村教育事业是落实科教兴农方针、提高农村人口素质的关键。必须从农村长远发展和我国现代化建设全局的高度，充分认识发展农村教育的重要性和紧迫性。积极推进农村教育综合改革，进一步完善农村教育体系。

2 德育科教　全省落实阵地建设

这一时期，广东农村在中央统一部署下，结合当地改革发展具体情况，针对性地开展精神文明建设。1994年11月，广东省委、省政府印发了《广东省社会主义精神文明建设纲要》，要求必须继续坚定不移地全面贯彻党的基本路线，坚持两个文明建设一起抓的方针，在实现我省经济发展的战略目标，推进物质文明建设的同时，采取有力措施，切实加强精神文明建设，全面提高人的思想道德素质和科学文化水平，推动社会的全面进步，把广东省真正建设成为富裕、民主、文明的地区。在广大城乡，特别是在农村中，要采取群众喜闻乐见的各种形式，继续深入开展移风易俗活动；要联系实际，深入持久地对干部、群众特别是青少年进行爱国主义、集体主义和社会主义思想教育，抵制和反对拜金主义、享乐主义和极端个人主义；强化人们的爱国意识、义务意识、权利意识、法律意识、奉献意识、现代文明意识；引导人们增强民族自尊、自信和自强精神，抵御资本主义和封建主义腐朽思想的侵蚀，树立正确的价值观、人生观和道德观。

具体来讲，20世纪90年代广东乡风文明建设着重做了以下工作：一是把思想道德教育作为农村精神文明建设的基础性工作，坚持不懈地进行党的基本理论、基本路线、基本纲领教育，爱国主义、集体主义、社会主义和艰苦创业精神教育，社会公德、职业道德、家庭美德教育，民主法治教育；二是把普及科技知识、移风易俗作为农村精神文明建设的重要任务，广泛进行马克思主义的唯物论和无神论教育，大力普及科学知识，帮助农民划清科学与迷信、文明与愚昧的界限；三是加强农村思想文化阵地建设，下功夫建设好图书室、阅报栏、农民夜校、乡镇党校等思想文化阵地；四是坚持开展创建文明户、文明村活动；五是积极推进创建文明小城镇活动，把一批基础好的小城镇建成规模适度、规划科学、功能齐全、具有较强辐射力的农村经济文化中心，使之成为农村精神文明建设新的增长点；六是广泛开展以城带乡、城乡共建活动，组织城里的文明单位与农村的文明单位结对子，帮助农村改善文化设施，美化村容村貌，提高农民素质。1992年，广东省委、省政府要求全省各地推广南海市（今佛山市南海区）创建文明户、文明村的先进经验，主要包括“七化八风”的要求。“七化”是村头标志化，道路沟渠硬底化，吃水自来化，厕所卫生化，禽畜专栏化，保洁经常化，村前、村后绿化美化。“八风”是爱国爱乡风，遵纪守法风，兴文重教风，敬老爱幼风，邻里和睦风，计划生育风，婚事新办风，丧事简办风。

文明户、文明村成为农村精神文明建设的细胞，经过这段时期的乡村文明建设，全省出现了许多经济小康、规划合理、村风高尚、环境优美、管理到位的文明村。

实践链接

三东村：以人为本，教育先行

1995年广东省委、省政府在花都召开全省精神文明建设经验交流会，总结推介了花都三东村的先进经验：抓好领导班子建设的“龙头工程”，抓经济发展的“致富工程”，抓创建文明户活动的“红花工程”，抓新村规划的“安居工程”，抓农民新素质教育的“春雨工程”，抓环境建设的“绿荫工程”。花都三东村农民富裕起来后，物质生活水平提高了，人的素质也要同步提高。村“两委”确立了以人为本的思想，造就有现代意识的新一代农民，适应时代发展的需要。村“两委”制定了《三东村农民新素质计划》，实施从幼儿到成人的系统教育，适龄儿童全部实行免费教育，小学入学率达100%。实行奖教奖学制度，对考上重点中学和大学的学生及其老师给予奖励。关心群众的福利事业，每年从村集体经济中拿出300万元左右为群众办实事好事。坚持合作医疗制度，群众看病报销药费的80%。此外，大力加强对成年人的教育。1996年，在团市委的支持下，兴办了全国首间村级团校，每年举办一期团员青年学习班，组织16至25岁的团员参加培训学习，教育引导青少年爱国家、爱集体、爱社会主义，使青少年树立正确的人生观、价值观。

花都三东村村景

第三节
乡风文明建设的发展突破

1 建新农村　乡风文明作为灵魂

党的十六大，以胡锦涛同志为总书记的党中央把“三农”问题摆在更加突出的位置，提出了建设社会主义新农村的战略任务。党的十六届五中全会通过了《中共中央关于制定国民经济和社会发展第十一个五年规划的建议》，提出建设社会主义新农村，以“生产发展、生活宽裕、乡风文明、村容整洁、管理民主”为新农村建设的基本要求。乡风文明建设就是农村精神文明建设的集中表现。2005 年12月，中共中央、国务院又颁布了《关于推进社会主义新农村建设的若干意见》，进一步强调“倡导健康文明新风尚”，要大力弘扬以爱国主义为核心的民族精神和以改革创新为核心的时代精神，激发农民群众发扬艰苦奋斗、自力更生的传统美德，为建设社会主义新农村提供强大的精神动力和思想保证。加强思想政治工作，深入开展农村形势和政策教育，认真实施公民道德建设工程，积极推动群众性精神文明创建活动。引导农民崇尚科学，抵制迷信，移风易俗，破除陋习，树立先进的思想观念和良好的道德风尚，形成文明向上的社会风貌。乡风文明建设是新农村建设的思想基础，也是新农村建设的灵魂。乡风文明建设在新的历史时期被党和政府赋予了重要地位，一系列相关政策也随之出台。

2 强新农村 民生经济思想兼顾

广东省委、省政府高度重视社会主义新农村建设工作，深入学习贯彻十六届五中全会精神，深刻理解新农村建设的科学内涵，把新农村建设摆上广东整体发展平台，结合广东实际，出台了《关于加快社会主义新农村建设的决定》，以加强村庄规划为龙头，推进社会主义新农村建设，要求建立健全“省要管到县，市要管到镇，县要管到村”的城乡规划管理体制，重点抓好农村“五改”（改村道巷道、改水、改房、改厕、改灶）工作。同时，积极开展生态文明村、卫生村、平安村等创建活动，推动全省村庄规划整治工作健康发展。省委、省政府以广大农民作为社会主义新农村建设的主体，一方面加强农民的教育培训，不断提高农民的综合素质，发动农民群众自觉投工投劳，建设美好家园和创造幸福生活；另一方面，积极发展农村卫生事业，繁荣农村文化事业，倡导健康文明新风尚。粤东西北各地在统筹城乡发展中积极探索具有广东特色的新农村建设新路子，取得明显成效。

第一，村容村貌和农村人居环境发生深刻变化。各地从改善与农民群众切身利益息息相关的农村人居环境入手，大力开展村庄整治建设，对脏乱差现象进行重点治理，大大改善了村容村貌和农村卫生状况。目前，全省多个乡镇被评为国家级环境优美乡镇，4000多个村被评为省级卫生村，全省农村开始步入资源节约型和环境友好型发展轨道。如云浮思劳镇城村近年发挥自身优势，挖掘人文特色，努力推进名村建设。该村共投入338万元进行绿化和环境整治，建设了村内绿道、亲水平台等文娱休闲设施；建设了文体广场、健身小径、农家书屋等文体设施；村庄规划有专门绿化用地，树木品种较多，全村有百年桂花树等各种树木达200多棵，林木覆盖率达75%。

第二，农民生活质量和生活方式发生深刻变化。各地在实施强农惠农政策，促进农业增产、农民增收、农村发展的过程中，加大公共财政对农村民生事业的投入力度，切实提高农村义务教育和劳动力技能培训水平，积极扩大农村基本养老保险和新型农村合作医疗覆盖面，加快农村文化共享工程、农房改造工程、村道硬底化工程等建设，广大农村基本实现通水、通电、通公路、通电话、通电视、通光纤，农村基本公共服务均等化水平逐步提高，农民生活质量明显提升，农村现代文明生活方式得到有效普及。

第三，农村生产条件、生产方式发生深刻变化。各地紧紧抓住生产发展这一新农村建设的第一要务，充分调动农村基层干部发展生产的积极性，推进农村产业结构调整，促进农业产业化经营，完善农技推广社会化服务机制，全面实施“万村千乡”市场工程，农业生产质量效益不断提高，村集体经济进一步发展壮大，农民经营性收入、工资性收入和财产性收入持续增加。如澄海溪南镇西社村建设社会主义新农村，始终坚持把发展经济、为群众谋利益摆在首位，结合本村实际调整优化产业结构，提出了“在稳定粮食生产的基础上，加快生态农业的发展，促进第二、三产业发展”的发展思路，致力推进集体经济发展，实现了集体农民双增收。

第四，农民精神风貌发生深刻变化。各地深入开展农村形势和政策教育，通过农民群众广泛参与各类文明创建活动，以农民群众喜闻乐见的方式引领农民转变思想、更新观念、移风易俗，着力增强农民集体意识、民主意识、法治意识、公德意识和生态意识，积极倡导讲理想、讲科学、讲文明、讲法纪、讲和谐的良好风尚，坚持不懈扫除黄、赌、毒，农民文明素质不断提高，农村社会文明进步步伐加快。如南雄市水南新村为了营造文明健康、和谐守法、环境优美的生活环境，每年都在节日期间开展群众喜闻乐见的活动，组织村民外出参观学习，增长见识拓宽视野。同时根据农时农季，定期举办各种培训班，聘请专家学者、技术人员授课，村民普遍都有一技之长。全村呈现出家庭和睦、邻里和顺、邻村和谐的良好氛围。2004年水南村被授予“美德在农家”活动示范点，2005 年被韶关市授予文明村称号。

第四节
乡风文明建设的全面提升

党的十八大以来，习近平总书记情系“三农”，就建设美丽乡村、加强农村精神文明建设，提出一系列富有创见的新思想、新观点、新要求。强调中国要美，农村必须美，美丽中国要靠美丽乡村打基础，要继续推进社会主义新农村建设，为农民建设幸福家园。尤其是在党的十九大报告中，习近平总书记提出了实施乡村振兴的重大战略，要实现“产业兴旺、生态宜居、乡风文明、治理有效、生活富裕”的总体目标，其中乡风文明在实施乡村振兴中被赋予了前所未有的重要地位。乡村振兴，乡风文明是保障，必须坚持物质文明和精神文明一起抓，提升农民精神风貌，培育文明乡风、良好家风、淳朴民风，不断提高乡村社会文明程度。2018年2月，中共中央、国务院印发了《关于实施乡村振兴战略的意见》。广东省结合本省实际，就落实中央关于实施乡村振兴战略决策部署，出台了《关于推进乡村振兴战略的实施意见》，全省各地掀起了乡风文明建设的新高潮。

1 传承发展 践行社会主义核心价值观

人类社会发展的历史表明，对一个民族、国家来说，最持久、最深层的力量是全社会共同认可的核心价值观。社会主义核心价值观融国家、社会、公民价值追求于一体，深刻反映了社会主义的本质，科学继承了中华优秀传统文化，广泛吸收了人类文明有益成果，集中体现了当代中国精神。乡风文明建设首先要突出社会主义核心价值观的地位。推动农村精神文明建设，树立良好社会风气，既是推动社会主义核心价值观在农村落地生根的必然要求，也是实施乡村振兴的有效途径。十八大以来，广东广大农村地区深入培育和践行社会主义核心价值观，加强社会主义核心价值观建设，深化中国特色社会主义和中国梦宣传教育。如云浮富林镇马塘村，为激励和引导广大群众努力实现“建设美丽幸福马塘梦”，坚持把社会主义核心价值观融入群众的日常工作生活，引导人们从细节中增进认同、自觉践行，使群众自觉用社会主义核心价值观去衡量自己的言行；引领和凝聚广大群众克服困难，培育积极向上的社会风气，推动社会主义新农村建设，共建美好家园。

实践链接

大坪村：弘扬敬老爱老乡风

大坪村组织开展了“美丽大坪·清洁乡村”等活动，在全村唱响“劳动最光荣”，激励人们崇尚劳动，培育勤劳节俭的社会风尚；组织开展“邻里守望”活动，培育孝老爱老社会风尚，在春节、中秋、重阳等节日走访慰问老人，为老人举办文艺表演，组织老年人开展各种文体活动，实现了老有所养、老有所医、老有所教、老有所学、老有所乐、老有所为“六个老有”目标；并在全村范围内开展了“我为父母添新衣”“我为父母扫居室”“我为父母搓身体”等活动，传递尊老爱老的正能量。这些活动汇聚起的善行暖流，影响着成年人，也感染着后来者。坚持把社会主义核心价值观融入公共场景和日常生活，使核心价值观像空气一样无处不在、无时不有，打造正能量海洋。

大坪村村景

岭南文化作为我国传统文化的重要组成部分，内容丰富，形式多样，涵盖了广府文化、禅山文化、客家文化、冼夫人文化等。在广东乡村文明建设中，各地推动优秀岭南农耕文化遗产传承保护和合理适度利用，加强历史文化名村、民族村寨、文物古迹、南粤古驿道、革命遗址等修复保护和活化利用。建设覆盖广泛、便捷高效的农村公共文化服务设施，抓好乡村文体小广场、村民小舞台、小公园、小运动场“四小”硬件设施建设，发挥农家书屋的作用，让群众锻炼有去处、求知有阵地、娱乐有场所。发挥乡土文化能人的作用，挖掘民族民间文化资源优势，扶持培养民间业余剧团、农民演出队、农民体育团体开展丰富多彩的文体活动。积极开发具有地域特色的民间工艺、艺术和民俗表演项目，加强对农村古村落、古建筑的保护。开展乡村阅读活动，创建“书香乡村”。

传承民间戏曲

广东戏剧历史悠久，种类丰富，影响范围广。各地在建设乡村文明过程中，善于把弘扬本地戏剧作为丰富农民精神生活的重要抓手。

实践链接

肇庆市粤剧团：送戏进基层

从2017年4月起，肇庆市粤剧团持续开展送戏进基层演出活动，将粤剧这一传统文化带进农村、校园，让基层群众领略粤剧魅力，丰富群众文化生活，传承戏曲传统文化。怀集“贵儿戏”是当地富有特色的戏剧，是广东省13个戏剧剧种之一，被列为省级非物质文化遗产。怀集县文广新局、县文化馆近年也经常组织“和贵堂”贵儿戏戏班到乡镇演出，在弘扬优秀传统文化的过程中，倡导群众追求健康的精神生活。

肇庆市粤剧团

发挥古村落的现代价值

广东保留有很多带有岭南特色的古村落，乡村文明建设要加强对农村古村落、古建筑的保护和开发。如花都区塱头村充分挖掘和发挥古村落的“孝文化”功能。

实践链接

塱头村：诗礼传家

塱头村建村于元朝，底蕴深厚，民风淳朴，是远近闻名的文化之乡、名人故里。村内保存有20多条古巷、34间书室、1座古庙、17座炮楼以及388座古建筑，是迄今为止广东保存规模最大的古村落之一。近年来，该村大力挖掘传承“孝文化”，弘扬诗礼传家的遗风，奖掖后学，传颂礼仪。每年重阳举办“百岁老人宴”，元宵节组织花灯会和千人盛宴，广泛宣传敬老爱老传统，用孝道塑造心灵，引领文明，教化乡亲，农村精神文明建设取得了明显成效。

把祠堂打造成乡风文明建设新阵地

广东祠堂特别多，大多村庄和宗族都有祠堂。在农村乡风文明建设中，要把祠堂建设作为重要抓手，努力把祠堂打造成精神文明建设的新阵地和弘扬传统文化的新载体。

实践链接

江门祠堂：规范化与多样化并存

江门为祠堂建设制定了标准：“五有”“六个一”。“五有”：有固定场所、有一定规模、有丰富内容、有特定仪式、有专人管理。“六个一”：一块“中华民族传统文化传承基地”牌匾、一份祠堂修建史简介、一张宗族溯源图、一条祖训、一个同宗先贤名人榜单、一项民风民俗展览。在“五有”中，突出丰富内容和特定仪式，在“六个一”中，突出祠堂历史、宗族溯源、先贤祖训和民风民俗。

建立农家书屋

构建覆盖广泛、便捷高效的农村公共文化服务设施，抓好乡村文体小广场、村民小舞台、小公园、小运动场“四小”硬件设施建设，发挥农家书屋的作用，让群众锻炼有去处、求知有阵地、娱乐有场所。

实践链接

肇庆农家书屋：送知识下乡

截至2017年，肇庆市已建成农家书屋1255家，覆盖率100%。其中，德庆县新建扩建文化室25间，购置图书1万余册。封开县建成农家书屋210间，遍布村委会、社区、学校，藏书达128 750册。怀集县建成基层综合文化服务中心230个，村综合文化服务中心示范点10个，市级村综合文化服务中心66个。以“农村书屋”加强农村思想道德建设，提振农村精气神，以文化振兴助推乡村振兴。

肇庆农家书屋

2 发展教育 积极发挥乡贤作用

农民素质高低直接影响甚至决定着乡风文明建设成败。教育是提升公民素质和培养人才的基础。《中共广东省委 广东省人民政府关于推进乡村振兴战略的实施意见》提出要大力发展农村学前教育，加强乡村小规模学校和寄宿制学校建设，推进高水平高质量普及高中阶段教育，深入实施乡村教师支持计划。实际上，改革开放，尤其是党的十八大以来，在多方力量支持下，广东农村教育取得了显著成绩，有力地促进了农村精神文明建设。

乡风文明建设要支持企业家、党政干部、专家学者、专业人才等新乡贤，通过参与乡村治理、引资引智、投资兴业、行医办学、捐资捐物等方式服务乡村，鼓励有条件的国家公职人员退休后返乡定居服务乡村。按照国家和省有关规定，开展最美乡贤评选活动，培育富有地方特色和时代精神的新乡贤文化。

实践链接

云浮：乡贤反哺，共建家乡

近年来，广东省云浮市大力弘扬乡贤文化，引导外出乡贤把“立德向善”的价值追求转化为“立善举、报党恩”的价值追求，用实际行动反哺家乡，成为农村精神文明建设的重要力量。云浮市积极引导乡贤投身家乡生态文明村建设，形成“干部乡贤主动组织引导，外出乡贤大力支持，当地群众积极参与”的良好氛围。一是返乡挂钩建设生态文明村，发挥干部乡贤在生态文明村建设中的带头作用。二是反哺家乡建设生态文明村，出资出力、出谋划策，建设和完善各类基础设施和文化娱乐设施，成为推动家乡生态文明村建设的新生力量。引导乡贤参与农村精神文明建设的又一重要举措是倡导乡贤关爱家乡民生福祉，参与慈善公益活动，开展捐资助学、扶贫济困等活动。

云浮注重发挥乡贤在凝心聚力方面的独特作用，成立乡贤理事会，利用乡贤加强社会治理，取得明显成效。一是协调邻里纠纷显身手。乡贤理事会由经济文化能人、老党员、老干部等有威望、有能力的乡贤和热心为本村建设服务的人士组成，通过发挥其亲缘、人缘、地缘优势，协调解决邻里纠纷，促进社会和谐。二是为家乡发展牵线搭桥。乡贤理事会注重为家乡招商引资，为家乡科技、教育、医疗卫生等各项事业发展牵线搭桥。三是为推进村民自治做贡献。目前，云浮市已培育自然村乡贤理事会8154个，基本实现全覆盖。自然村乡贤理事会的培育，使党委的导向、政府的要求与群众的意愿在同一个平台上三向互动，为人民群众反映社情热点、参政议政提供了制度化、常态化的渠道，党委、政府与民众的民意沟通更加顺畅，信息传达更为全面，互动交流更为有效，融洽了党群干群关系。

3 移风易俗 打造生态文明村落

广东乡风文明亟须提升，要以遏制大操大办、厚葬薄养、人情攀比等陈规陋习和抵制封建迷信、打击吸毒赌博违法行为为重点，制定“负面清单”，深入开展整治行动。支持以自然村为单位成立村民红白理事会、道德评议会、禁毒禁赌会，将移风易俗纳入村规民约。强化农村党员干部党员意识、标杆意识，发挥先锋模范作用，以党风促乡风带民风。加强农村科普工作，丰富农民群众精神文化生活。推进市县镇村四级文明联创，推进农村“星级文明户”创建。党的十八大以来，广东各地开展了形式各样的移风易俗行动。

实践链接

清远：村规民约育新风

清远做活村规民约，涵育文明乡风，把文明村镇建设与文明城市创建同步推进，把美丽乡村与新农村建设有机结合，采取“立规矩、拂新风、育文明”三步走路径，着力推动移风易俗。譬如，广泛开展“传家训、立家规、扬家风”活动，将移风易俗等与村民利益息息相关的内容纳入村规民约，坚持治理重心下移，成立农村道德评议会、红白理事会、村民议事会和禁毒禁赌会；

黄子棠母亲纪念堂

以基层党建为载体培育优良党风，以文明村创建为载体培育文明村风，以文明家庭创建为载体培育文明家风。同时，通过“七好工程”育文明，实现基层组织建设好，人居环境好，宣传氛围好，活动阵地好，典型示范好，主题特色好，长效机制好。广宁县扶楼村以好家风带民风，涵养农村文明新风。去年，该村建立了扶楼家风家训教育基地，整合利用扶楼村永福黄公祠、扶楼武馆、黄子棠母亲纪念堂等资源，增设文化长廊、孝廉学堂等设施，把家风文化和中华优秀传统文化有机融合，以好家风好家训教育引导广大群众向善向上。

党的十八大以来，生态文明被纳入中国特色社会主义建设的总体布局之中，全国掀起建设生态文明的新高潮。广东广大农村地区在美丽乡村建设和乡村振兴战略实施过程中，普遍把生态作为大文章来做，充分挖掘和运用自身的生态资源，不仅促使村容村貌发生了显著改变，也给乡风文明建设搭建了良好平台。

实践链接

莲麻村：因地制宜，打造特色小镇

莲麻村是新时代通过打造生态村而带来巨大变化的典型代表。从化莲麻村，地处广州市最北部，北接韶关市新丰县，东临惠州市龙门县，是广州的北大门。2015年起，先后获得从化区一村法律顾问工作先进单位、广州市文明示范村、广州市观光休闲农业示范村等称号。取得这么多荣誉称号，莲麻村走的路并不长。2014年12月29日广州市委领导到莲麻村调研，将莲麻村确定为挂点扶贫村和市级美丽乡村。从化区迅速展开莲麻村村庄深化改造规划。2016年3月以从化区发展特色小镇为契机，莲麻村由美丽乡村向特色小镇进一步深化和提升。经过半年紧锣密鼓的建设工作，莲麻小镇作为从化区首批10个特色小镇之一，在2016年国庆黄金周率先对游客开放，成为广州首个对外开放的特色小镇。国庆七天长假，莲麻小镇游客络绎不绝、好评如潮，参观人数超过8万次，带动当地消费及农民增收553万元。还相继引进了一批特色企业，包括：莲麻豆腐作坊、莲麻酒作坊、汉源莲麻论坛中心、华夏学院大学生艺术旅馆、壹艺谷莲麻音乐谷等，投资额达4000万元。逐步成熟的旅游业态给莲麻村带来巨大

莲麻村村景

的经济效益，村集体收入从2014年的16万元飙升到2016年的51万元，农民人均年收入从2014年的10 700元增加到2016年的19 700元。借着吕田头酒、吕田豆腐深入民心的良好口碑，坚持把酒产业和豆制品加工业作为莲麻小镇的支柱产业。通过连片打造面积超过3000平方米的酒鬼街，与河对岸的十里画廊瓜田、阡陌花海、千年古官道遥相呼应，在村口打造集特色酒文化、历史文化价值、休闲农业观光于一体的亮点项目。同时用生态文化引导村民的行为习惯，打造宜居村庄。莲麻千年古官道现保存完好的有1.2公里，已修复及计划修复的有5公里，计划在古官道两旁复建古朴茶寮酒舍，复原古驿站和镖局，让游客尝一酒，品一茗，听潺潺溪水长流，望翠竹随风摇曳，赏庄稼蔬果四季常熟，体验无限田园风光。莲麻村的人民辛勤劳作，在党的领导下沿着追寻中国梦的道路砥砺前行，莲麻村跟随时代的脚步不断向前发展。

党的十九大报告中，党中央明确提出了实施“乡村振兴战略”及包含“乡风文明”在内的二十字总要求。2018年3月，习近平总书记在参加十三届全国人大一次会议广东代表团审议时，也对广东寄予了厚望，希望广东要“在构建推动经济高质量发展体制机制、建设现代化经济体系、形成全面开放新格局、营造共建共治共享社会治理格局上走在全国前列”。农民是建设新农村、展现乡风文明的主体。而乡风文明建设便是总书记对广东“四个走在全国前列”的嘱托之一，这也是振兴广东乡村的精神支撑和思想保证。加强农村教育，提高农民的整体素质，培养“有文化、懂技术、会经营”的新农民是实现“乡风文明”的基础和关键。

改革开放四十多年来，“先行一步”的广东，始终秉承优先发展的教育理念，稳步推进农村教育的综合改革与发展，在农村扫盲、基础教育、成人教育等方面成效显著，在观念创新和实践创新方面做了许多开拓性的探索，为促进广东乡风文明建设做了良好铺垫。

第三章

振兴基石：推动广东农村教育新发展

第一节
优先发展教育　构建学习型新农村

习近平总书记在十九大报告中指出，“建设教育强国是中华民族伟大复兴的基础工程，必须把教育事业放在优先位置”，在2018年全国教育大会上，习近平总书记更是把教育提到“国之大计，党之大计”的高度。为了促进广东农村教育的发展，为乡风文明筑牢智力基础，广东历届省委、省政府坚持把教育作为农村经济社会发展的战略重点，科学谋划、优先发展，制定了一系列目标和政策举措。

1 教育优先　推进扫盲全面覆盖

教育是民生之本，是功在当代、利在千秋的公益事业。特别是对农村孩子来说，教育仍是其改变人生命运，创造出彩人生的最重要渠道。农村教育是乡村振兴、乡风文明的奠基工程和根本保证。

劳动者素质提升的社会要求与农村自身文盲多之间存在矛盾。为解决该矛盾，1978年以来，广东省根据中共中央、国务院的文件要求，开设灵活多样的扫盲班，开展大范围扫除文盲的教育运动。

小贴士

扫盲

国务院于1978年11月发出《关于扫除文盲的指示》，要求继续扫除农村文盲，努力做到“一堵、二扫、三提高”。“一堵”，坚决堵住新文盲产生，解决好边远地区、山区和经济条件较差地区普及小学教育的实际问题。“二扫”，基本扫除12岁—45岁的文盲，使少年、青年、壮年中的非文盲人数达到85%以上。“三提高”，对已脱盲者采取多种形式继续组织学习，进一步巩固和提高。

广东率先掀起了扫除青壮年文盲运动的高潮，共经历四个阶段：

典型示范阶段（1978—1979年）。1978年展开的扫盲运动，是继1959年农村扫盲识字后又一次历史性的扫盲运动。到1979年年初，广东省组织省脱盲检查验收小组，对从化县（今广州市从化区）进行脱盲验收抽查。省规定学员脱盲标准为：认识1500字左右，能大体看懂浅近通俗的报刊，能记简单的账、写简单的便条，会简单的笔算。脱盲单位标准为：少青壮年中非文盲人数达到90%以上，下属基层单位中90%以上单位达到基本脱盲标准。检查验收小组层层核查，确认从化县为广东省恢复扫盲工作后首个基本完成扫盲任务的县。同时，在全省推广从化县在扫盲工作中的“扫盲小先生制”经验，即倡导“亲教亲、邻教邻、儿女教双亲”的经验。随后又制定县脱盲检查验收奖励办法，全省开始大规模扫除青壮年文盲工作。从化县在扫除文盲的同时，增进了邻里和谐，融洽了长辈与晚辈的关系，提升了乡风文明质量。

规模扩展阶段（1980—1985年）。大规模扫盲工作开始后，各级党政领导重视，把扫盲工作列入议事日程。首先，各地结合当地农业生产和农民生活实际，因人因地制宜，采取灵活多样的办学形式：一是全日制小学设扫盲夜校，如湛江、茂名市；二是自然村办扫盲班，如珠江三角洲各县；三是针对妇女办联户班，如粤北一些边远山区；四是包教包学，如偏僻边远山区；五是随班劳动，定期脱盲，如台山市渔民；六是见缝插针学，如办扫盲班有困难，而学员又较多的山区。其次，通过多渠道解决扫盲教师来源，建立起一支以兼职教师为主、专职教师为辅的扫盲教师队伍。其三，注重扫盲教材的建设。各地编写的扫盲教材力求做到思想性、科学性和地域性相结合。

实践链接

揭西县：扫盲先进典型

脱盲的先进典型县——揭西县，全面普及小学教育，堵住新文盲产生；积极办夜校扫除12—40周岁的少青壮年文盲；对已脱盲的对象继续组织学习，以巩固提高。扫盲专干和小学教师在全县248个村办起262个扫盲班，对不能参加夜校学习的少数扫盲对象，则送教上门，包教包学。为鼓励群众积极参加学习，村集体提供课本、油灯，县教育、行政部门拨给补助经费。1983年，揭西县被评为广东省基本完成扫盲任务先进单位。

继续扫盲阶段（1985—1989年）。1985年后，各地继续扫除剩余青壮年文盲。为进一步推动扫盲工作，1988年2月，国务院制定《扫除文盲工作条例》。提出扫盲对象为15岁—40岁，脱盲标准不变。至1989年年底，全省又组织12.5万人参加扫盲学习，有10万多人脱盲，全省青壮年文盲率降至2.26%。

再掀高潮阶段（1990—1995年）。1990年“国际扫盲年”期间，中共中央、国务院在《中国教育改革和发展纲要》中明确提出20世纪90年代在全国基本扫除青壮年文盲的任务，广东各乡镇普遍开办村业余小学，组织脱盲人员进行学习。1990年，广东省要求各地认真核对青壮年文盲数，凡未达脱盲标准的青壮年，除丧失学习能力的，都要参加扫盲学习，限期脱盲；青壮年脱盲率未达95%以上的县，要把扫盲工作作为农村成人教育的重点。这一年，全省又组织23.2万名文盲、半文盲青壮年参加扫盲学习，有20.3万人脱盲。当年全省青壮年文盲率下降至1.45%，部分乡镇成为无文盲乡镇。1993年3月，省政府印发《广东省高标准扫除青壮年文市单位考核验收的暂行办法》，要求全省力争在1995年年底完成高标准扫除青壮年文盲的任务。1995年5月，全省实现基本扫除青壮年文盲的目标。

广东省在抓扫除文盲工作的同时，十分重视巩固扫盲成果，并受到检查组的一致好评。1996年10月，广东完成了基本扫除青壮年文盲的任务，成为全国最早实现这一目标的两省之一。建成了一批独立设置建制，办学规模较大，基础设施齐全，学科专业多样，社会效益明显的示范乡镇成人文化技术学校。

实践链接

大沥镇：巩固扫盲成果

南海区大沥成人文化技术学校是一所曾受国家教委表彰的全国农村成人教育先进学校。该校总投资200万元，建筑面积2600平方米，设有“十室两场”，开设成人高专、电视大专、成人中专、职工中专等10多个专业班。专职教职工13人，在校学员1000多人。学校还举办各类岗位技术培训79期，培训人数达1万多人次，发展了扫盲后继续教育，巩固了扫盲成果。扫盲教育的持续推进，促进了乡村经济发展，为乡风文明建设开启了智慧之门。

2 战略支撑 夯实义务教育基础

实施乡村振兴战略，建设乡风文明，就要形成适合新时代的乡村社会行为习惯、价值观念与理想信念。优先发展农村教育，发挥农村教育的作用，以造就适应现代社会的乡村绅士，促进乡村生态与文化繁荣。教育从根本上强化以乡村常住人口为主体的农民综合素质的全面提升，提升农民面向未来的乡村生产与生活能力，不断发掘创造新的现代乡村物质和精神文明。

推行农村九年义务教育，筑牢乡风文明智力基础。党的十九大报告指出，“推动城乡义务教育一体化发展，高度重视农村义务教育……努力让每个孩子都能享有公平而有质量的教育”。根据宪法和教育法，1986年六届人大四次会议通过了《义务教育法》，规定国家实行九年义务教育制度。义务教育成为国家统一实施的所有适龄儿童、少年必须接受的教育，是国家必须予以保障的公益性事业。义务教育的普及性、强制性、免费性特点，是提升国民素质的基础、实现社会公平的起点。接受义务教育是公民的基本权利，实施义务教育是政府的重要职责，支持义务教育是全社会的共同任务。

农村义务教育的推行，有利于阻止新文盲的产生，培育乡土人才。广东省委、省政府不断推进农村教育管理体制、办学体制、投入体制、人才培养模式改革，实现了农村教育具有里程碑意义的教育发展目标。到1996年基本普及了农村九年义务教育，实现了过去想让农村孩子全面读书受教育的梦想，为乡风文明奠定了智力基础。

广东农村义务教育的推行，经历了如下阶段：

普及小学教育（1978—1985年）。中共中央、国务院《关于普及小学教育若干问题的决定》规定：“在八十年代，全国应基本实现普及小学教育的历史任务，有条件的地区还可以进而普及初中教育。”根据要求，广东省制定了普及小学教育规划、要求和实施的具体措施。1985年全省学龄儿童入学率98.11%，在校学生巩固率98.1%，小学毕业班学生毕业率95.3%，12—15周岁少年小学教育普及率95%以上，基本达到国家教委和省政府的标准要求。1985—1987年，省教育厅又采取多项措施，巩固普及小学教育成果。1990年全省小学完成改六年制的任务，学龄儿童入学率和在校学生年巩固率分别为99.29%和98.31%，均高于全国平均水平。

普及九年义务教育（1986—1996年）。广东基本普及小学教育后，积极开展普及九年制义务教育。1986年9月，省人大常委会通过《广东省普及九年制义务教育实施办法》，要求全省分地区、分步骤基本普及九年制义务教育。1994年省政府拨出5000万元，对全省500个贫困乡镇的“普九”进行补助。同年11月，省委、省政府要求还未实现“两基”（基本扫除青壮年文盲、基本普及九年制义务教育）的地区加快进程。1996年10月，经省和国家教委验收，广东如期完成“两基”目标，成为全国第一批完成该目标的两个省份之一。10年间，为实现“普九”，全省总共投入443.2亿元，全省适龄儿童入学率达99.75%，小学毕业生升学率为96.18%。

巩固提高普及（1997—2007年）。1996年，广东省基本普及九年义务教育，标志着基础教育发展进入新时期。但是，随着社会主义现代化建设不断发展和人民群众对教育需求的日益提高，广东省基础教育还存在着教育结构、规模与质量、效益之间的矛盾，地区之间、学校之间发展不平衡等问题。为此，省教育厅出台《关于巩固提高普及九年义务教育的意见》，要求：一是巩固提高普及九年义务教育，发展幼儿教育，努力创造条件使适龄儿童少年都能按时入学；二是积极推进素质教育；三是确立建设教育强省的目标。改革薄弱学校，建设规范化学校，成为这一阶段的重点。

率先建立免费义务教育机制。广东在1996年宣布基本普及九年义务教育，体现了义务教育的普及性和强制性。但义务教育的免费性，并未实现。因此，全面普及免费九年义务教育是广东率先发展、协调发展，实现全面小康、率先基本实现现代化的要求。经过11年努力，2007年实现了在免收学杂费基础上，全省农村义务教育学生免收课本费，即农村义务教育实现了完全免费教育。全面普及免费九年义务教育，提供了社会公平的阶梯，扩大了社会公平的平台，也为乡村振兴、脱贫攻坚、建设文明乡风打下了坚实的基础。

实践链接

罗南村：富了口袋，不穷脑袋

佛山市禅城区南庄镇罗南村，在享受国家义务教育的“两免一补”（即免课本费、免学杂费，补助贫困学生生活费）政策后，教育质量大大改善。罗南村村民子女入托和上学，都有教育补贴。其中，幼儿园阶段，每人每年补贴2500元，结束义务教育后，能考上高中的每人每年补助1000元，再考上大学的每人每年奖励2000元。就这样，每年雷打不动地掏出100多万元，用于教育补贴，鼓励村民子女读书，罗南村人始终坚持教育为先的原则，努力构建学习型新农村。

罗南村村景

罗南小学

3 按部就班 构建完善教育体系

优先发展农村教育事业，其一，要高度重视发展农村义务教育。义务教育是国家宪法和法律规定必须完成的公民基本教育，是一项法律义务，所有适龄青少年都必须接受。其二，要积极推进农村普及高中教育。高中教育是基础教育，但非义务教育，国家的政策是逐步普及，让更多农村青年接受高中教育，有利于为农村农业现代化培养更多优秀的本土人才，为乡村振兴提供人才支撑和保证。其三，要发展农村学前教育。学前教育作为整个教育体系的重要组成部分，对于培养孩子的集体观念、集体生活能力和未来发展具有重要意义。但这是农村教育的弱项，急需大力发展。其四，要加强农村职业教育，培养职业农民。农村职业教育要坚持面向农村，服务乡村振兴战略，帮助农村青年掌握一技之长，提高就业创业和自谋职业能力。最后，要统筹配置城乡师资，建好建强乡村教师队伍。同时，也要扩大乡村教师特岗计划，落实乡村教师支持计划，施行乡村教师津补贴政策，实施乡村教师荣誉典章制度，逐渐形成终身学习的农村教育体系。

第二节
培育新型农民　锻造“三农”工作队伍

在2013年中央农村工作会议上，习近平总书记抛出“未来谁种地”的大课题，2014年中央一号文件也专门对此进行阐述和部署。习近平总书记指出：“要解决好‘谁来种地’问题，培养造就新型农民队伍，确保农业后继有人；要以解决好地怎么种为导向，加快构建新型农业经营体系。”要想实现习近平总书记的“强农梦”，就要加强农民新型职业培训，提升农民素质，抓住建设社会主义新农村及乡风文明的命脉。

1 农业转型　急需新型职业农民

我国目前正处于传统农业向现代农业转化的关键时期，大量高效率农业设施装备、先进农业科学技术、现代化经营管理理念越来越多地被引入到农业生产的各个领域，迫切需要高素质的职业化农民。

与此同时，随着我国工业化和城镇化的快速发展，大量农村劳动力向非农产业和城镇转移，村庄空心化、农户兼业化和农民老龄化趋势越来越明显。关键农时缺人手、现代农业缺人才、农业生产缺人力，成为目前农村的真实写照。培育职业农民事关农业、农村长远发展，国家粮食战略安全，以及农业现代化的实现。

实践链接

梅州：农业“用工荒”

以广东梅州为例，全市521万人，农业人口387万，农业人口比例很高。近几年农业“用工荒”现象愈发普遍，特别在梅州金柚、嘉应茗茶、平远慈橙等主导产业布局集中的区域。2013年年底，梅州市梅县区石扇镇柚园冬剪每亩300元打包难觅技工，即便简单的开沟施肥每亩150元打包也难觅杂工。除了技术性的生产管理外，近年来柚子、油茶、橙子等收获季节，简单的体力摘果、运果日酬100—120元都难觅人工，而且从工人员平均年龄不断增长，平均劳动效率日益下降。此外，农业下游链条中的加工、包装、仓储等环节的用工也捉襟见肘。这样一个典型的农业大市，农业“用工荒”尚如此突出，全省的情况可见一斑。

2 农村建设 依靠农民素质能力

新农村建设与发展仍有巨大提升空间。广东现代化农业建设起步早，取得一定进展，但区域发展差异大。广东农民收入水平居于全国前列，但居民内部收入差距较大，尤其是农民收入增长幅度明显低于城镇居民，城乡收入差距不断扩大；广东农业基础设施建设投入不足；广东农村社会事业发展相对滞后，农民在卫生、教育、社会保障等方面远远落后于城镇居民；广东农村改革迈出较大步伐，但农村税费制度改革减少了基层财政收入，乡镇财政资金缺口巨大，运转比较困难。这些问题的解决，需要依靠高素质和高能力的新农民。因此，加快培育一批爱农、懂农、务农的新型职业农民，已成为当前乃至今后一段时期内农业工作中最具基础性、战略性的工程和紧迫任务。

3 输出过量 亟待农民调整回归

目前城乡二元结构与经济结构调整不断改变着农业生产要素与环境，像梅州这样的山区农业市成了劳动力输出重地，农村空巢、候鸟、撂荒现象突出。这是我国城乡一体化进程中的必经阶段，是农业商品化、产业化、机械化、集约化、规模化等提升发展的过渡阶段和预备期。这个阶段中，“谁来种地”成为一个全国性的紧迫议题和必须突破的瓶颈。

培养新型职业农民，有重大现实意义。培养新型职业农民，是推动农业现代化发展的必然选择，也是构建现代农业经营体系的重要基础；培养新型职业农民，是促进农民职业属性回归，提高农民社会地位，稳定现代农业生产经营队伍的必然要求，也是加快建设新农村，建设文明乡风的必然要求；培养新型职业农民，有利于促进农民从身份向职业转变，有利于从传统农业生产向现代农业生产经营转变。因此，培养更多的新型职业农民，是一项基础性工程和创新性工作，要大抓特抓，坚持不懈。

4 全面强化 系统建成培育机制

培育新型职业农民，是要把农民培养成有文化、懂技术、会经营、讲文明、遵法纪的新型农民，需要逐步建立多渠道、多层次、多形式的农民教育和培训体系，全面提升农业经营主体的综合素质、技术能力、文化水平。做好教育培训要重点考虑四个方面：一是要深入开展调查摸底工作，全面掌握当地农业劳动力状况。二是要根据不同类型的新型职业农民从业特点及能力素质要求，科学制定教育培训目标，开展农业系统培训。三是要顺应留地农民学习规律，主要采取“就地就近”和“农学结合”方式开展教育培训。四是要围绕增强教育培训的针对性和实效性，加强课程体系和师资队伍建设，创新教学方法，落实教学环节。

广东在培育新型职业农民方面，建立了较完善的教育培训体系，分为以下几个阶段进行侧重点教育。

基本普及高中教育（2007—2011年）。2007年10月，省政府在《广东省教育发展“十一五”规划》中指出要加快普及高中教育和中等职业教育。2008年将普及高中阶段教育列入教育工程。2009年，以加快发展中等职业教育为基础，极大地推动广东高中阶段教育普及的进程。这期间采用了“一帮一”形式，实施“千校扶千校”行动计划，对口帮扶农村薄弱学校提高办学水平；实施“转移招生”政策，即珠三角发达地区职业中学招收欠发达地区初中毕业生；实施乡村教师支持计划，提高乡村教师待遇；建立聘用优秀人才到乡村学校任教的“绿色通道”，提升农村教师队伍整体素质。到2011年如期实现了全省农村普及高中阶段教育的目标，比全国提前九年完成普及任务。

全面普及高中教育（2012—2016年）。从2011年开始，广东省教育以“创强争先建高地”为总抓手，统筹推进顶层设计、体制机制改革、经费保障机制改革，制定实施了2012—2015年省财政教育经费投入一揽子计划，加大投入力度。“十二五”期间，高中阶段教育普及成果得到有效巩固并实现跨越式发展，广东省通过实施“提升500所普通高中办学水平”的民生实事工程等一系列措施，促进了普通高中优质内涵发展。高中阶段教育初步实现规模、质量、效益、结构协调发展，并于2015年达到毛入学率

95.66%。由“短板”变成“亮点”，培养质量和办学水平稳步提升，服务农村经济社会发展能力不断增强。

普及幼儿教育。幼儿教育，是教育的基中之基，广东省为此制定实施了三个三年行动计划，逐步实现幼儿教育在农村的推广。截至2014年年底，全省学前教育毛入园率达到95.67%，全省规范化幼儿园比例为60%，基本形成政府主导、社会参与、公办民办共同发展，办学条件规范，管理体制完善的学前教育体系。2015年，全省学前教育毛入园率为100.97%，入园难问题得到有效缓解，全省农村普及学前教育，基本实现区域幼儿教育均衡发展。

教育培训助脱贫。2005年8月30日，广东省政府在广州、河源、韶关、中山、梅州、清远六个市，同时举行“广东省百万农村青年技能培训工程”（简称“百万工程”）启动仪式。按照工程规划安排，到2007年全省将组织100万农村青年参加技能培训，同时向非农产业转移农村富余劳动力240万人。具体做法是：2005—2010年该省计划转移农村劳动力480万人，培训农村青年劳动力270万人。“百万工程”还将转移就业与扶贫助小康相结合，以农村年均收入1500元以下的贫困家庭青年劳动力为重点，兼顾其他未能升学的初高中毕业生，对其实行全免费的技能培训鉴定和推荐就业，达到“培训一人，就业一人，脱贫一人”的目标。

实践链接

黄西村：树典型，务农反促务工

“韭黄之乡”黄西村

惠州市博罗县黄西村是全国有名的“韭黄之乡”，也被大家誉为瓦瓮里的“小黄金”。该村以韭黄为主体的种植业、商业物流、外贸经济已逐渐形成体系，为该村的青年农民提供了广阔的创业平台，他们的生产经营能力不断提高。近年来，该村相继成立农产品流通协会，运行“基地+合作社+农户”的模式，逐步形成产供销一条龙、贸工农一体化的农业产业化经营模式，千家万户分散经营与千变万化的大市场连接起来，形成了利益共享、风险共担的经营实体，在生产质量和效益提升的同时也解决了该村的就业问题，是广东农村青年人才培育的一个典范。

第三节
加强全面培育　夯实乡村振兴梦想

习近平总书记在十九大报告中指出，“实施乡村振兴战略，要坚持农业农村优先发展”。《广东省中长期教育改革和发展规划纲要（2010—2020年）》指出，争取到2020年形成适应经济发展方式转变和产业结构调整要求、体现终身教育理念、中高等职业教育协调发展的现代职业教育体系。同时，2018年9月1日起实施的《广东省职业教育条例》中指出，县级以上人民政府应当完善面向农民、农村转移劳动力、在职人员、失业人员、残疾人、退役士兵等接受职业教育和培训的资助补贴制度，推行以直补个人为主的支付办法。推进乡村振兴建设，要加强对农民的科技教育培训，构建系统化和科学化的村干部培训体系，从而提升农民整体科学素质。

1 系统培训　全面提升村干能力

干部培育精准化，标兵精神铸民魂。广东为实施乡村振兴战略，专门召开乡村振兴工作会议。从大力实施“头雁”工程等六个方面，对广东坚定不移走中国特色社会主义乡村振兴道路进行了全面部署，为奋力书写新时代广东“三农”工作新篇章制定了路线图。加强干部教育培训，不断提高履职本领，充分发挥各级党校、行政学院的主渠道和主阵地作用，把实施乡村振兴战略纳入2018—2022年干部教育培训规划的重点培训内容，突出履职能力培训和专题培训，全面提高干部的“三农”工作能力。

用教育锻造真懂会做的系统型新农民。乡村振兴战略的实施，首先是要推动乡村在巩固九年义务教育成果的基础上，推进高中阶段和学前教育的发展。同时，推动继续教育资源向广大农村延伸，推动继续教育办学的纵深和内涵发展，拓宽继续教育服务社会的领域，提升继续教育服务农村发展的水平。从而造就新一代有文化、懂技术、会经营的新型农民，培养有自立意识、合作精神、法制观念和创业本领的新型农民。

实践链接

西塘村：固本强基，狠抓党建引领

近年来，广州市从化区以习近平新时代中国特色社会主义思想为指引，认真学习贯彻党的十九大精神和习近平总书记系列重要讲话精神，在省、市文明办的大力指导下，结合实施乡村振兴和特色小镇发展战略，在全区广大农村大力培育文明乡风，有力促进了全区农民文明素质和农村文明程度稳步提升。其

西塘村“童话小镇”

中，从化区大抓农村基层党建固本强基工作，村委会党员干部带头移风易俗，用实际行动感染和影响身边群众讲文明、树新风，用优良的党风政风带动民风社风，加强对村干部的思想教育培训和引导。鳌头镇西塘村通过强化基层治理，一举由“问题村”蝶变为广州市文明示范村、“童话小镇”，起到了良好的示范作用，对当地乡风文明建设发展具有重大的现实意义。

2 产业创新　加强乡村人才建设

农业是安天下、稳民心的战略产业，没有农业现代化就没有国家现代化。当前，我国总体上已进入加快改造传统农业、走中国特色农业现代化道路的关键时期。科技助力，需要让农业从传统走向现代，让农民成为有魅力的体面职业。

政策支持促人才引进。《中共广东省委　广东省人民政府关于推进乡村振兴战略的实施意见》提出了新政策。实施新型职业农民、乡村专业人才培育工程，推进科技人才下乡。积极引导各类人才“上山下乡”，向乡村流动聚集，培育壮大乡村本土人才，着力打造一支强大的乡村振兴人才队伍。

实践链接

分界镇：硬件提档，软件提质

广东省茂名市首家镇级人才驿站——高州市分界镇人才驿站于2018年4月26日正式揭牌运行。

设施齐全，培训条件优。该驿站总面积3500多平方米，已投入200多万元，建有专家会议室、电教培训室、储良龙眼科研基地、农产品成果展览室和400多米的农业科普长廊。该驿站深入搜集本地及周边镇的土专家、种养行业能手和专业技术人才，着力搭建乡村振兴人才需求信息库和人才资源信息库，为乡村人才培养、交流和活动提供固定的平台和规范的基地。

因地制宜，全力开发当地创新潜力和优势。该驿站根据当地产业发展和人才需求情况，邀请水果种植、水果深加工、养殖等领域专家，到驿站举办培训班，开展实地指导，开展产学研项目等活动。

人才智力扶贫深入开展。该驿站围绕龙眼栽培和龙眼肉加工销售、果菜、鳄鱼养殖等重点领域，把在库人才与贫困户结对子，实行“一对一”精准帮扶。这包括组织农技人才向贫困户推介增收效果好的新产品、新技术，在果蔬生长的关键时节，组织农技人才到现场指导，提高农民的种养收益和转移就业的能力；组织在库医疗人才免费为贫困户检查身体，提供简单医疗服务；组织在库教学人才在周末、假期为贫困户学生提供免费教学服务等。

该驿站大力加强乡村人才队伍建设，以实施乡村振兴战略为契机，有效破解农村发展人才困境，为实施乡村振兴战略提供人才保障。

3 落实政策 健全职业农民制度

农村劳动力资源短缺与专业人才匮乏并存，这是困扰广东农村多年的心头病。为此，广东实施新型职业农民培育工程，全面建立健全新型职业农民制度体系，培育各类农业职业经理人、合作社管理人员、家庭农场主、经纪人和创业致富带头人。

培训模式创新化，资金支持充足化。开展职业技能培训，创新培训模式，力争用3—5年时间，基本实现50岁以下从业人员全员培训。完善农村劳动力技能培训补贴机制。支持“领头雁”农村青年创业致富带头人培育工作。支持开展职业农民职称评定，落实扶持补贴、创业担保贷款贴息以及税收减免、行政事业性收费减免等政策。

人才培养制度精准化，补贴全面化。首先，实施乡村专业人才培育工程。建立县域专业人才统筹使用制度，推行定向选育模式，落实县级以下基层用人主体自主权。其次，推进“希望乡村教师计划”，帮助欠发达地区青少年接受优质教育。支持大学毕业生服务乡村，参照师范生“上岗退费”政策，对扎根农村就业创业或服务农村时间达到三年的高校毕业生，经核准可退补大学学杂费。

实践链接

肇庆：多措并举推进人才“上山下乡”

肇庆是传统农业大市，农业却大而不强：至今没有一个现代农业园区，没有一个省级以上农业科技园区，没有一家国家级农业龙头企业。肇庆市政府表示，要补齐农业农村短板，首先要推行“党建+乡村振兴”，为乡村配备好人才。2018年6月《关于推进乡村振兴战略的工作意见（征求意见稿）》指出，肇庆将大力实施人才上山下乡工程，“选、育、用、励”多措并举，为吸引

肇庆农业生态园

专业人才提供保障。今后5年，肇庆将每年在全市优质人才中选拔优秀党员干部担任村党支部书记；吸引农业科研杰出人才、青年农业科学家下乡，探索建立“研发团队+农技推广体系+经营主体”的农业科技服务新模式。肇庆市一系列促进人才下乡的举措，为广东农村人才建设和乡村振兴建设起到了重要示范作用。

第四节
直面现实难题　为乡风文明谋出路

2017年习近平总书记在徐州考察时指出，“实施乡村振兴战略不能光看农民口袋里票子有多少，更要看农民精神风貌怎么样”。近年来，广东农村教育改革取得了很多标志性成绩，积累了丰富经验。例如1985年以来，广东省基础教育实行“分级办学、分级管理”体制，从战略高度推进农村教育实施“创强争先建高地”工程、聚力希望工程等。然而，广东农村人口众多，文化水平普遍偏低，存在城乡之间文化水平差距大、匹配度不强、投入强度不同的问题。因此，在乡村振兴战略的实施中，必须对农村教育加大资金保障力度，充分挖掘和利用农村教育的功能作用，优先发展农村教育民生建设。

1 区域差异　南粤乡村教育困境

广东农村教育经过四十多年的改革，教学质量普遍增强，整体教育水平有一定提升。然而，当前农村教育在区域之间和城乡之间的差距甚远，农村教育实际水平与预期目标匹配度低，教育资源区域间的不平衡、发展不充分状态，又让农村教育再度陷入尴尬境地。对此，整合教育资源，引进教育人才，改善教学条件是缓解当前形势之道。

不均衡：区域差距、城乡差距拖后腿

义务教育成效显著。广东在巩固义务教育发展基本均衡方面取得了一定工作成效。首先，推动优质教育资源共享，均衡配置办学资源和教师资源，保障特殊群体平等接受义务教育，全面提高义务教育质量，确保广东省义务教育均衡发展成效得到巩固和提升。其次，进一步完善省级统筹工作机制，加大省级财政对欠发达地区的转移支付力度。另外，强化对口帮扶工作，通过互帮互助，努力缩小区域之间义务教育的差距。

教育实况与目标差距尚远。广东省义务教育均衡发展工作与目标相比仍然有差距，主要体现在粤东西北地区义务教育经费投入不足，部分边远、农村地区教师整体素质有待提高，优质教育资源供给尚未充分满足群众“上好学”的要求等。对此，广东省将加大促进义务教育均衡发展的工作力度，加快构建义务教育均衡发展长效机制，不断提高义务教育均衡发展水平。

广东民族地区农村教育发展不均衡。广东民族地区大多是集老、少、山、边、穷于一体的偏僻山区，世居的少数民族主要有瑶族、壮族、畲族、回族和满族。随着知识经济时代的到来和改革开放不断深入，教育对民族地区经济发展的作用日益突出，民族地区群众逐渐意识到教育对社会经济发展的重要性。近年来，中央及广东省各级政府加大了对广东民族地区教育事业发展的支持力度，使得广东民族地区的教育、经济发展环境都有了较大程度的改善。但是，受地理环境、经济条件、文化传统等因素制约，民族地区教育事业发展相对其他地区而言仍相当落后，尤其是民族地区农村教育发展水平较低。

不匹配：农村教育与广东经济实力悬殊

尴尬的农村教育与广东经济之差。改革开放以来，广东虽已成为全国第一经济大省，但大部分地区的农村教育仍举步维艰。在研制《广东省教育现代化建设纲要（2004—2020年）》及其实施意见时，广东省委政研室和省教育厅组织了多次农村教育调查活动。实地调查显示，与广东经济大省的显赫地位相比，与珠三角的教育发展水平相比，与广大人民群众不断提升的教育需求相比，与广东率先实现教育现代化的目标相比，广东农村教育存在着令人震惊的巨大反差。

农村教育窘迫。具体而言，它存在着以下两大亟待改进的问题：首先，农村教育的主体是九年义务教育，属于纯粹公共物品的范畴。其次，农村义务教育转移支付力度尚小，不足以支撑欠发达地区农村教育的良好生存状态，不能满足整个农村教育对经费的基本需求。现有财政转移支付没有从根本上缓解农村教育的困境和危局。

不足够：农村教育“微”投入，延缓乡村振兴速度

教育经费投入不足。1993年，我国颁发的《中国教育改革和发展纲要》中明确规定：“到20世纪末实现国家财政性教育经费占国内生产总值的比例达到4%”。但是，直到2008年，这一比例仅为3.48%，未能达到预期目标。为此，《广东省教育现代化建设纲要实施意见（2004—2010年）》（简称《实施意见》）特别强调，要加大对农村基础教育和职业技术教育的扶持力度，振兴农村教育。《实施意见》提出，到2007年，广东省财政性教育经费支出占全省生产总值的比例达到4%，然而，直至2012年，这一比例才达到。但是，省级财政性资金对于农村教育的投资力度仍然不够。广东省目前实行“以县为主”的教育投资体制，县级政府承担的教育投资范围包括教职工工资发放、校舍建设、清偿债务、公用经费等，

这对于财政收入较低的民族地区自治县来说，根本无法承受，民族地区农村教育的重担最后还是压在农民身上。

教育场地、设备等教学资源不足。在总体教育投入有限的情况下，区域间、城乡间的教学资源分配不均的现象在省内仍然存在。为了更为有效地利用有限的教育资源，2001年，国务院出台了《关于基础教育改革与发展的决定》，要求应“因地制宜调整农村义务教育学校布局。按照小学就近入学、初中相对集中、优化教育资源配置的原则，合理规划和调整学校布局”。广东省根据这一决定，在全省开展了大规模的撤并农村中小学校的工作，以连山壮族瑶族自治县为例，该县共撤并调整学校78所，其中撤销学校48所，30所村级小学的四、五、六年级撤并到当地中心小学。在撤并学校整合教育资源的过程中，教学质量及教育资源的利用率得到了很好的提高。然而，在教育资源优化整合过程中产生了一系列新问题，农村家庭子女受教育成本增加，严重影响其享受教育公平的权利，使得民族地区农村家庭及其子女最终并没有享受到教育公平的待遇。

师资力量不足，教学质量不足。首先，教师工资低，生活无保障。虽然早在1986年中央一号文件就强调要将农村中小学教师工资发放工作上收到县，设立教师工资专户，按国家规定标准及时足额发放，不准发生新的拖欠，真正实现“保工资、保运转、保安全”的基本目标。但农村教师工资待遇普遍低于城市教师依旧是常态，工资增长幅度小且基本稳定，这是留不住农村教师人才和吸引不了外来教师资源的重要因素。其次，教学条件差，吸引力不足。早在2006年国务院就强调，要加强农村教师队伍建设，加大城镇教师支援农村教育的力度，促进城乡义务教育均衡发展。然而一些农村工业和其他产业发展不起来，农村生活整体水平低，教学条件较差，难以吸引教师资源。再次，农村教师社会地位未得到应有的尊重。现阶段，乡村教师的工资待遇一直得不到提高，严重低于城镇教师工资水平，这是乡村教师社会地位一直无法提高的重要因素，会直接影响乡村教师的职业吸引力。

2 上下齐心 闯出教育希望之路

广东历来奉行不怕困难，敢闯敢拼的精神理念。为了让广东的整体农村教育不再受制于其他因素，必须从内部着手改革。要坚持在经济投入上，给农村教育带来物质保障；在思想上，坚持并加强对农村教育的功能进行深入挖掘和发挥；在社会整体上，坚持民生教育，将农村教育理念融入民生建设中来，让农民子弟体会到教育的获得感、满足感和幸福感，走出广东农村教育发展的康庄大道。

物质保障：补齐农村教育的资金投入短板

改善农村教学条件和质量。首先，全省要继续落实“两免一补”政策，缓解学生入学压力。其次，全省要对学校危楼危房加大政策保障和融资支持。再次，以课程改革为核心，全面提升农村义务教育质量。另外，以加强学校管理为重点，切实提高学校管理的质效性。在农村义务教育中，细化学校管理规则，以学生安全和学习为中心，坚持德育和智育共同发展，全面提高教学质量和效益。

加大农村义务教育转移支付力度。如果说，在财政体制建设上我们应当确立“效率为主”，那么，在转移支付制度建设上必须贯彻“公平为主”的思想。“合并项目补助，调整补助结构形成规范的转移支付体系”，确立“五级政府，三级财政”的体制，以避免补助资金层层分配，层层截留。也就是指中央、省、市、县、乡（镇）五级政府，对于教育经费的管理，实行中央、省、县三级管理。县级财政和省级管理，可以增大农村义务教育专项转移支付力度，提高效率。

功能定位：增强对农村教育功能的准确认知

农村教育的主要功能是塑造职业农民，加强农村职业教育工作。除升学和城镇就业之外，为农村建设服务和提高生活质量成为农村教育的重要功能之一。

其一，应大力加强农村初级职业培训。政府应在农民中大力开展职业技能培训，并加大新科技和新技术在农业生产经营中的投入力度，提高农业科技成果和新技术转化为现实生产力的速度。

其二，要进一步重视和加强农村成人教育。农村成人教育是提高农村劳动力素质最快捷的途径之一，具有投资少、见效快的特点，比较适合农村的实际情况。政府应高度重视农村成人教育，加大投入力度，解决农村成人教育的资金短缺问题，改善农村成人教育的教学环境，为成人学校更新教学和实验设备，配备合格的教师，提高成人学校的师资力量。

其三，改革农民教育体系。应加大农民教育体系的改革力度，合理定位农民教育的功能，科学确立农民教育的目标，真正把农民教育的重点放在提高农民素质上。当前，加快发展农民教育要在普及九年义务教育并提高其质量的基础上，大力发展农村成人教育和职业教育，提高高等农业职业教育的质量，逐渐建立农村学习化社区和农民终身教育体系，形成以中等职业技术教育为主体，基础教育与高等职业教育为支撑，多层次、多渠道、多形式的农民教育体系。

其四，创新农民教育内容。据农业部统计，我国农村每万名农业人口中只有一名农业科技人员，这使我国现有适合农村应用的科技成果只用了70%，因人才瓶颈而无法推广，科学技术进步因素对农业增产的贡献率只有30%，而发达国家则一般都在60%—80%。因此，在对农民进行教育的过程中，要增加农村实用知识的教学内容，以满足农民不同层次的需求。结合农村的实际情况，开设“果树栽培与嫁接”“淡水养鱼”“蔬菜种植”等课程。

乡村振兴：优先发展农村教育民生

根据习近平总书记视察广东的重要讲话精神，全力推进新时代新农村建设，把农村教育这项直接关系广大农民福祉、关系乡村振兴大局的重要基础性工作抓实抓好。要把农村教育作为民生发展内容，纳入乡村振兴战略，从实际出发明确目标任务，切实落实工作责任，扎扎实实推进建设，进一步补齐农村发展短板。

广东制定《广东省实施乡村振兴战略规划（2018—2022年）》，优先发展农村教育事业。建立以城带乡、整体推进、城乡一体、均衡发展的义务教育发展机制，全面改善农村薄弱学校基本办学条件，全面加强乡村小规模学校和寄宿制学校建设。其一，推进乡村小规模学校建设底部攻坚，保障小规模学校的教学设备、卫生设备及图书资源配备，设置必要的功能教室。其二，推进高水平高质量普及高中阶段教育和学前教育。加快中等职业学校布局调整，以服务区域重点产业和特色产业为方向优化专业设置。另外，深入实施乡村教师支持计划，精准补充乡村学校紧缺学科教师，统筹配置城乡教师资源，提高乡村教师待遇保障水平。

积极引领农民走特色的自我脱贫道路。推进乡村振兴与脱贫攻坚有机融合，制定打好精准脱贫攻坚战三年行动方案，确保到2020年现行标准下农村相对贫困人口全部稳定脱贫，2277个相对贫困村全部出列；开展“回头看”，巩固提升第一、二轮扶贫开发“双到”的5978个贫困村脱贫质量。

实践链接

林屋村："口袋"和"脑袋"共富裕

湛江市吴川市林屋村科教兴村，成果丰硕。林屋村坚信要富"口袋"，先富"脑袋"，始终把教育和培训作为增强村民综合素质的基础性工作来抓，积极整合培训资源。1990年以来，先后出资投入教育建校共达4000多万元，使村民享受到教育一条龙服务和良好的求学环境。其次，林屋中学坚持"育人为本"原则，采取"分层推进"的教育模式，确保学生"低进高出"。村里还设立奖教奖学金，大兴尊师重教之风，1995年村被评为"全国尊师重教先进单位"。另外，企业与全国知名科研所和高校建立合作关系，大力发展科技攻关。十多年来，该村先后投入数百万元为公司员工和村民进行技术培训，每年仅技术服务创收便逾千万元，为该村的振兴建设奠定了重要人才基础。

林屋中学

广东乡土特色文化是中华文化的重要组成部分，在几千年的历史长河中，广东结合中原文化与岭南本土文化，结合陆地文化与海洋文化，结合中华文化与海外文化，共同形成了颇具地域色彩的乡土文化。改革开放以来，广东省委、省政府在国家整体文化强国战略的影响之下，采众家之所长，就广东历史文化名人、非物质文化遗产、乡土旅游文化、岭南侨乡文化等广东标志性岭南乡土文化符号，着力打造广东农村特色文化品牌，成为中国乡土文化百花园中的亮丽风景线。

第四章

彰显特色：
擦亮广东农村特色文化品牌

第一节
打造历史文化名人品牌

2016年，习近平总书记在哲学社会科学工作座谈会上的讲话指出："中华文明历史悠久，从先秦子学、两汉经学、魏晋玄学，到隋唐佛学、儒释道合流、宋明理学，经历了数个学术思想繁荣时期。在漫漫历史长河中，中华民族产生了儒、释、道、墨、名、法、阴阳、农、杂、兵等各家学说，涌现了老子、孔子、庄子、孟子、荀子、韩非子、董仲舒、王充、何晏、王弼、韩愈、周敦颐、程颢、程颐、朱熹、陆九渊、王守仁、李贽、黄宗羲、顾炎武、王夫之、康有为、梁启超、孙中山、鲁迅等一大批思想大家，留下了浩如烟海的文化遗产。中国古代大量鸿篇巨制中包含着丰富的哲学社会科学内容、治国理政智慧，为古人认识世界、改造世界提供了重要依据，也为中华文明提供了重要内容，为人类文明作出了重大贡献。"肯定历史文化名人的贡献，意义不仅在于彰显中华文化的博大精深，也在于在当今中国继承与发扬历史文化名人留下的宝贵财富。

1 细数历史 岭南先贤灿若繁星

所谓“历史文化名人”指的是在一定的历史时期、一定的领域或学科，曾经取得卓越的业绩，或其思想具有重大影响，在中国历史乃至世界历史上具有相当高知名度的杰出人物。广东地处岭南，文化源远流长，2000多年来广东历史名人荟萃，为推动中华文化的发展和岭南地区开发作出卓越贡献。有学者统计广东历史上的名人不下1000人，其中影响较大的约有200人，其杰出的代表性人物有：南越开拓先驱赵佗、巾帼英雄第一人冼夫人、南派禅宗创始人惠能、岭海千年第一相张九龄、北宋名臣余靖、明代心学宗师陈献章、岭南心学传人湛若水、刚正不屈的清官海瑞、清初爱国诗人和学者屈大均、近代中国留学生之父容闳、近代强国之路的探索者郑观应、杰出的诗人外交家黄遵宪、近代思想启蒙先锋康有为、民主革命的先行者孙中山、跨世纪的文化巨人梁启超、近代之世界学者陈垣、民主革命先驱邓演达等。

2 塑造品牌 如何促成现代转化

广东历史文化名人是非常宝贵的文化品牌，推动这些历史文化名人的现代性转化是改革开放以来广东文化建设的重要内容，其主要做法一是大力推动对历史文化名人的故居、场所、遗迹的保护与修缮；二是大力发掘历史文化名人的事迹与精神，推动名人精神与社会主义现代化建设的结合；三是大力发展历史文化名人诞生地、故居、历史遗存的文化旅游；四是文化搭台、经济唱戏，通过举办历史文化名人的纪念活动、文化节，开展招商引资活动，服务于经济建设。

广东历史文化名人广泛地分布于广东各地，成为各地进行文化建设、经济建设的重要资源。在广东乡风文明建设中，各地乡村也非常注重对于当地历史文化名人遗存的保护、传承与发扬，成为乡村文化建设的标志性符号。

3 打响品牌 充分发掘历史资源

打响名人品牌，汲取力量

惠州市惠城区三栋镇鹿颈村是中国农工民主党创始人邓演达先生的故乡，现存的历史文物有邓演达故居、邓氏宗祠、邓演达小学，后期建成的有邓演达纪念园、岭南新民居，与历史文物兼容并蓄、合为一体，成为三栋镇乡村文明建设的著名品牌。鹿颈村的乡村文明建设主打邓演达品牌，以“邓演达历史文化”为创建特色，以“红色旅游新兴区”为主要亮点，彰显爱国主义教育文化内涵，其具体做法有：

（1）打响邓演达历史文化品牌。邓演达先生是中国农工民主党创始人，著名的中国民主革命家、军事家，与廖仲恺、叶挺被誉为惠州“民初三杰”。为弘扬先烈“少小立志，爱国爱民，忠勇奋发、坚贞不屈”的精神，该村把邓演达历史文化作为“一镇一品”的名村建设品牌，以邓演达

邓演达陈列馆

邓演达纪念园

故居、邓演达纪念园青灰白的历史色调为建筑基调，实施老村庄、居民楼统一立面和统一着色，并合理布局房、田、林、路等元素，提高全村的历史品位和审美价值。

（2）以邓演达历史文化为抓手实施红色旅游。鹿颈村依托广东省重点文物保护单位邓演达故居、广东省爱国主义教育基地邓演达纪念园和邓演达小学（邓演达父亲邓镜人创办）等，推动红色旅游，目前游客吸纳量可以达到2.5万人次/年，在此基础上，鹿颈村还逐步被打造成为全国农工民主党党史教育基地、全国统一战线基地、全省爱国主义教育基地、4A级红色文化旅游区、现代农业观光区、文明农村示范区和“最美乡村”。

（3）彰显爱国主义教育文化内涵。“我每念及中国，实觉责无可卸！”是邓演达爱国主义思想的光辉写照。该镇着力打造鹿颈广东省名村，目的是从邓演达高度的爱国主义思想中汲取伟大的精神力量，并将此转化为机遇，推进宜居宜业惠州南部新城建设。

在充分发掘邓演达历史文化的基础上，鹿颈村不忘推动邓演达历史文化的现代性转换。该村自2012年始启动广东省名村建设工作，注重从人文历史、红色旅游、自然生态、农业渔业、基层建设、社会管理、民居风貌等七个方面着手，经过建设，该村在历史文化保护和效益方面已颇具特色，旅游经济带动农民人均纯收入连年拔高；村内建有邓演达纪念园陈列馆，含四个展厅，是目前国内展出邓演达事迹资料最完善的展馆。全村历史文化氛围浓厚，农民生活达到较高的小康水平，鹿颈村的农工民主党党史教育基地在国内拥有一定的知名度和美誉度，能够较好地代表新农村建设水平和农村发展新方向。

目前鹿颈村以绿水青山的自然风貌、百年醇厚的文化底蕴、和谐高尚的村风民情，先后摘得广东省卫生村组、惠州市宜居村庄、惠州市生态示范村等荣誉称号，成为推动名人历史文化现代性转换的典范。

小贴士

邓演达

中国民主革命活动家，字择生。1895年3月1日生于广东惠阳，1909年入广东陆军小学读书。辛亥革命爆发后，参加过革命军。1915年入武昌第二预备学校学习，1916年升入保定军校，毕业后被派往西北边防军见习，1920年应孙中山在南方组织的援闽粤军参谋长邓铿之召，到福建漳州统率新组建的粤军宪兵队，从此成为孙中山民主革命事业的积极追随者，拥护孙中山的三大革命政策，参与黄埔军校的筹办工作，并任军校教练部副主任兼学生总队长。1926年1月参加中国国民党第二次全国代表大会，当选为候补中央执行委员，同时担任黄埔军校教育长。北伐战争开始后，任国民革命军总司令部政治部主任，1926年10月北伐军攻克武昌，兼任武汉行营主任、湖北政务委员会主任等职。武汉国民政府时期，积极支持农民运动，坚持与共产党人合作，反对蒋介石的个人独裁和反共阴谋。1927年3月，在国民党二届三中全会上，被选为中央执行委员、中央政治委员会委员、中央军事委员会主席团成员和中央农民部长。“四一二”反革命政变后，主张东征讨蒋，不久离开武汉前往苏联，与宋庆龄、陈友仁在莫斯科发表宣言，谴责蒋介石、汪精卫。1930年春，在欧洲各国游历考察了两年之后回到上海，正式成立了中国国民党临时行动委员会（中国农工民主党前身），被选为总干事。1931年8月17日被蒋介石逮捕，11月29日被秘密杀害于南京。其著作编为《邓演达文集》等。

紧抓名人效应，与时俱进

中山市三乡镇雍陌村是饱受海洋文化浸润的古村落，是著名侨乡，也是改革开放和现代化建设的先进村。在近现代，雍陌村涌现改良主义思想家郑观应，著名法学家、外交家郑天锡，为毛泽东主席摄影的摄影家郑景康。改革开放以来，雍陌村涌现全国第一家港澳与内地合作旅游企业——中山温泉宾馆、第一家高尔夫球场（会）——中山温泉高尔夫球场（会）

郑观应故居

等。值得特别提出的是1984年改革关键时期，邓小平同志于当年1月28日清晨登临雍陌村的罗三妹山，发出“不走回头路”的世纪强音。

浸润于厚重的历史并处在改革开放大潮前沿的雍陌村在乡村建设中紧抓历史文化名人效应，重视历史文化资源的保护与传承，并借助改革开放大潮赋予其新的生命力，其主要做法是：

（1）注重名人文化引领，坚持抓文化不动摇。作为郑观应故里，该村充分发挥名人故里优势，配合市、镇两级修缮郑观应故居，2000年该故居被中山市人民政府公布为中山市文物保护单位，2008年被广东省人民政府公布为广东省文物保护单位。在修缮保护郑观应故居的基础上，该村还计划修建郑观应纪念馆，并与郑观应故居一起进行保护开发，目前已纳入中山南部组团重点文化工程。为充分发挥郑观应历史文化的当代价值，该村配合中山市纪委拍摄《郑观应家风故事》，学习郑观应家族“勤、学、廉、善”的家训家规，推动全村家风建设。

在弘扬郑观应历史文化的同时，该村利用罗三妹山公园建设机遇，宣导中华优秀传统文化，弘扬“仁孝”文化思想。通过“养廉”大石、郑观应《盛世危言》铜书、林则徐雨夜宿祠堂等廉政宣传主题景点建设，弘扬廉洁孝义，凸显风清气正。

美国著名歌手迈克尔·杰克逊曾到访雍陌村，出于其全球高知名度，该村注意保护迈克尔·杰克逊参观过的民居，引导居民保留旧照片等物品，着力挖掘东西方文化交流的见证。

（2）践行“不走回头路”论断，坚持抓经济不动摇。得益于改革开放的重大历史机遇以及小平同志“不走回头路”的世纪强音，雍陌村紧抓经济建设，并以高质量的经济建设来践行小平同志的科学论断。一是依托郑观应故居等文化工程推进乡村旅游，逐步形成鲜明的“郑观应故居—中山温泉宾馆—罗三妹山公园”的旅游品牌线路，为当地村民创造可观的旅游收入。二是发展乡村公共服务建设，大力整顿村容村貌，发展基础设施，为当地村民谋求公共福利。三是借智借脑，推进升级产业。围绕邓小平“不走回头路”的精神，注重阐发小平同志思想精华，学习其精神要义，把改革创新贯穿于经济社会发展的各领域、全过程。

通过历史文化建设和经济建设，该村村民素质大有提升，已成为岭南家风建设的典范。该村紧扣乐善好施这一主线，深化郑观应家族家风精神，以“身边人讲身边事、身边人讲自己事、身边事教身边人”的形式，引导群众“积小善为大善、积小德为大德”，村民以及海外乡亲纷纷捐钱修建宗祠、路桥、学校。借助村深厚的历史文化资源，结合历史人物故事，建成农民画彩绘文化一条街，图文并茂地诠释、传导社会主义核心价值观。大力推进罗三妹山廉洁教育基地建设，组织村内党员群众参观学习，引导党员干部走廉路、沐清风，接受以廉立身、勤政为民的群众路线教育熏陶。2017年11月，雍陌村获评第五届全国文明村镇，这充分体现出该村继承历史优良传统，在改革大潮中推陈出新的现代转换能力。

小贴士

郑观应

本名官应，字正翔，号陶斋，别号杞忧生，晚年自号罗浮偫鹤山人。祖籍广东香山县（今中山市）三乡镇雍陌村。他是中国近代最早具有完整维新思想体系的理论家、启蒙思想家，也是实业家、教育家、文学家、慈善家和热忱的爱国者。1858年到上海学商，先后在英商宝顺洋行、太古轮船公司任买办。历任上海电报局总办，轮船招商局帮办、总办。中法战争时，曾往暹罗（今泰国）、西贡（今越南胡志明市）、新加坡等地调查了解敌情，逐一绘图贴说。1885年初，途经香港，被太古轮船公司借故控追“赔款”而遭拘禁，经年始得解脱。后隐居澳门近六年，撰成《盛世危言》一书。1892年后复出任轮船招商局会办，至1902年冬，郑观应辞去轮船招商局会办一职。1909年，乘袁世凯被迫返籍“养疴”之机，协助盛宣怀发起组织轮船招商局商办，遂第三次入轮船招商局任会办。郑观应晚年拥护“立宪”，反对革命，但又对袁世凯称帝、张勋复辟和军阀混战不满。1922年5月，病逝于上海。

利用特色产业，引导发展

北山社区位于珠海市南屏镇西南部，在珠海大道和南湾大道交会处，是著名的侨乡，70%以上的常住人口家庭有港澳和海外亲属关系，旅居港澳和海外的乡亲约有4000人。

北山社区历史悠久，人杰地灵，深厚的文化底蕴孕育了众多的历史名人。特别是涌现过支持孙中山先生推翻清朝而倾尽家产的杨乃安、马列主义传播先驱“南杨北李”的杨匏安、抗英将军杨云骧、反对葡萄牙殖民者扩张的杨应麟等历史名人。

正因历史文化名人众多，社区内至今仍完好保存有清代建筑的民居群，现有历史建筑90栋，包括宗祠建筑7栋，府第建筑2栋，其余为普通民

杨氏大宗祠

居。其中建于清咸丰年间的杨氏大宗祠是广东省的重点文物保护单位，其保存着同治皇帝褒扬广东澄海营参将杨镇海父母的封匾，以及原国民政府主席林森于1937年为杨氏开族700年所题写的“宗支蕃衍”匾额。除了杨氏大宗祠以外，北山还保留了杨云骧故居、杨镇海故居、乡税坦碑、宋代杨泗儒墓和春秋战国兵器遗址等。

在对上述历史文化遗存进行良好保护的基础上，近年来该村通过发展特色文化旅游、引导特色产业发展等方式，推进对历史文化名人资源的传承与创新。

（1）以岭南古韵带动特色文化旅游。北山村有着900多年的历史，钟灵毓秀，名人辈出，古迹遗存众多，文化底蕴深厚。作为珠海首个也是唯一的国家级生态示范村，村民对古建筑、生态环境的保护意识强，至今保存90栋清代民居建筑，4栋保持完好的岭南氏族宗祠、官宦府第尤其罕有，颇具历史文化价值。

北山村联合市文体旅游局和珠海东方文化艺术交流与发展基地对杨氏大宗祠、保遐杨公祠、澄川杨公祠等在内的约七座古建筑进行细致修复，竭力恢复建筑原貌及古祠堂的风貌和气蕴，同时对北山村名人先烈的故居进行修葺，大力支持千叟宴、祭祖、醒狮等传统民俗活动的进行，举办国内外优秀艺术家展览及交流活动、艺术讲堂、特色庙会等活动，开拓以特色文化产业为引导的文化旅游项目，引进非物质文化遗产项目，不断丰富基地艺术文化内涵，增强对中外游客的吸引力，提升北山的景区人气和旅游知名度。

（2）以特色产业助力新农村发展。坐落于北山村北山大院的珠海东方文化艺术交流与发展基地便依托这批杨氏古建而成，自创建以来，一直以古建筑为依托，按照“传承历史文化，维系民族精神，推动产业创新，实现文化繁荣”的理念对基地进行规划，努力实现中华优秀传统文化的创造性转化、创新性发展。

基地还设有北山艺术中心，坚持以弘扬中国书画艺术、古琴韵律、棋艺精髓，繁荣书画琴棋艺术，促进珠海书画艺术发展为宗旨，一直努力推进艺术的创新与繁荣，积极认真创作出弘扬中华民族的民族精神和无愧于时代进步精神的艺术。

北山艺术中心

北山村新农村建设工作始终牢牢把握人文、生态两张牌，努力提升村民幸福生活水平。经过持续努力，北山村的新农村建设工作，从理论到实践得到了进一步发展，逐渐成为珠海一张亮丽的新名片。

北山系列文化园区作为文化创意产业园开发的先行者，尊重自然、保护生态、传承历史、延续文脉的理念是他们对园区进行规划的准则，对古建筑群的修复，是为保留历史痕迹作出贡献。加快推进幸福村居建设进程，既是珠海拉开城市发展格局的重要阵地，也是构建和谐社会，统筹协调城乡发展，实现城乡一体化、公共服务均等化等现代发展理念的必然要求，以及大力推进新型城镇化建设的创新性举措。

历史文化名人是地域历史文化鲜活的符号，系统保护和充分开发广东的历史文化名人资源，有利于传承广东珍贵的文化传统，提高文化竞争力。经过多年的保护与开发，广东开发出不少历史文化名人品牌，但在开发过程中也存在一些不足：对历史文化名人的开发不系统，对物质遗产开发有余，对精神遗产的开发不够重视；文物开发不全面，不少历史名人故居或景点遭到破坏或损害，对于故居、景点的修复或建设敷衍了事；不少地方在对历史文化名人资源进行开发时，过度商业化，保护开发利用的模式同质化严重，差异化体现不足等。因此在开发之前，必须做好科学规划，避免造成开发性破坏。

历史文化名人资源是历史传承的宝贵人文资源。在新时代，打造和擦亮广东历史文化名人品牌，使历史文化名人资源得到更科学的开发，对于增强广东文化软实力、促进乡风文明建设有重要意义。

第二节
擦亮非物质文化遗产品牌

2014年3月27日习近平总书记在联合国教科文组织总部的演讲中指出："每一种文明都延续着一个国家和民族的精神血脉，既需要薪火相传、代代守护，更需要与时俱进、勇于创新。中国人民在实现中国梦的进程中，将按照时代的新进步，推动中华文明创造性转化和创新性发展，激活其生命力，把跨越时空、超越国度、富有永恒魅力、具有当代价值的文化精神弘扬起来，让收藏在博物馆里的文物、陈列在广阔大地上的遗产、书写在古籍里的文字都活起来。"这个重要论述为加强非物质文化遗产的保护工作提供了根本遵循。

1 国内国外　官方非遗定义速览

根据联合国教科文组织的《保护非物质文化遗产公约》定义，非物质文化遗产指被各群体、团体、有时为个人所视为其文化遗产的各种实践、表演、表现形式、知识体系和技能及其有关的工具、实物、工艺品和文化场所。各个群体和团体随着其所处环境、与自然界的相互关系和历史条件的变化不断使这种代代相传的非物质文化遗产得到创新，同时使他们自己具有一种认同感和历史感，从而促进了文化多样性和激发人类的创造力。公约所定义的“非物质文化遗产”包括以下方面：（一）口头传统和表现形式，包括作为非物质文化遗产媒介的语言；（二）表演艺术；（三）社会实践、仪式、节庆活动；（四）有关自然界和宇宙的知识和实践；（五）传统手工艺。

《中华人民共和国非物质文化遗产法》规定：非物质文化遗产是指各族人民世代相传并视为其文化遗产组成部分的各种传统文化表现形式，以及与传统文化表现形式相关的实物和场所。包括：（一）传统口头文学以及作为其载体的语言；（二）传统美术、书法、音乐、舞蹈、戏剧、曲艺和杂技；（三）传统技艺、医药和历法；（四）传统礼仪、节庆等民俗；（五）传统体育和游艺；（六）其他非物质文化遗产。

2 传承保护　广东遴选六批非遗

近年来随着国家整体对文化工作的重视，保护和传承非物质文化遗产的热潮兴起，非物质文化遗产的传承和开发已成为社会各界的共识。广东省更是十分重视，省文化厅已先后遴选六批非物质文化遗产名录项目和非物质文化遗产传承人，进入这个名单的有134个国际级非遗项目，456个省级非遗项目，各类遗产传承人721人。从非遗项目类别上看，涉及民间文学、传统音乐、传统舞蹈、传统戏剧、传统体育、传统技艺、民俗等，其中的代表性非遗项目有：梅州客家山歌、中山咸水歌、广东音乐、潮州音乐、龙舞、汕尾滚地金龙、广东醒狮、潮剧、粤剧、西秦戏、白字戏、花朝戏、龙舟说唱、佛山木版年画、广东剪纸、粤绣、广绣、象牙雕刻、潮州木雕、阳美翡翠玉雕、东莞千角灯、大吴泥塑、凉茶、小榄菊花会、乞巧节、年例等。

广东非物质文化遗产是岭南各族人民世代相承、与岭南各地群众生活密切相关的各种传统文化表现形式和文化空间，既是广东历史发展的见证，又是具有重要价值的文化资源。岭南各族人民在长期生产生活实践中创造的丰富多彩的非物质文化遗产，是岭南人民和整个中华民族智慧与文明的结晶，是联结民族情感的纽带和维系中华民族共同体的基础。保护和利用好广东非物质文化遗产，对落实新时代文化发展战略，实现经济社会的全面、协调、可持续发展具有重要意义。

3 广东经验　非遗守护利用实践

传统节日注入新的文化内涵

位于广州市天河区的珠村始建于南宋绍兴元年（1131年），历史文化底蕴深厚，春节醒狮、元宵挂灯、端午龙舟、七夕乞巧等传统人文景观构成了它独特的人文风貌和文化特色，散布在村内的历史古建筑多达44处。

珠村乞巧节由来已久，清末民初珠村举人潘名江写了《珠村七夕吟》，生动记录了旧时珠村乞巧节盛况。全面抗战爆发后，广州沦陷，珠村的乞巧节被迫停止。又经20世纪六七十年代“破四旧”、移风易俗和80年代文化多元化的大规模冲击，乞巧节被视为封建迷信活动或过时文化遭到遗弃，逐步淡出人们的记忆。1998年，珠村几位古稀老人带领一些妇女恢复了乞巧节活动，并越来越盛，摆展规模一年比一年大，带动了珠三角一带节日活动的发展。2005年8月，市、区、街、村合力将珠村的民俗提升为广州乞巧文化节，开全国乞巧文化节之先河，珠村赢得了乞巧文化传承、发展的先机。

在多次举办乞巧节的基础上，珠村逐步探索出一条将乞巧节与文化、经济、社会建设相结合的道路，赋予乞巧节这一传统非物质文化遗产项目以现代生命力，其主要做法是：

（1）以传统节庆带动文化旅游产业的发展。珠村有着较为集中的乞巧文化景观，每年节庆吸引几十万市民和游客到珠村进行文化体验，逐步发展成为一种定期的具有相当人气的祭祀性民俗文化活动。乞巧艺人制作的民间工艺品、七娘饭等乞巧特色餐饮亦成为节庆期间的旅游衍生产品，受到广大游客的推崇，节庆旅游文化产业链初见端倪。

（2）发掘乞巧文化内涵助力精神文明建设。乞巧节作为千年传承的中华传统文化，自古以来表达了中华女性对心灵手巧、勤劳智慧和幸福和谐家庭的美好向往和追求，亦符合当代社会主义核心价值观体系的要求，文化内涵的正能量赋予了乞巧节生生不息的生命力。天河区委、区政府借助

广州乞巧文化博物馆

这一契机，将传统乞巧文化的内涵进行延伸与拓展，例如通过在全区范围内开展“十大和谐家庭”评选活动，推动以家庭和谐促社会和谐。

（3）乞巧文化助力社会建设。文化的繁荣也带动基础设施的建设，给村容村貌带来日新月异的变化，文化氛围极大提升。近三年来，天河区在珠村共投入了约2亿元资金用于美丽乡村、幸福社区建设，投入约2亿元用于天河区文化艺术中心建设，投入3000多万元建设七夕文化广场、乞巧牌坊、乞巧主题公园，投入2900万元进行七夕路升级改造以及乞巧文化街、七夕风情街整治等项目，投入2954万元建设广州乞巧文化博物馆、巧女路等，村内的道路系统、生活系统、商业系统、生态系统也得到提升，使当地10万居民受益。

随着乞巧文化节的持续举办，珠村乞巧品牌的知名度和美誉度不断提升。十多年来，乞巧文化节已经发展成为广州的重要文化节庆，被列入国家级非物质文化遗产名录，珠村也获广东省历史文化名村等多个称号。天河区建立了活动创新机制，在传统民俗活动的基础上，相继开展了粤港澳台交流、国际文化交流、文化研讨、乞巧工艺大赛等活动，衍生出更多的文化形式，不仅让岭南文化得到弘扬，也使节日文化有了创新和演绎，乞巧文化主体得到充实。

小贴士

乞巧

中国岁时风俗，农历七月初一到七月七日夜（七天八夜），穿着新衣的少女们在庭院向织女星乞求智巧，称为“乞巧”。乞巧的方式大多是姑娘们穿针引线验巧，做些小物品赛巧，摆上些瓜果乞巧，各地传统民间的乞巧方式不尽相同，各有趣味。近代的穿针引线、蒸巧馍馍、烙巧果子、生巧芽以及用面塑、剪纸、彩绣等形式做成的装饰品等亦是乞巧风俗的延伸。

传统产业注入新的文化创意

玉雕产业是揭阳的重要产业，蕴含有丰富的文化特色。揭阳市曾获得“亚洲玉都”“中国玉都”荣誉称号。2008年4月，阳美玉雕文化产业基地被广东省文化厅列入第二批广东文化产业园区；同年6月，阳美翡翠玉雕入选第二批国家级非物质文化遗产名录。该村以此为契机，创造性传承玉雕技艺，发展文化创意产业，促进玉器产业又好又快发展。至此，该村玉器产业终于绽放，成为揭阳市特色经济的一朵奇葩。

为推动玉雕文化可持续发展，该村着力将玉雕文化技艺与玉器产业深度结合，赋予非遗文化以现代生命力，其主要做法是：

（1）实施创新战略。创新是一个民族进步的灵魂，是国家兴旺发达的不竭动力。阳美村玉器产业实现可持续发展，离不开大力实施创新战略。阳美人不断转变发展思路，整合优势资源，完善产业配套设施，培育玉雕创新人才，研发新型玉雕设备，革新传统工序，促进玉器规模化、流水化生产；同时，该村玉器产业坚持走可持续发展之路，创新发展模式，推动玉器从传统加工转向现代化高新技术加工，从家庭作坊式生产走向集约化、规模化生产，从简单传统的销售模式迈上多层次、多渠道、综合型的现代化营销渠道。

（2）实施国际战略。随着全球一体化的发展，世界各国的经济联系日益紧密，竞争进一步加剧，该村党政干部以世界眼光谋划玉器产业大发展，大力实施国际化战略。该村充分发挥阳美集团的龙头作用，以之带动玉器企业做大做强，增强产业集群效应，吸引国内外玉器大户前来落户，扩大阳美玉都的国际影响力。再者，积极实施走出去战略，鼓励企业走出去，在国际上打响阳美玉器品牌。

（3）实施文化战略。玉器产业的竞争说到底是文化的竞争，人才的竞争。只有积极培养专业人才，丰富玉器文化内涵，提升玉器产业的文化品

国家非物质文化遗产——阳美翡翠玉雕

阳美玉都

位，才能始终站在市场的前沿。阳美村每年举办各类玉器评选活动，搭建全国性玉雕艺术交流平台，邀请知名专家到阳美传经送宝，巩固阳美在全国玉雕界的领先地位。同时，加强与各高等院校合作，注重培养和引进人才，鼓励从业人员深造，提高专业技能。

（4）实施品牌战略。在市场经济条件下，区域品牌对一个地方的社会发展具有极大的影响力。因此，该村着力做好“亚洲玉都”“中国玉都”和阳美玉器品牌的宣传推介工作，注重培养企业和商户的品牌意识，加大品牌的开发建设和保护力度，促进该村玉器产业更好更快发展。同时，打响玉器节会展品牌效应，使玉器节成为具有国际影响力的商务盛会，成为海内外珠宝玉器界交流合作的平台。

阳美村民发展玉器产业，已逾百年历史，创业过程充满艰辛坎坷，在几代人的努力下，玉器产业不断发展壮大，特别是改革开放后迅猛发展，成为该村特色产业，让阳美村从落后贫穷的小村庄发展到全国闻名的“金玉之乡”。

传统文化遗产赋予现代生命力

潮州大吴村以传承700多年的国家级非物质文化遗产大吴泥塑而名扬海外。改革开放后，大吴村乘着改革的春风，抓住发展的机遇，不断推进新

潮汕民间艺术——大吴泥塑

农村建设和各项事业发展。

大吴泥塑历史悠久，与天津“泥人张”、无锡“惠山泥人”并称为我国三大泥塑。大吴泥塑于2008年被列入第二批国家级非物质文化遗产名录，2009年作为潮汕的艺术精品亮相上海世博会。

为更好地将这项非遗项目发扬光大，赋予非遗项目以现代生命力，大吴村着力在以下几个方面对传统文化技艺进行传承创新：

（1）积极探索传统文化保护和发展的新路子，充分发挥区位优势和传统文化优势，因地制宜发展工艺生产、陶瓷和珠绣饰品等产业，充分发挥“泥塑文化”这块金字招牌的效应，做强做大传统产业。

（2）依靠全面改革开放这个契机，将大吴泥塑这门传统技艺推向海外市场，产品在很多欧美国家十分畅销，成为村民致富的“金钥匙”。

（3）采取各类措施鼓励年轻人学习泥塑技艺，壮大泥塑艺人队伍，保证文化传承后继有人。现从事大吴泥塑的作坊有18家，艺人33人，人均年收入6.2万元，年产值达425万元。在泥塑产业带动下村经济实力快速增强，全村工农业总产值屡创新高，村集体经济收入逾百万元。

大吴村在大力发展泥塑产业的同时，新农村建设也取得了一定成效，目前该村基础设施齐全，拥有集泥塑展厅、农家书屋、办公场所等于一体的文体活动中心，还配套有学校、医院、敬老院、农贸市场和健身广场等，呈现出欣欣向荣、生机勃勃的社会主义新农村景象。该村先后荣获民族民间艺术之乡、先进村镇、先进单位等称号；还获特色文化村、文明村、广东名村等多项殊荣。

丰富多彩的非物质文化遗产是文化多元的重要体现。保护非物质文化遗产就是保护优秀传统文化、保护文化多样性，这是文化可持续发展的源泉。与此同时，非物质文化遗产有着广阔的开发利用价值和发展空间，能够产生巨大的经济效应。广东应从国家文化发展战略高度出发，正确认识非物质文化遗产保护与开发的关系，唤醒社会对保护工作的自觉意识，促进传统的创造性转化、创新性发展，积极培养非物质文化遗产的传承人。这对于增强广东文化软实力、促进乡风文明建设有重要意义。

第三节
发展乡土旅游文化品牌

擦亮乡土旅游文化品牌对加强乡村文明建设意义重大，《中共广东省委 广东省人民政府关于推进乡村振兴战略的实施意见》指出："实施生态宜居美丽乡村连线连片创建工程，依托省级新农村连片示范建设工程，推进乡村旅游公路建设，选取重要交通干线、沿海岸线、南粤古驿道、历史文化遗址遗产、红色旅游线路、省界交汇地的少数民族聚居区以及罗浮山、丹霞山、鼎湖山等旅游区周边，规划建设一批精品乡村旅游线路、美丽田园综合体和农业公园，到2020年打造100条省级精品乡村旅游线路。实施乡村旅游与休闲观光农业'百镇千村'提质升级行动，重点推动旅游扶贫重点村、省级新农村连片示范村、旅游特色小镇提档升级，完善旅游标识标牌、旅游厕所、停车场、旅游咨询服务中心等乡村旅游'八小工程'，创建3A级以上旅游景区。实施民宿提升行动，制定广东省民宿管理办法，引导民宿品牌化发展。研究出台对民宿、农家乐等项目的消防、特种行业经营等领域便利市场准入、加强事中事后监管的管理制度。"

上述文件将发展乡村旅游上升到乡村振兴的高度，为广东今后的乡村旅游文化发展指明了方向，随着乡村旅游公路建设，精品乡村旅游线路、美丽田园综合体和农业公园建设，乡村旅游与休闲观光农业“百镇千村”提质升级行动的实施，广东的乡村旅游必将迎来一个崭新的春天。

1 先天优势　适合发展乡村旅游

广东是改革开放的排头兵，作为沿海发达省份，拥有珠三角庞大的出游客源市场，居民旅游需求旺盛，乡村旅游发展较早，已初步形成内涵丰富的乡村旅游产品体系。

广东地处热带、亚热带，形成了以珠三角桑基鱼塘、果基鱼塘为代表的水网水乡景观，以粤北山区梯田为代表的稻田景观，以及大面积成规模的果园、茶田等种植园景观资源。相应地，广东农林渔土特产品丰富，有以荔枝、香蕉、木瓜等为代表的岭南佳果，以新会陈皮、阳春春砂仁等为代表的医药保健土特产，以马坝油粘米等为代表的农家土特产和以南澳紫菜、阳东鱼翅为代表的海产品，地域性强。同时，广东拥有一批以乡村景观、渔村景观、水乡景观为特色的岭南山水生态村落，以及一批以广府文化、客家文化、潮汕文化等为代表的岭南文化特色鲜明的历史文化名村。

2 特色突出　形成旅游示范品牌

目前广东的乡村旅游产品已从原来的以珠三角为主，发展至当前遍地开花之势，大体依托上述优势发展乡村旅游资源。近年来，“大众创业、万众创新”成为乡村旅游发展的引擎之一，民宿客栈迅速发展。广东全省初步形成了以深圳大鹏为代表的滨海文化创意型，以南昆山为代表的山地精品度假型和以清远“清新人家”、韶关“丹霞仁家”、增城“万家旅舍”为代表的乡村田园度假型等三大类型民宿客栈。

经过多年发展，广东的乡村旅游已形成一定规模的特色品牌。2012年以来，广东省旅游局与省农业厅联合开展创建全国、全省休闲农业与乡村旅游示范县和示范点工作。2017年广东省已有从化等8个县（市）被认定为全国休闲农业与乡村旅游示范县，顺德陈村花卉世界等19个单位被认定为全国休闲农业与乡村旅游示范点，并分三批创建了全省休闲农业与乡村旅游示范镇83个，全省休闲农业与乡村旅游示范点195个。同时，对位处粤东西北地区的旅游名镇名村，广东省旅游局还提供一定的资金补助，支持乡村旅游项目宣传推广，大力推动“美丽乡村”旅游工程的实施。

3 深入探索 发现问题思考对策

依托当地产业，与历史文化结合

仙涌村是陈村花卉特色小镇重点建设村居，是该镇“一体两翼”规划中的一翼，全村文化底蕴深厚。从农耕时代的朝作夕息，诗书传礼到新中国成立后的沉潜砥砺，农商并举，仙涌村延续着传统文化中“忠厚传家远，诗书继世长”的内在追求，同时紧跟时代特质，不断提升村民物质和精神文明水平。

该村依托花卉产业，并与当地历史文化古迹结合发展乡村旅游，其主要做法是：

（1）打造乡村悠闲旅游区，提升村居经济发展水平。改革开放以来，仙涌村高度重视村容环境建设和生态环境保护，保留历史文物建筑的同时，筹建景色优美的仙涌公园。开展仙涌村花卉文化旅游配套项目建设，

紫阳公园

朱氏始祖祠

以“朱氏始祖祠—紫阳公园—紫阳学校—仙涌公园”为主线路，为发展乡村悠闲旅游区打下坚实基础。今后，仙涌村将依托优美的自然景观及深厚的文化资源大力发展乡村悠闲旅游，进一步提高村民收入，提升经济发展水平。

（2）发扬朱子文化，建设朱氏陈列馆。朱氏始祖祠是顺德现存规模较大的明代祠堂，2009年7月14日被评为顺德区第四批文物保护单位。2017年2月，在镇委、镇政府的支持下，在保留原有建筑风貌基础上，对朱氏始祖祠大门进行了修缮，并于2017年3月完工。

朱氏陈列馆位于朱氏始祖祠内，陈列馆由开基立业、宗族建设、族中先贤、建筑欣赏、朱子文化五大部分组成，展示了朱氏一族在仙涌的发展历史，以及朱子思想的深远影响。作为仙涌村发扬朱子文化的重要教育阵地，朱氏陈列馆将着力打造成观光、旅游、教育的文化圣地，打响地域特色文化品牌。

弘扬民族文化，推进特色旅游

李工坑是文祠镇唯一的少数民族村落——畲族村，位于文祠镇北部山区，村落建于群山环抱的相对平缓的山坡地，东西北三面群山矗立，北有后头山屏障，东南为山谷所阻，西南以深坑为界。村下辖李工坑、黄竹洋、葵埕三个自然村。其中李工坑为主村，雷姓，畲族；黄竹洋村为蓝姓，畲族；葵埕村为文姓，汉族。畲族人口共500余人，都能以流利的畲话和潮州方言沟通。目前，李工坑村仍较完整地保留着传统的畲族文化习俗，是我国畲族文化的发祥地之一。

近年来李工坑村依托该村独有的畲族文化，推进民族特色文化旅游发展，发挥民族文化资源优势，推动了旅游经济发展。

（1）建设特色旅游配套。为较完整地保留畲族文化习俗，使畲族文化得到传承和发展，李工坑村投入150万元建设畲族文化展览馆370平方米，广化广场1200平方米；购置畲族馆配套设施及改建广场四周危房共投入资金40万元。2016年，李工坑村被潮安区挂牌为区级森林公园，共投入3.5万元建设森林公园大门并对大门前路面进行拓宽。通过招投标投入约29.5万元开通了燕山路并进行硬底化工程。这些工程夯实了李工坑发展生态经济和旅游经济的基础，为发展乡村旅游提供基础设施保障。

（2）发掘少数民族文化效益。李工坑村是潮州世居的畲族村，至今仍较为完整地保留着传统的畲族文化习俗。其中，一直传承和保持的凤凰山畲族“招兵节”于2007年被广东省列为省级非物质文化遗产，是粤东畲族特有的传统节日。它是缅怀远祖盘瓠，禳灾祈福，招来“神兵”，保村寨安宁，保人寿年丰的一种民间宗教礼仪法事和民俗文化活动，在全国畲族同胞中有较大影响力。“招兵节”是向热爱少数民族文化的群众展示文化的窗口，进一步促进畲汉文化交流，也发挥当地特色文化资源，促进民族特色产品的开发。

（3）强化宣传推广工作。自2015年以来，李工坑村举办“招兵节”大会，并积极筹办春节联欢会，不仅丰富了广大村民的文化生活，也对李工坑村少数民族文化的传承和发扬起到积极作用，促进了旅游经济的发展。落实对内宣传引导全村村民树立“人人都是形象大使，处处都是旅游景

小贴士

畲族

畲族是我国人口较少的民族之一，散居在我国东南部福建、浙江、江西、广东、安徽省境内，其中绝大部分居住在福建、浙江的广大山区。畲族是我国典型的散居民族之一。唐代，居住在福建、广东、江西三省交界地区的包括畲族先民在内的少数民族被泛称为“蛮”“蛮僚”“峒蛮”或“峒僚”。南宋末年，史书上开始出现“畲民”和“畬民”的族称。“畲”意为刀耕火种。新中国成立后，改称为“畲族”。根据中国2010年第六次全国人口普查统计，2010年11月1日畲族人口为708 651人。畲族使用畲语，属汉藏语系苗瑶语族。畲族现多操接近于汉语客家方言的语言，但在语音上与客家话稍有差别，有少数语词跟客家语完全不同。无本民族文字，通用汉文。

点”的观念，通过教育培训，使大部分村民能够“讲畲话、穿畲服、唱畲歌、跳畲舞”，使游客在游览时能够感受到浓烈的畲族民俗氛围。

利用文化资源，发展乡村旅游

和平县林寨镇位于广东省东北部、东江上游、粤赣边陲的九连山区，距离和平县城35公里。辖区面积93.01平方公里，林地面积10.65万亩（一亩为666.67 平方米），耕地面积15 966亩。中国最大的四角楼古建筑群——林寨古村落位于林寨盆地之中。

多年来，该村以林寨古村建筑群为依托，大力发展客家乡村文化旅游，其主要做法是：

（1）依托独具特色的古村落资源，大力发展文化旅游产业。2013年以来，该地紧紧围绕调整经济结构和转变经济发展方式，坚持小城镇带动战略，依托独具特色的古村落资源，推进旅游特色的小城镇建设，取得了良好成效。特别是找准定位，紧紧围绕“保护生态是前提，打实基础是关键，旅游开发是重点”的发展思路，按照“规划先行，保护为主，有序开发”的原则，为当地旅游业发展打下坚实基础，并创建了独具特色的旅游文化品牌。目前，林寨古村拥有首批中国传统村落、中国传统建筑文化旅游目的地、广东十大最美古村等众多荣誉称号；同时还成为我国首个登上美国邮票的中国古村落，成为和平县乃至河源的一张亮丽名片。

（2）依托独具特色的旅游资源，全力推进新农村社会建设。该地充分利用现代农业示范基地、省级新农村示范片建设、古村景区核心区改造升级等项目的实施，大力开展一系列改造和扩建新农村的工作，巩固城镇建设成果，提升特色小镇形象，推进新农村建设全面进步。该地先后规划建设了明星新村、石镇新村、兴井村等新农村示范点，并将兴井村、石镇村纳入林寨古村历史文化名村保护规划，形成一批具有特色的城镇化试点示范区。

（3）弘扬客家文化传承，延续古村独特民俗。林寨居民的祖先崇拜、寻根意识、开拓精神以及丰富多彩的民俗风情等，使林寨居民对大自然的敬畏、对祖辈的感恩通过形形色色的文化传承延续。每年端午节的“龙舟赛”、龙抬头的“香火龙”、农历九月二十九日的“席棍节”是林寨居民独特的民俗文化，“席床生日节”被评为广东省第五批省级非物质文化遗产代表性项目。

近年来，广东乡土旅游业发展良好，乡土旅游文化品牌建设也走上新台阶。但现有的乡土旅游文化品牌运作尚存在一些问题，如品牌同质化、挖掘深度不够、未形成品牌效应等。广东乡土旅游文化品牌建设，应站在建立旅游名牌的高度去思考如何走旅游品牌化道路。要创造良好的外部、政策条件，完善相关配套设施，与此同时，扩大经典品牌的影响力，利用原有品牌的知名度和影响力，适时开发新品牌，如广东四大名山、四大名园，可以延伸其品牌，带动附近乡村的旅游品牌建设；可以有机结合历史名人品牌和红色品牌，如邓演达先生的故乡鹿颈村、叶挺将军的故乡周田村，打造红色旅游品牌；另外也可加强粤港澳合作，提高品牌国际影响力等。相信在广东省委、省政府的正确领导下，在以乡村旅游推动乡村振兴的政策引领下，广东的乡村旅游文化会有更好更快的发展。

第四节
挖掘广东侨乡文化品牌

2014年，习近平总书记在会见第七届世界华侨华人社团联谊大会代表时指出："在世界各地有几千万海外侨胞，大家都是中华大家庭的成员。长期以来，一代又一代海外侨胞，秉承中华民族优秀传统，不忘祖国，不忘祖籍，不忘身上流淌的中华民族血液，热情支持中国革命、建设、改革事业，为中华民族发展壮大、促进祖国和平统一大业、增进中国人民同各国人民的友好合作作出了重要贡献。祖国人民将永远铭记广大海外侨胞的功绩。当前，中国人民正在为实现'两个一百年'奋斗目标、实现中华民族伟大复兴的中国梦而奋斗。在这个伟大进程中，广大海外侨胞一定能够发挥不可替代的重要作用。中国梦是国家梦、民族梦，也是每个中华儿女的梦。广大海外侨胞有着赤忱的爱国情怀、雄厚的经济实力、丰富的智力资源、广泛的商业人脉，是实现中国梦的重要力量。只要海内外中华儿女紧密团结起来，有力出力，有智出智，团结一心奋斗，就一定能够汇聚起实现梦想的强大力量。"习近平总书记的讲话肯定了华侨华人的贡献，并为今后中国的侨务工作指明了方向。

1 卧虎藏龙 自古中国第一侨乡

广东省自古就是中国海上贸易和移民出洋最早、最多的省份，近代以后逐渐发展成为重点侨乡。

广东海外侨胞和归侨侨眷众多。广东有3000多万海外侨胞，占全国海外侨胞人数一半以上，他们分布于世界160多个国家和地区，主要在东南亚的印度尼西亚、泰国、马来西亚、新加坡，欧美的美国、加拿大、英国、法国、德国，南美洲的秘鲁、巴拿马、巴西，大洋洲的澳大利亚、新西兰，非洲的毛里求斯、南非等国家和地区。省内有10.17万归侨、3000多万侨眷，主要集中在珠三角、潮汕平原和梅州等侨乡地区以及23个华侨农场。

广东侨资企业众多。海外华侨华人、港澳同胞在广东投资的企业有6.18万家，占全省外资企业总数的六成多，累计投资2600多亿美元，占全省引进外资总额的近七成。

在粤华侨华人专业人才众多。据不完全统计，截至2016年年底，在粤华侨华人专业人士5万多人，从事的行业主要集中在电子信息、生物制药、精密制造与新材料等高科技领域。省人才办统计资料显示，2012年以来评出的四批“珠江人才计划”131个创新创业团队中，85个团队的主要带头人是海外侨胞和港澳同胞；90位领军人才中，63位为海外侨胞和港澳同胞。

侨捐项目众多。广东籍海外侨胞、港澳同胞素有念祖爱乡的光荣传统，长期关注支持家乡的经济文化建设和社会发展。改革开放以来，海外侨胞、港澳同胞捐助广东教育、工业、农业、交通等方面社会公益项目超过4.26万宗，人民币近524亿元，侨捐项目遍布全省城乡。

华侨文化史迹众多。华侨文化、侨乡文化是岭南文化的重要组成部分，2007年“开平碉楼与村落”被列入世界遗产名录，成为首个华侨文化世界遗产项目和广东省第一个世界文化遗产。2013年，以广东侨批为主构

小贴士

侨批

侨批，简称“批”（在福建方言、潮州话和梅县客家话中“信”为“批”），俗称“番批”“银信”，专指海外华侨通过海内外民间机构汇寄至国内的汇款暨家书，是一种信、汇合一的特殊邮传载体，广泛分布在福建、广东潮汕地区暨海南等地。

成的“侨批档案”入选世界记忆名录，成为广东首项世界记忆遗产。广东省的留学文化、商业文化、慈善文化等也与华侨华人有密切联系。

2 心系祖国　华侨华人贡献卓越

广东华侨华人素来心系祖国发展，在革命战争年代，广大华侨出钱出力出智，甚至亲自参加中国革命大业，为中国民主革命的胜利作出重要贡献。新中国成立后，广东华侨华人通过侨汇、投资、办学等多种方式支持国家的建设事业。进入21世纪以来，随着中国经济实力增强及国际影响力的提升，经济全球化和科学技术的发展，以及海外华侨华人社会的发展，海外侨情出现许多新情况、新变化：新华侨华人数量增多、实力增强；华侨华人整体素质提高，特别是高科技人才和各方面专才人数增多；华侨华人重视华文教育和中华文化传播，开展华文教育和举办中华文化活动增多；华侨华人凝聚力增强，与祖（籍）国和家乡联系更广泛、来往更密切、合作交流更频繁；华侨华人的新需求、新诉求更加多样化，希望共享祖（籍）国和家乡改革发展成果，调整涉及其切身利益的法规政策。

正因广东华侨华人出洋最早、最多，分布最广，因此流行着“太阳永远普照着粤人社会”的谚语，广东乃实际上的中国第一侨乡。在革命年代，海外侨胞在推翻千年封建制度，开启共和制度方面发挥了极其重要的作用，孙中山先生高度评价说“华侨有功革命”，尊称“华侨乃革命之母”。新中国成立后，广东侨胞爱国热情高涨，积极回国兴业。改革开放以来海外侨胞、港澳同胞大量捐资捐赠，捐建道路、桥梁、学校、医院等公共设施。因此，广东乡风文明建设不可避免地与侨乡文化产生直接关联，是广东乡风文明建设区别于国内其他地方的特色所在。

3 侨乡文化 如何促进乡风文明

打响侨乡品牌

东湖社区位于汕头市濠江区东部，西靠东湖岭，东临南海，辖区面积5平方公里。常住人口1200户5900人，旅外乡亲13 000余人，现有归侨62人，侨眷近2000人，素有侨乡之称。

针对如此丰富的侨务资源，该社区想尽各种办法打响侨乡品牌：

（1）招商引资。改革开放后，广大侨胞纷纷回乡创办实体经济，支持地方经济发展。东湖社区因势利导，兴办东湖工业区，积极招商引资，推动工业经济发展。目前辖区内有建新、金东、丰侨等一批外资或合资企业，解决了社区数百劳动力的出路，带动了集体经济发展。

（2）创建交流平台。20世纪50年代，香港的东湖乡亲成立了同乡会组织——来兴馆，侨居东南亚和各地的乡亲通过该馆与内地保持密切往来，汇寄大量信函、侨汇、物资；东湖乡亲依照香港法律，注册成立了香港东湖同乡会有限公司，作为东湖在海外的平台，联络各国各地乡亲。每年8

月，香港东湖同乡会都举行会庆，邀请各地乡亲欢聚，敦睦乡情、共襄发展。每年春节期间，社区居委会都会邀请香港同乡会联系组织世界各地侨胞代表回乡游览探亲、参加民俗活动，并召开旅外乡亲联谊座谈会，汇报社区经济社会和民生公益等事业发展情况，并就社区新一年发展计划征求旅外乡亲的意见建议。

（3）热心反哺，支持家乡经济社会建设和民生公益事业发展。继林来荣先生于20世纪90年代捐资建设东湖学校之后，2012年林隆彬先生捐资3000万元新建东湖学校，占地40亩，总建筑面积9800平方米，共提供1200个九年一贯制学位，设备先进，环境优越，成为片区教育发展史上的一座里程碑。同时，林隆彬先生还捐资200万元，牵头组建“东湖慈善会”，致力于社区扶贫济困、奖教助学等公益慈善活动。

弘扬侨乡文化

恩平黎塘村由旧村、大兴、大安、连福里等11条自然村组成，总人口8000多人，其中旅外乡亲4000多人，他们分布在东南亚、美国、加拿大等国家和地区，在乡人口90%以上是侨眷。

该村将侨乡文化与乡村文明建设结合起来的主要做法是：

（1）以党建带动侨建，激发乡亲建设家乡热情。深厚的侨文化是黎塘

黎塘碉楼文化广场

村的宝贵精神财富，在社会主义新农村建设中，黎塘村党支部将推进侨文化建设作为重点，以党建带动侨建，借助侨力，打好侨牌，吸引华侨回乡投资兴业、捐资助学、修桥建路，推进美丽乡村建设。

在黎塘村党支部指导下，2013年1月，黎塘村成立了乡亲联谊会，经常与旅外乡亲、侨眷联络沟通，宣传家乡文明建设取得的新成果，激发海内外乡亲的爱国爱乡热情；收集他们对家乡发展的建议，汇聚侨智；发动海内外乡亲为家乡建设筹集资金，兴办公益事业。

（2）借助侨力，实现乡村振兴。为响应美丽乡村建设，2015年初，该村提出建造多功能文化广场，得到海内外乡亲的热烈响应。在外出乡亲、海南省三亚大兴集团董事长张海林，香港乡亲、香港黎塘同乡会理事长张文滋和张活林等乡亲带动下，400多名海内外乡亲共捐资200多万元。黎塘碉楼文化广场于2016年3月18日动工，同年12月初基本竣工。通过加强各类侨文化载体建设，黎塘村让海外华侨及外出乡亲拥有了更多的自豪感、幸福感、归属感，也激发了他们参与家乡建设的热情，增进了乡亲间的友谊。

深挖侨乡底蕴

侨乡村位于梅县区南口镇，是一个有500多年历史的古村落，是著名的华侨之乡，总面积约1.5平方公里，由寺前、高田、塘肚三个自然村组成，有潘姓、朴姓、温姓等共6500多户。

侨乡村生态风景秀丽，民风淳朴，有近百座美轮美奂、风格多样的百年客家围屋。其中100多年历史的“南华又庐”是目前客家地区最大、保存最完好的古民居之一，早在2002年便被列入广东省级文物保护单位。2012年5月3日侨乡村被命名为“中国古村落”，并享有“中国最典型的客家围屋古村落”的美誉。

该村结合侨文化、客家文化和乡村文明建设，主要做法是：

（1）以客家古民居建筑为载体弘扬客家文化。侨乡村是客家古民居建筑的天然博物馆，保存着116座清末民初兴建的风格各异的客家古围屋建筑。其中，有38座围龙屋，包括有百年历史、中西合璧、有“十厅九井”之称的南华又庐，世界人居会参观点双围龙屋德馨堂，孙中山亲笔题词“博爱”的荫华庐等具有客家人居特色的围屋。

侨乡村所获荣誉

侨乡村的围屋建筑在保持中国传统文化特征和客家建筑文化的同时也融入华侨侨居国的文化元素，对客家建筑艺术起到了丰富发展的作用。侨乡村被广东省旅游发展研究中心专家誉为目前我国客家地区保存最完美、最密集的“中国最典型的客家围屋古村落”。

以围龙屋为代表的客家古民居是珍贵的不可再生资源，侨乡村以客家古民居建筑为载体，对

南华又庐

传承和大力弘扬客家文化，具有重要意义。

（2）以发展文化旅游产业园为契机打造旅游精品。侨乡村背靠麓湖山度假区，原始森林植被茂盛，与麓湖山融为一体，形成了独特的山色美景。侨乡村依托“观围屋、享田园、尝豆干”的客家民居文化和乡村特色旅游品牌，吸引了众多海内外游客前来休闲购物、观光旅游、养生度假，旅游产业规模在本区同级乡镇中处于领先地位，旅游经济效益不断增强，以此带动全镇餐饮业、住宿业、农产品销售等快速发展。据统计，侨乡村在进行整体保护及规范开发后游客人数超过1万人次，比增400%，旅游业及农副产品加工、餐饮业等附属产业的年营业收入达3000多万元，旅游业总收入占镇域生产总值比例达15%。

（3）以保护古村落为抓手加强乡村规划建设。南口镇对侨乡古村落进行了整体保护、规划，先后累计投入1000多万元完善公共基础设施，开展“绿满侨乡”等植树造林活动，并对破损的古民居、现代民居进行修缮，改善了村民生活居住和旅游服务环境，使古村落焕发生命力，融入现代社会发展中。2014年，将侨乡村列入幸福村居示范片区建设，通过环境整治、完善公共设施、古民居修缮保护和适度开发利用、发展特色产业、加强

小贴士

围龙屋

客家围龙屋又称为客家围，属于客家民居的一种，是广东、福建、台湾等省传统民居建筑的一个重要流派。围龙屋的整体布局是一个大圆形，在整体造型上，围龙屋就是一个太极图。围龙屋的主体是堂屋，它是二堂二横、三堂二横的扩展。它在堂屋的后面建筑半月形的围屋，与两边横屋的顶端相接，将正屋围在中间，有两堂二横一围龙、三堂二横一围龙、四横一围龙与双围龙、六横三围龙等，有的多至五围龙。围龙屋多依山而建，整座屋宇跨在山坡与平地之间，形成前低后高、两边低中间高的双拱曲线。屋宇层层叠叠，从屋后最高处向前看，是一片开阔的前景。从高处向下看，前面是半月形池塘，后面是围龙屋，两个半圆相合，包围了正屋，形成一个圆形的整体。围龙屋与北京的四合院、陕北的窑洞、广西的“杆栏式”和云南的“一颗印”，合称为我国最具乡土风情的五大传统住宅建筑形式。

农村社会建设等五大抓手，促进农民奔康致富，带动全镇经济社会发展。

（4）以文化作品为推介提高侨乡知名度。侨乡村拥有底蕴深厚的客家人文资源和丰富的客家古民居资源，近年来通过完善旅游基础设施、加强环境卫生整治、大力宣传推介等举措，侨乡村旅游开发建设得以推进，电视剧《红色娘子军》、励志教育大片《孝女彩金》均在该村取景拍摄，以文化作品、精品为纽带加强文化传承，成为侨乡村对外推介的文化名片。

总之，广东文化中处处显现出鲜明的华侨文化烙印，是广东持续推进乡村文明建设的重要载体。但也正因广东侨乡众多，分布广、分布散，没有统一规划，各地开发都处于各自为战状态，缺乏宏观的资源优化整合，同时也缺少与自然环境、周边城市建设相配套的持续建设规划，不少地方还难以打造出像开平碉楼那样具有高知名度、高影响力的侨乡文化品牌。

因此，华侨文化的开发和侨乡文化品牌的建设，应该首先对全省的华侨文化资源进行调研、整理、协调，进行系统规划；同时也可多角度挖掘侨乡品牌价值，把历史、景点、思想、理论等融合成一个整体，形成广东区别于其他地方的特色乡村文化。

广东乡村的优秀民风民俗，是中国古代政治和社会治理的优良基因，对数千年中国乡村社会的有序运转发挥了独特作用，在长期的乡村道德建设和文化发展中成为重要的支撑，逐渐成为岭南文化不可或缺的组成部分。改革开放以来，广东省委、省政府大力推动传承岭南文化工作，明确要求坚持物质文明和精神文明一起抓，传承发展岭南优秀传统文化，推进移风易俗，积极培育文明乡风、良好家风、淳朴民风，积极传承和发展优秀民风民俗，由此涌现出一大批富有历史优良传统和时代价值观念的现代农村典范。在新时代发展的号角声中，广袤的岭南乡村大地，通过政策扶持、传承活动、专家引领、保护文物等方式，继承优秀历史传统基因，积极培育新时代乡村民风民俗，扎实思想道德根基，培养新一代爱党、爱国、爱乡的农村居民，有力推动社会主义新农村建设。

第五章

基因传承：
培育广东农村良好习俗民风

第一节
清点习俗民风　盘活历史资源

2018年3月8日，习近平总书记参加十三届全国人大一次会议山东代表团审议时强调："要推动乡村文化振兴，加强农村思想道德建设和公共文化建设，以社会主义核心价值观为引领，深入挖掘优秀传统农耕文化蕴含的思想观念、人文精神、道德规范，培育挖掘乡土文化人才，弘扬主旋律和社会正气，培育文明乡风、良好家风、淳朴民风，改善农民精神风貌，提高乡村社会文明程度，焕发乡村文明新气象。"这一重要指示，对于新时期在农村建设中贯彻社会主义核心价值观，保存和培育广东农村良好习俗民风，具有重要的指导意义。

1　政策引导　注重培育乡风文明

"风俗者，天下之大事也"。乡风文明是乡村振兴的重要标志。农耕文明是中华民族对人类文明的重要贡献，乡风是维系中华民族文化基因的重要纽带，是乡风文明的根和魂。乡村文化建设要重视培育乡风文明，引导农民在思想观念、道德规范、素质修养等方面继承和弘扬农耕文化的优良传统，把社会主义核心价值观融入农村社会发展的各个方面，转化为农民的情感认识和行为习惯，吸收城市文化以及其他民族文化中的积极因素，形成积极向上的社会风气和精神风貌。

民风指的是民间教化和习俗，即社会风气。其核心是民间风尚，即民间共同体的价值取向和行为模式，如提倡道德自觉、理性、友爱等。民风建设是中国古代政治和社会治理的优良传统，对数千年中国社会的有序运转发挥了独特作用。所以习近平总书记指出："实施乡村振兴战略要物质文明和精神文明一起抓，特别要注重提升农民精神风貌。"与农村、农民联系最为紧密的乡风民俗，要在新时代以新的载体和方式，引领农民的精神追求，主导农村的风情风貌，推动新农村的精神文明建设阔步向前。

作为改革开放的前沿阵地，广东省在乡村建设、保存发扬优秀习俗乡风上做了大量工作。在2018年广东省委办公厅印发的《中共广东省委　广东省人民政府关于推进乡村振兴战略的实施意见》中，广东省委、省政府明确要求坚持物质文明和精神文明一起抓，传承发展岭南优秀传统文化，推进移风易俗，积极培育文明乡风、良好家风、淳朴民风，提振农村精气神。鼓励镇村基层组织和群众自办节目、自创形式，传承乡土文化；到2020年全面建成覆盖镇村的基层综合性文化服务场所；以遏制大操大办、厚葬薄养、人情攀比等陈规陋习和抵制封建迷信、打击吸毒赌博等违法行为为重点，制定"负面清单"；发挥乡贤积极作用，支持以自然村为单位成立村民红白理事会、道德评议会、禁毒禁赌会，将移风易俗纳入村规民约。广东广阔的农村地区与庞大的农民群体，需要在新时代良好习俗民风的引领下，建设社会主义新农村，为全面落实习近平总书记对广东工作的指示、为广东率先实现全面建成小康社会和实现现代化提供坚实基础。

小贴士

广东省农业经营状况

根据2018年1月29日发布的《广东省第三次全国农业普查主要数据公报》，在广东省第三次全国农业普查中，共调查了1139个乡镇，其中乡11个，镇1128个，21 870个村，17.38万个自然村，2764个2006年以后新建的农村居民定居点。截至2016年，我省共有80 809个农业经营单位，其中农业普查登记的以农业生产经营或服务为主的农民合作社29 977个，万农业经营户896.74户，其中有15.88万规模农业经营户。全省共有1233.35万农业生产经营人员。

2 清点民俗　守护南粤古村传统

南粤大地历史悠久，不少村落有着深厚的历史传统，其民俗乡风历经数百年而依然代代相承，成为连接古今、继往开来的重要枢纽。

明理养德，记住乡愁

佛山市南海区西樵镇松塘村，自南宋开村至今已有800多年历史。村中宗祠家庙、家塾书舍、镬耳屋民居、古巷古井众多，熠熠生辉。时至今日，松塘村“燕子傍岗飞”的地理布局仍依稀可辨，“代代着朝衣”的美好愿景也一直在延续。其特有的自然景观和深厚的历史文化底蕴，在村落规划、历史、人文等方面有重要的研究意义。因而，松塘村获得了中国历史文化名村、中国传统古村落、广东十大最美古村落等称号。2015年1月中央电视台《记住乡愁》节目播出《记住乡愁之松塘村——明理养德》，同年12月中宣部副部长、文化部部长雒树刚到西樵镇视察，盛赞松塘村“记住了乡愁、传承了文化”。松塘村还制定了《西樵镇松塘村村规民约》，

松塘村“翰林门”

松塘村民俗文化活动

在古村的历史遗产、文物古迹、宗祠祠堂、古村管理等各方面进行了规范，做到有章可循，有法可依，并以98%的赞成率通过，进一步推动了松塘历史文化的保护和传承。

历史悠久，重教承礼

河源市和平县林寨镇林寨古村位于广东省东北部、东江上游、粤赣边陲的九连山区，辖区面积93.01平方公里，林地面积10.65万亩，耕地面积15 966亩。辖11个行政村和1个居委会，2013年年末共有7372户2.97万人。中国最大的四角楼古建筑群即位于林寨古村之中。

小贴士

林寨古村

公元前214年，秦始皇派大军南下时，南越王赵佗为防御来犯之敌，派林可将军来此筑寨守关，由于有建树，官府便将此地封赐给他，命名为林寨，时为龙川县十二都防守辖区。《陈氏族谱》记载，元朝末年，陈元坤公自福建宁化迁入林寨枥兴围落居，衍至第三世玉珊公，称为“下镇房”，村落分为石排、下镇、历兴、下井四大片区，建制为石镇、兴井两大村落，2009年以古民居建筑打造古村旅游景区，两村合并而得名“林寨古村”。

小贴士

谦光楼

谦光楼建于民国九年（1920年），为富商陈步衢所建。占地面积近10 000平方米，为五进三幢外加四个骑楼设计，设上中下三堂，有11个天井、18个厅堂，每层84个房间，整幢楼共324个房间。

林寨古村村景

林寨古村坐落于浰江北盆地中间，因地势低洼常遭水浸，为避水患和匪盗之扰，乡间房屋多为木石建筑。自元末明初至今，遗有280多幢古民居，是客家建筑的另一群体，其中核心区有24幢较大的四角楼，每座楼建筑风格独特，楼宇堂皇，石柱擎天，雕梁画栋、浮雕镂雕栩栩如生，其规模之大、数量之多、艺术之精湛、文化底蕴之厚重，在全国实属罕见，是保护最完整的客家古村现存传统民居。建于明代的有德基楼，300年以上的有厦镇堂、永贞楼、儒林第，200年以上的有司马第、薰南楼、朝议第、恒泰楼、德星第。村中民居建筑基本保存完整。

林寨居民的祖先崇拜、重教观念、寻根意识、开拓精神，以及丰富多彩的民俗风情等，使林寨居民对大自然的敬畏、对祖辈的感恩通过形形色色的文化传承延续。每年端午节的“龙舟赛”、龙抬头的“香火龙”、农历九月二十九日的“席棍节”是林寨居民独特的民俗文化。

文教厚实，奉爱行善

潮州市潮安区庵埠镇文里村，历史上人才辈出，在地方有“文化之里”的美誉。村内各种基础设施、福利机构、文娱组织也相当齐全，有修复如旧的祠堂宫庙20多所，三个较有规模的福利机构和七个福利善社，文体活动团队若干，是庵埠镇人口密集、文化积淀深厚、经济比较发达的大村。行善是文里人的传统美德，早在清代就有太和、同奉二所大型慈善福利机构——善堂，其分支机构有20多所，遍布潮汕地区和马来西亚、新加坡等国家，为社会奉献爱心。为让爱心得以传承、接力，文里人在原有两个大型福利机构的基础上，于2010年成立广东省首个村级爱心基金会，为社会各界奉献爱心。文里人大力推动文化自觉、文化自信建设，加大文化投入，挖掘传统文化，提高村民文化修养，先后举办各种大型文化活动。

实践链接

文里村：弘扬优秀传统文化

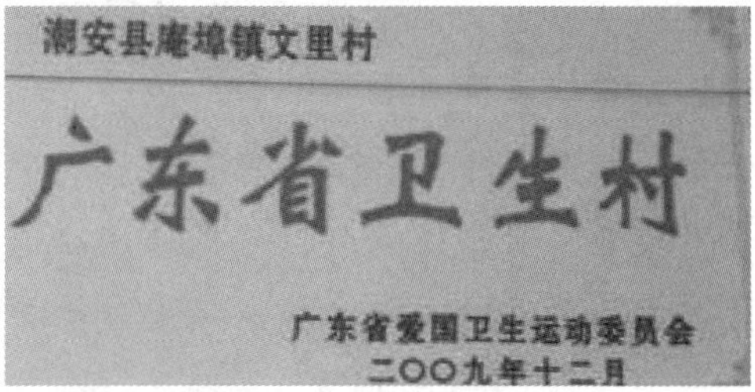

潮州市潮安区庵埠镇文里村所获荣誉

2012年6月23日文里村与潮州市文联联合举办“诗人节·文里行”暨文里民俗文化节活动；2013年3月22日被中国文化部中乡办传统文化保护部授予全国传统文化优秀示范基地、全国传统文化先进模范村；2014年12月中央电视台国际频道《记住乡愁》栏目组莅临我村摄制《文里村·行善至乐》纪录片；2015年5月邀请本土文艺家创作《文里之歌》《文里村道德建设三字歌》两首歌曲；2015年6月邀请广州名家设计文里村徽和视觉标识，并请北京名师雕刻文里村徽；2016年10月25日请中国12位著名作家到文里采风，并把各作家的作品汇编成《千秋文里》一书；2016年11月16日全村11处古建、1处古墓，被潮州市人民政府列为第三批文物保护单位。

传承信仰，爱乡爱国

湛江市霞山区海头街道办特呈岛，生态环境幽雅，风景独特诱人，民风淳朴。特呈岛的先民于南宋末年从福建莆田移民到此，择海建村，经700多年的繁衍生息，形成7条自然村，现今人口达4500多人，统一陈姓。岛上陈氏独特年例和元宵习俗的传承，足见特呈是和睦之地。特呈岛的年例定在年尾的十一月廿四冼夫人诞辰日，分两天进行。岛内传颂冼夫人，建庙立碑，世代沿袭。全岛建有纪念冼夫人的会宫庙和冼太庙共七座，面海而立，有的庙龄超过400年，依旧保存良好。我国的海岛上建有冼夫人庙的不多，特呈岛村村有冼太庙，实属全国罕有。

实践链接

特呈岛：人文地理两相宜

特呈岛每年的元宵和农历十一月年例，会隆重举行祭祀冼夫人活动，过去祭品除三牲（鸡、鹅、猪肉）外，还备有大鱼、对虾、青蟹，可见农渔耕遗风并存。其活动延续时间之长，规模之大，场面之壮观，堪称冼夫人文化一绝。数百年来，岛上陈氏奉行这一习俗，经久不衰，也成为凝聚该地民心民俗的重要支柱。

明朝著名大臣、宰辅、翰林学士解缙曾于永乐五年（1407年）登岛，赋七言律诗《题特呈山温通阁》一首。诗曰："峰濯沧溟应斗魁，波澜绕翠浪头排。火烟光起盐田熟，海月初升渔艇回。风送潮声平乐去，雨飘山色特呈来。地灵福气生天外，自有高人出世才。"全诗情景交融，描绘了特呈岛的地理景观和人文景观，特呈岛重点生产项目煮盐和捕鱼跃然纸上，给特呈岛留下珍贵的史料。

特呈岛海岸

3 盘活资源 坚守民俗文化底蕴

揭阳市产业园磐东镇阳美村，自明永乐年间创村，村民以种植业为主要经济来源，兼渔牧等副业。1905年，少数村民利用农闲时间回收旧玉器翻新加工，以维持生计。1914年，为扩大玉器生意，部分村民孤身闯荡广州，为该村玉器产业发展播下了种子，部分村民实现了从不懂玉到懂得加工经营玉器的跨越。20世纪50年代至70年代，是该村玉业的摸索成型阶段。这个时期从业人员增加，加工方式不断革新，规模扩大，品种增加，销售范围更广泛。改革开放后至20世纪90年代初，该村玉器加工经营向集约化、规模化、专业化发展，成为全国有名的玉器专业村。1992年揭阳建市后，在地方党政支持下，该村玉器产业发展迅猛，近十多年更是进入了高速发展期。阳美玉业在全国乃至亚洲玉器行业中的龙头地位不断巩固，为揭阳获得“亚洲玉都”“中国玉都”荣誉称号，书写了玉器产业发展的新篇章。2008年6月，阳美翡翠玉雕入选第二批国家级非物质文化遗产名录。该村以此为契机，创造性传承玉雕技艺，发展文化创意产业，促进玉器产业又好又快发展。最终，阳美成为享誉海内外的“金玉之乡”。

从各地农村的实践发展，不难看出保存特色民俗文化、盘活历史资源与美丽乡村建设相得益彰。富起来的农民更注重民俗文化与经济发展的关系，他们认识到传承和保护民俗文化，是促进可持续发展的重要因素，是经济发展的重要支柱；而经济实力的持续增长，又推动当地农民更加重视历史资源的保护和运用，使乡村发展与历史资源保护形成良性互动，推动承载的乡风民俗代代相传，世世相系。

从珠三角到边陲海岛，广东古村落中民风民俗的内核是相似共通的，在漫长的历史时光中，这些古村落通过制定乡规乡约、修建祠堂村庙、举办祭祀仪式等办法，凝聚乡村人心，弘扬教化风俗，维护地方秩序，不仅为村落居民创造良好的生活环境，同时为传承良好的民风民俗提供了智慧与动力。在进入新时代、建设新农村的今天，继承发扬优秀习俗民风，是我们推动农村发展、实现社会主义现代化与中华民族伟大复兴的重要动力。

第二节
传承习俗民风　创造当代价值

南粤大地历史悠久，在几千年前已经有先民活动的土地上，逐渐形成了富有岭南特色的广东乡村习俗与民风传统。从珠三角的冲积平原到粤北的连绵山区，从粤东的妈祖崇拜到粤西的冼夫人信仰，丰富多彩的习俗民风，成为维系南粤大地乡村秩序、推动农村建设发展的坚实基础。在传承优秀习俗民风的同时，又与国家现代化发展同步前行，形成了各具特色的广东农村习俗民风的特征与价值。

1　爱护古村　绵延优秀习俗民风

名门之后，理学古村

云浮市云城区腰古镇水东村，位于腰古镇东部、新兴江畔，始建于明朝永乐二年（1404年），至今已有600多年历史，村民均是宋朝理学家程颢的后裔。村内完整地保存着明清时期的规划布局和民居建筑，充分体现出水东村独特的理学文化意蕴，被称为“岭南理学第一村”。据有关专家介绍，保存得如此完好、规模如此大的明清古建筑群，全省不超过三个。

水东村村景

★ 小贴士 ★

水东程氏

600多年前，程氏先祖为避战乱从河南迁至岭南，在新兴江畔繁衍生息，全村皆以程为姓，该村程氏始祖是开辟了“洛学”和“程朱理学”的北宋理学家“二程夫子”之一的程颢，如今水东程氏已传至第23代，分别以“序伦”“笃庆”和“聚顺”为堂号。

水东村的程氏后人们秉承始祖的家训，用勤劳的双手建设自己的家乡，600多年来，村民生活古朴、民风和谐，历代曾出现多位文、武举人，这里也是大革命时期云浮县水东第二分区农协主席程洪才的故乡。村中程氏大宗祠、普泉祠、活泉祠和明徵庙等宗祠、庙宇的门框上，“渊源宗洛水，枝叶发桐林”“理学文章留万古，光风霁月祝千秋”等多副楹联，都充分体现出程氏家族独特的“洛学”和“理学”文化意蕴。

实践链接

水东村：古风犹存

水东村地势平坦，村前有一个椭圆形大池塘。以大池塘为中央，村民建屋可以随意坐向，尽管古民居坐向各不相同，但是却不失规矩。从村口望去，屋檐翘角和古宅隐约可见，错落有致，一看就知道是经过严格规划、按传统要求统一修建的。这也可能正是古村庄目前仍保存着588座明清建筑的奥秘所在。民居建筑为砖木结构瓦房，前檐多为重檐，面阔三间，进深一进或二进。屋面为小青瓦覆顶，房屋梁架均为穿斗式构架，采用一座三间的形式建造，带有天井和两侧厢房，砖石结构考究，而且每一座古民居屋檐下都有一些雕刻精美的木质图案，户户不同，建筑群里无论是礼制建筑还是民居建筑，其建筑形制、风格，都极具特色。

古老的水东村流传下很多古老的习俗，每年的新春佳节，村里都会举行两项重要的活动，一个是拜社，另一个是“添丁炮”。拜社在每年正月初八至正月十二举行，正月初八这天一大早，锣鼓乐队会在村里德高望重的长者带领下，到明徵庙里将神像请出来，在香火引领下，年轻力壮的小伙子抬着神像在锣鼓伴奏下走遍全村各家各户，祈求新的一年全村有好的开始，叫“公仔出庙”；一直到正月十二，再由长者将神像送回明徵庙，叫“公仔回庙”，整个拜社活动历时五天。烧炮是水东村独有的，二月初二那天，邻近村庄的村民会从四面涌至水东村，参加一年一度的烧炮活动。烧炮活动在各村宗祠前的地坪举行，吉时一到，场内爆竹齐响，人声鼎沸，热闹异常。随着炮筒内“炮头”的升降起落，人们会一拥而上，奋力拼抢，谓之“执炮”。执到“炮头”者携“炮头”拜倒在台前的神位前，即算大功告成。由于乡亲们认为烧炮可带来好运，因此这项传统习俗在水东村延续至今。

2 保护老区 珍藏红色革命历史

客家底蕴，革命土壤

梅州市大埔县百侯镇侯南村，旧称“溪南”，位于广东省大埔县东部，历史悠久，人文积淀厚重，古今名人辈出，是梅州首个中国历史文化名镇——百侯的核心区所在。村内民间文化突出，文化底蕴深厚，特色民居和古村落建筑保存完整，拥有官厅式民居90座。古村落民居兼收并蓄，

百侯镇侯南村村景

中西合璧，特色鲜明；客家代表性民居建筑作品布局奇妙，雕梁画栋，保存完整。该村有大小祠堂90座，多为九厅十八井官厅式大屋，36条石砌街巷将大宅连为一体，形成“三十六条巷，巷巷都一样”的奇妙布局。民国期间修建的客家民居结合了西方的建筑元素，是梅州山区独具特色的客家民居。

除了深厚的客家文化底蕴，让大埔充满魅力的还有红色土地。大埔县是广东省首个获确认的原中央苏区县，是解放战争时期闽粤赣边区党组织领导核心所在地，孙中山、周恩来、朱德、邓小平、叶剑英、陈毅等一大批政治家、军事家都曾在这里留下革命足迹。目前，大埔境内保存有包括“八一”起义军三河坝战役旧址群在内的80余处革命旧址遗址，其中又以

百侯镇侯南村

“八一”起义军三河坝战役旧址群、中央红色交通线大埔中转站旧址群等最为著名。

海岛古村，革命火种

湛江霞山区海头街道办特呈岛，不仅拥有悠久的历史文化传统，也拥有坚韧不拔的革命基因传承。早在1898年4月法帝武装强行登陆南三岛时，特呈乡民就积极参加由陈跃龙、陈竹轩发起领导的南三人民抗击法帝入侵行动，包围法国侵略者驻地进行示威抗议。随后，加入麻斜抗法行列，在烟楼岭歃血盟誓，捣毁法军修建的工事，迫使法帝停止施工。次年农历五月，又有乡民赴吴川三柏参加团练，在吴川抗法指挥部领导下，与法帝进行面对面斗争，拔掉侵略者的立界桩柱，谱写了维护民族尊严、抗击外来侵略史上光辉的一页。抗日战争时期，特呈乡民同仇敌忾，义无反顾参加抗日救亡运动。

小贴士

太邱学校

特呈岛上创办于1939年的太邱学校是抗日根据地的遗址。1941年为发动岛上群众抗日，沈斌（新中国成立后曾任湛江市副市长）派吴福田到岛，以太邱学校为据点，创办抗日救亡夜校，以教唱抗日救亡歌曲、公演爱国歌剧等形式进行抗日教育，使抗日烽火迅速在全岛燃烧。

解放战争期间，特呈岛是革命的堡垒区，乡民掩护地下党员从事革命活动，坚持开展武装斗争，粉碎国民党扫荡清剿。新中国成立初期，特呈人民支援解放海南岛，协助解放军渡海训练，为解放海南岛作出贡献。特呈岛被列为湛江市革命老区。

为国牺牲，精神永存

肇庆市广宁县坑口镇上林村，是肇庆市最具代表性和最大的革命老区村，是肇庆市最早成立农村党支部和农民协会、革命烈士最多的老区村，是粤桂湘边纵队司令部驻地。

实践链接

上林村：浴血奋战，为国为民

1925年8月，在党的领导下，中共广宁支部、县农协在上林村设立中共上林支部和上林乡农民协会，是党在广宁县建立最早的基层党组织和农民协会之一。解放战争时期，1947年7月，以梁嘉为司令员的粤桂湘边纵队曾在上林村冯公祠堂长期驻扎指挥革命活动。在整个革命斗争中，上林村人民在党的领导下，抛头颅，洒热血，不怕困难，不怕牺牲，为革命事业立下了赫赫功绩，先后有32位优秀儿女献出了宝贵的生命，是肇庆市革命烈士最多的自然村，1953年被省政府确定为革命老区村。后人为纪念先烈，于1961年建立上林村革命烈士纪念碑，成为县、镇的爱国主义教育基地。

上林革命斗争史和三十二烈士的光辉事迹，在整个西江流域影响极大。为此上林村建起了上林三十二烈士纪念馆。2006年12月，在市委、市政府和市军分区的大力支持下，筹资30万元，对冯公祠堂进行修缮加固，正式命名为“上林三十二烈士纪念馆”，作为上林村社会主义新农村建设的一个亮点，并将它修建成为肇庆市爱国主义教育基地和广宁县爱国主义教育基地，当时95岁高龄的原粤桂湘边纵队司令员梁嘉同志亲自为该馆题词。

3 筑城中村　古今相融书写文明

城中村现象是农村城市化进程中最具代表性的衍生物，尤其以珠三角地区最为普遍，以广州最为集中典型，且成为广州的一大城市特色。作为改革开放的前沿阵地，20世纪80年代末，广州市天河区被裹进都市化的浪潮，一个个非城市亦非农村的城中村诞生了。

古村新貌，得道得德

广州市天河区的古村猎德，“耕道而得道，猎德而得德”。自北宋末年开村创业，村民定居于此，宜耕宜读，能商能渔；勤劳淳朴，智慧善良。这里古迹众多，人杰地灵，文化底蕴深厚。猎德文化是广州城市历史文化的重要组成部分，是广州老八区保存最完整的水乡之一。2010年为迎接亚运会进行村落改造后，猎德村在保存传统乡村民风习俗的基础上，进一步与现代化的城市建设相融合，不仅大力改善了村民生活，凝聚本村民心，作为广州首个进行整体改造并取得成功的城中村，也为其他城中村改造作出了典范性示范。

具有900多年历史的猎德村，至今仍保留着大量具有岭南水乡特色的古民居、古祠堂、古石板街等，承载着颇具区域性代表的古村落民俗文化和建筑文明，并形成了独特的龙舟文化。

小贴士

龙舟招景

龙舟招景是猎德村水乡文化、龙舟民俗的典型代表，每年农历五月初五是猎德村的龙舟招景日，兄弟村游龙都会在这一天到猎德涌趁景。龙船景的“景”，是指一个供“老表”（兄弟村村民之间常以“老表”相称）相聚的地方。“招景”是向兄弟村发出邀请，兄弟村接受决定参加，就叫“应景”。龙船招景当日，如约派龙船前往主办龙船景的村落探访，就叫“趁景”。“趁景”有一套默认的礼数。在趁景龙船即将进入龙船景时，船上的长老会示意船员放鞭炮，这是要告诉对方：“老表，我们来了。”此时，主人会擂鼓回应，然后派一年长男性在渡头或岸边挥动草帽，示意龙船上的“老表”上岸“饮啖茶，食块饼”（喝口茶，吃块饼）。按传统，探访的龙船要先在主人家的水域来回划三趟表示“感谢”后，才能靠岸。趁景龙船来到了对方的村，船上的扒仔（桡手）可以选择不上岸，但船上护着神斗的人——长老（陪神）则一定要拿着红纸，写一封柬送给对方，而且还要上香。对方会回赠饼、香烟、茶水等，而且还会回一封柬，让“趁景”的龙船拿回去贴在祠堂，告诉村中父老“已经探过亲”了。龙舟招景当天会大摆龙船饭，招呼本村和友村的村民。对村民来说，划龙舟是对神的敬仰，龙船、龙帽、龙船衫、龙船饭都被视为神圣之物，寓意一种好意头。吃过龙船饭，一年都会风调雨顺，五谷丰登。

古村猎德民俗文化活动

猎德村整体改造通过精心设计、巧妙构思，以龙母庙为中心，将村内重要祠堂、庙宇和有代表性的民居沿猎德涌两岸进行重新规划布局，异地复建，把猎德村打造成岭南古建筑博物院，让猎德的建筑文明、淳朴民俗、灵动龙舟发扬光大，重放异彩。不仅如此，猎德的经验为广州城市树立了典范，在猎德，传统与现代、乡风民俗与现代文明和谐融洽，书写了社会主义新农村建设的文明新篇章。

古今融合，传统新貌

珠村是广州市天河区东部的一条村。改革开放后，广州城市中心东移，天河区迅速崛起，珠村也开始了从传统向现代的转变。相比天河其他城中村，珠村城市化进程起步较晚，在传统民俗文化发展方面赢得了时间空间，占据了先机。这个有着800多年建村史的古老村落，两大族落自中原迁徙而来，择水而栖，聚族而居，形成了相对稳固的文化传统。它所沿袭下来的各种习俗，既具有其原来地域与族群的深远渊源，又有明显的岭南城市文化特色；而城市文化进程中商业文化的影响，在给珠村民俗注入新内容的同时，使其由乡村民俗形态向都市民俗形态转型、演变，并不断与后者碰撞交融，形成了独特的“城中村”景观，具有鲜明的广东都市村庄的特性。

小贴士

珠村

珠村始建于南宋绍兴元年（1131年），历史文化底蕴深厚。春节醒狮、元宵挂灯、端午龙舟、七夕乞巧、古祠堂建筑群等传统人文景观构成了它独特的人文风貌和文化特色，散布在村内的历史古建筑多达44处。珠村的文化传统——乞巧节由来已久，虽然曾一度因为各种原因被废止，但如今已经成为广州重要的文化节庆。珠村开全国乞巧文化节之先河，赢得了乞巧文化传承、发展、利用的先机。珠村也因此入选广东省历史文化名村，被文化部评定为中国民间文化艺术之乡，乞巧文化节被广东省委宣传部评为广东省群众性文化活动优秀品牌。

经过多年的积累和沉淀，文化繁荣给珠村带来了更多机遇，日渐便利的交通、逐渐涌入的外来人口等城市化要素成为珠村的新特色。从村到城的进化过程中，越来越优越的地理位置和越来越繁华的商业氛围，为珠村带来了各种全新的消费观念和文化体验，也为珠村全方位发展提供了无限可能。

实践链接

珠村：以文化促发展

广州天河珠村乞巧节，自古以来表达了中华女性对心灵手巧、勤劳智慧和幸福和谐家庭的美好向往和追求，亦符合当代社会主义核心价值观体系的要求，文化内涵的正能量赋予了乞巧节生生不息的生命力。另外，文化节多年的积累与沉淀，也为珠村精神文明建设培育了良好土壤，使当地文明程度得到较大提升。文化的繁荣也带动基础设施的建设，村容村貌发生日新月异的变化，文化氛围极大提升。近三年来，天河区在珠村共投入了约2亿元自筹资金用于美丽乡村建设、幸福社区建设，投入约2亿元用于天河区文化艺术中心建设，投入3000多万元建设完成了七夕文化广场、乞巧牌坊、乞巧主题公园等，当地10万居民受益。

通过对广东农村习俗民风的考察，可以总结出他们的共有特征：历史悠久、民风淳厚、重视文教、尊重传统、有序和谐。良好的习俗民风，不仅在革命年代有力推动了当地革命运动的发展，也在社会主义建设时期维护了农村的稳定发展，为推动各地农村保存和发展广东特色的本地文化打下了坚实的基础。

第三节
继承与推动广东习俗民风的创造性转化

2018年中共中央、国务院制定的《关于实施乡村振兴战略的意见》明确指出："乡村振兴，乡风文明是保障。必须坚持物质文明和精神文明一起抓，提升农民精神风貌，培育文明乡风、良好家风、淳朴民风，不断提高乡村社会文明程度。"在具体措施上，要"立足乡村文明，吸取城市文明及外来文化优秀成果，在保护传承的基础上，创造性转化、创新性发展，不断赋予时代内涵、丰富表现形式。切实保护好优秀农耕文化遗产，推动优秀农耕文化遗产合理适度利用。深入挖掘农耕文化蕴含的优秀思想观念、人文精神、道德规范，充分发挥其在凝聚人心、教化群众、淳化民风中的重要作用。划定乡村建设的历史文化保护线，保护好文物古迹、传统村落、民族村寨、传统建筑、农业遗迹、灌溉工程遗产。支持农村地区优秀戏曲曲艺、少数民族文化、民间文化等传承发展"。

广东全面落实中央有关乡村振兴、培育文明乡风、保育乡村良好习俗民风的指示，制定有力措施推进这一战略。各地农村积极推进"继承+创新"战略，落实以文育人的建设思路，在继承传统优良习俗民风的基础上大胆摸索创新，为社会主义新农村的文化创新建设提供新思路与新实践经验。

1 构建园区　民俗文化深入民心

湛江市赤坎区调顺村坚持在继承传统中拓展内涵、在拓展内涵中创新表现形式，始终在传承上追根、在追根上增益，着力提高爱村建村的凝聚力和自信心。他们的经验，一是用活动传承：坚持“与时俱进、推陈出新”，充分利用调顺村一年一度的“年例”，举办农民文化节和草龙文化节，讲述好调顺故事，传播好调顺声音，进一步扩大民俗文化的影响力；二是用专家引路：坚持“薪火永驻、代代守护”，积极创造条件搭建平台，大力支持黄车炳等民间艺术家，深入挖掘失传50多年的民间艺术“调顺网龙”等，运用群众喜闻乐见的方式，搭建群众便于参与的平台，开辟群众乐于参与的渠道；三是用园馆孕育：坚持“基因传承、润物无声”，积极树好造强调顺品牌，2009年起由村委会牵头筹建民俗文化园，着力打造一座融中华传统建筑文化中的中原、闽台、岭南等地方风格于一体的全仿古文化展示园。进一步挖掘和弘扬调顺“石狗”“妈祖”“网龙”等特色民俗文化，潜移默化地提高村民群众的文化素养。

2 文创小镇　绿色生态宜商宜居

中山市东区三溪村是许多海外华侨、港澳同胞心心念念的故乡，改革开放四十多年后的今天，从三溪市场门口的小街巷深入，趟栊门、罗马柱、青砖红瓦、木刻壁画依然成片出现，似乎在将古村百年浮沉故事娓娓道来，让人感觉仿佛穿越时空置身于世外桃源。以上、中、下三条街为轴，横贯四通八达的石板巷，构成了三溪旧村原有的风貌。与古朴优雅建筑相辉映的是三溪村民醇厚简单、恬淡进取的人文内涵。

实践链接

三溪村：走原生态发展新路径

三溪村村景

历年来，东区坚持绿水青山就是金山银山的发展理念，以绿色生态、天人合一为发展原则，致力于原生态村落建设，注重保存和传承岭南特色古建筑群。2017年1月底，三溪村迎来新的发展契机，“三溪古屋文创小镇”入选第一批市级特色小镇创建名单，定位为“文化旅游+传媒创意+城中村改造示范区”，打造具有产业定位、文化内涵、旅游资源的文创小镇。根据“产、城、人、文”相结合的思路，东区聘请第三方机构进行产业与城市设计，紧紧围绕落实中山市第十四次党代会建设关于高品质城市中心的要求，充分利用现有地块的环境优势和存量资源，合理规划产业、生活、生态等空间布局。计划将北片区规划为文化保育区，在保存原有风貌特色的基础上，进一步完善古建筑群区域内基础设施，科学布局区域内产业发展；南片区打造文创全城拓展区，包含建设区域和群众公用空间，充分发挥宜居特点与服务业发展优势的叠加效应，达到产城融合、宜居宜商。

3 家训古迹 文化保护淳化民风

河源市和平县彭寨镇墩头村，是汉族客属古村落，其村民是客家民系后裔。该村至今仍保留着明初以来传统的村庄格局、古建筑与民俗风情。自古以来，墩头村的先人们在落居时以“素、敦、古”三字为立村之精神要义。墩头村现存的古旧民居，多建于明清时期，筑以土木砖瓦，外围相对封闭，内部户户相连，出入共用大屋正门或水门，屋内小巷纵横交错、四通八达，对内方便联系，对外则便于防御。古建筑中轴线贯穿主体，祖堂在上，上下厅堂主次分明，布局讲究左右对称，兼有围龙屋、堂横屋的特点，整个村落民居建筑都用古人最为看重的“德行”来命名，如崇德第、宣德第、育德居、怀德居等。

改革开放以来，墩头村人始终遵循家训、织染从商、耕读持家，在现实生活中践行、弘扬前辈传统美德。墩头村历史悠久，乡村环境宜人。墩头古村珍爱原生态、厚重的人文历史。近年来，墩头村历史文化保护工作受到了各级政府和有关部门的高度重视，在和平县各级政府及相关部门的重视和支持下，有着数百年历史的古村，焕发了新生机，珍贵的历史文化遗产得到了保护、传承和利用，墩头村成了一个望得见山、看得见水、记得住乡愁的符合现代生活要求的山水田园乡村。如今的墩头村，依然民风淳朴，村民安居乐业，社会稳定。

从各农村的实践中可以总结出以下几条经验：一是在经济大力发展的同时，既传承特色民俗文化、丰富村民的精神文化生活，坚定文化自信，助推乡风文明、生活富裕的乡村建设，也让社会主义新农村、特色民俗文化得到宣传，扩大知名度；二是积极适应和主动引领经济发展新常态，从本地实际出发，保护好生态环境；三是贯彻习近平总书记对广东工作的相

墩头村全景

关指示，认真调查剖析各地具体发展现状与地域优势，精准把握地区发展动力，大力挖掘特色文化资源，实现经济文化齐头并进，建设美好的社会主义新农村。

广东农村的乡风民俗传承，在保留历史悠久的习俗同时，各地农村积极弘扬社会主义核心价值观，将新时代的精神与传统乡风民俗相结合，不仅为维护乡村稳定、发展传统文化作出了重要贡献，还为经济的发展腾飞注入新的活力，新农村的精神面貌愈发与乡村发展紧密结合，走出一条相得益彰的广东农村小康之路。

在中国特色社会主义事业进入新时代的重要时期，农村传统优秀民风民俗不仅要继承弘扬，更要实现创造性转变，在传承其优良品格的同时，做好下列工作：

一是深入挖掘农村民风民俗的遗产载体与精神价值，做好历史保护工作。对于农村中的祠堂、宗庙以及重要的礼仪性场所留存的各种器具、文献，应该组织相关学者与乡土人士共同研究、制定保护与发展措施，让乡风民俗的依托平台体系化、科学化。如佛山市西樵镇松塘村根据《佛山市特色古村落宜居示范与活化升级实施方案》，邀请了华南理工大学建筑设计研究院的专家在对松塘村历史文化保护规划和名村整治规划进行整合的基础上编制古村活化升级策划方案，着重整合村落的基础设施和公共服务设施改善提升项目、传统建筑保护利用示范项目、旅游环境风貌再造项目，为村落的活化升级提供切实的目标和依据。

二是要深刻领会习近平新时代中国特色社会主义思想有关乡村建设的重要内容，将乡风民俗的继承发展与新时代中国特色社会主义建设紧密结合，大力推动广东农村的精神文明建设，在乡风民俗的建设中通过文明传习所、“文化下乡”等载体与活动，引领农村精神文明新潮流，建设农村精神文明新风尚。如肇庆市官圩镇五福村，积极组织开展文化活动，自办文化展览、讲座、培训、文艺表演活动，邀请教授专家前来授课，深受广大农民欢迎，大大提升了乡村文明建设的效果与水平，实现了传统文化与现代文明的有机结合。

三是农村乡风民俗建设要纳入传播中国声音、讲好中国故事的新时代中国特色社会主义话语体系中，一方面要让世界各国了解中国农村发展成就及其精神体系，另一方面又要与世界各国互相交流借鉴乡村建设经验，共同进步。在世界“一体化”的大趋势大格局下，农村的乡风民俗建设既要守住初心，又要与时俱进，实现传统优秀乡风民俗在中国特色社会主义现代化建设中的创造性转化。如珠海市香洲区北山村，作为珠海首个也是唯一的国家级生态示范村，村民对古建筑、生态环境保护意识强，至今保存90多栋清代民居建筑，尤其4栋保持完好的岭南氏族宗祠、官宦府第十分罕有，颇具历史文化价值。坐落于此的珠海东方文化艺术交流与发展基地，自创建以来一直致力于中华优秀传统文化和东方文化的继承、发展、创新，开展国际文化艺术交流与发展活动，努力实现中华优秀传统文化的创造性转化、创新性发展。

党的十九大报告提出要实施乡村振兴战略，以“产业兴旺、生态宜居、乡风文明、治理有效、生活富裕”为总要求，加快推进农业农村现代化。2018年6月9日，中国共产党广东省第十二届委员会第四次全体会议通过的《中共广东省委关于深入学习贯彻落实习近平总书记重要讲话精神奋力实现“四个走在全国前列”的决定》中提到要实施乡村振兴战略，全面推动产业、人才、文化、生态和组织振兴。如何实施乡村文化战略，解决好人民日益增长的美好生活需要和不平衡不充分的发展之间的矛盾？广东省在实施乡村振兴战略时，以优良家风作为提升农村文明的重要载体，来提高农村精神文明建设水平、推动广东省农村的现代化进程，以好家风汇聚社会好风气，提升村民文明素质，提高乡风文明质量，助力“美丽乡村”建设。

第六章

载体支撑：
推进家风建设　养护乡风文明

第一节
倡导良好家风　助推乡风建设

习近平总书记在2015年春节团拜会上强调，不论时代发生多大变化，不论生活格局发生多大变化，我们都要重视家庭建设，注重家庭、注重家教、注重家风，紧密结合培育和弘扬社会主义核心价值观，发扬光大中华民族传统家庭美德，促进家庭和睦，促进亲人相亲相爱，促进下一代健康成长，促进老年人老有所养，使千千万万个家庭成为国家发展、民族进步、社会和谐的重要基点。建设文明乡风离不开每一户乡村家庭的良好风气，建设好家风是建设文明乡风的必要前提。

1 榜样引领　奏响和谐乡风“新序曲”

为进一步弘扬中华优秀传统文化，助推乡村振兴战略实施，近年来，广东省许多乡村在美丽乡村建设中不断注入文化元素，弘扬中华民族传统美德，通过以良好家风带动淳朴民风，促进文明乡风建设，推动社会主义核心价值观落地生根，实现美丽乡村与文化振兴的同频共振。借力示范村建设，打造家风家训展示馆，集中展示先进模范典型，弘扬榜样力量，使群众学有标杆、做有目标，在全社会营造崇德向善的良好舆论氛围。

实践链接

烟桥村：挖掘先进典型资源，发挥示范导向作用

2015年，烟桥古村被列为佛山市首批开展活化升级的古村落。镇村社对烟桥古村活化建设累计投入超过3000多万元，用于修缮建设基础设施，着力挖掘传承烟桥古村的正道文化、孝德文化和爱国精神等传统。有着近600年历史的烟桥村，人才辈出，通过充分挖掘历史名人故事，彰显千年古城人文历史魅力。一是通过建设烟桥名人馆，展陈烟桥历代乡贤的爱国爱乡事迹；展示传播传统好家训、好家规，让优秀的传统伦理规范发挥古为今用的作用，涵育重德家风。通过编印《烟桥史话》历史文化图书宣传烟桥先进人物和故事，让崇德向善、爱国爱乡等优秀人文精神真正感染人。二是多举措联动，增强先进典型事迹的感染力。比如借助“南海道德讲堂”，邀请“南海好人”“乐善九江”等先进典型讲述身边感人故事，推动形成奋发向上、崇德向善的强大力量。通过开展“重阳敬老”“拜祠堂”等道德文化教育活动，不断弘扬“行正道，弘正气”等核心价值，树立敬老孝亲、崇德向善的强大力量。

“烟桥正道”牌匾

烟桥村村景

小贴士

孝善文化

孝善文化是家风文化中的核心部分，自古以来就是大家推崇的传统美德，至今仍对我国的社风和民风有着深远影响。孝善是一个家庭能够持续发展的核心所在。孝老、尊老、敬老、爱老是中华民族的传统美德，是全社会的共同责任，是良好社会风气的形成来源，是涵养家风家规的重要载体。

2 资源盘活　丰富孝善文化“资源库”

弘扬孝善文化，是推动新农村家风建设的重要抓手，探索以善治村的治理模式，弘扬良好家风，是打通社会主义核心价值观和优秀传统文化衔接血脉的重要举措，也是乡村振兴的重要思想基础。建设良好家风，进一步弘扬传播孝善美德，有助于形成良好道德风气，助推乡风文明建设。通过不断加强宣传引导，突出示范引领，营造良好氛围，凝聚正能量；以文化展馆、祠堂为载体，大力推动孝善文化弘扬传承；借助活动巩固效果，让孝善品德践行常态化，让孝善之风在广袤乡村大地生根发芽、世代传承。

实践链接

独树岗村：千叟宴创孝善品牌

佛山市三水区独树岗村打造重阳节千叟宴，传承发扬敬老孝老传统美德。一是通过开展活动，让孝善文化历久弥新。每年举办千叟宴，以此为平台开展孝善家庭的评选活动，培育尊老爱老的社会风气。二是引入志愿者服务队伍为老人提供志愿服务，如为老人提供义诊、义剪、免费修电器等服务。同时，落实和加强对老年人的社会保障和优待政策，建立老人健康档案，建立长期跟踪观察但又不打扰其生活的护理制度，让孝善好乡风、好家风得到传扬。三是发挥慈善协会的帮扶作用。成立独树岗村同乐慈善会，为生活困难的村民提供帮助。四是树立孝善先进典型。村民蔡广权的孝爱事迹感动了全村村民乃至三水区内外的市民，被评为“感动三水”人物，获佛山市“孝爱人物”提名。

三水区独树岗村重阳节千叟宴

红光村：“文明户”立孝善榜样

河源市东源县仙塘镇红光村为弘扬中华传统孝善美德，深化思想道德建设，开展了“十星文明户”创建活动。组织全村广泛参与，通过开展“善行义举榜”评选活动，围绕职业道德、社会公德、家庭美德、个人品德进行评选，通过推选优秀村民张榜宣传，传递孝善美德。

3 改善村貌 传承美德打造“一品牌”

广东省2018年政府工作报告强调，建设美丽乡村，要传承发展农耕文明，树立文明乡风。建设美丽乡村，不仅要打造乡村的外在环境美，更要提高村民的文明素质，提升村民的内在美。传统文化的传承在广大农村具有明显优势，通过深入挖掘农村传统文化中的农耕文化、乡贤文化、孝善文化，将这些地域文化资源充分挖掘出来，有助于“一村一品牌”的形成，提升乡村文明的深厚底蕴。

实践链接

烟桥村：改善古村村貌，彰显文化气息

佛山市九江镇烟桥村通过政府主导、村社合力、村民参与，着力挖掘、展示优秀历史文化，助推精神文明建设创新发展，投入大量经费修缮保护历史建筑，着力挖掘烟桥古村的正道文化、龙舟文化和爱国精神，古村村貌环境明显提升，历史古韵和文化气息更加彰显。

墩头村：原生文化焕新机，耕读文化育后人

河源市和平县彭寨镇墩头村注重当地原生态文化的保护。通过对本村文化、人文古迹的精心保护，有数百年历史的古村焕发了新生机，同时，墩头村拥有良好的家风文化。“三省家风”和“何问士农，一寸光阴须惜；不分商贾，半毫机巧莫为”是墩头曾氏族人立身处事的族训，形成了“素、敦、古”的朴素乡风，村内民风淳朴，村民安居乐业。

墩头村文化活动

第二节
传承家训文化　塑造乡风之魂

家训是家庭的重要组成部分，对个人的教养、原则都有重要的约束作用。好的家训对于个人成长、家族兴旺具有重要意义。我国传统家庭都是以氏族形式存在，乡村氏族文化传承相对比较完整，这对家训文化传承十分有利。发挥传统家训的重要作用，是维系乡村和谐有序，构建文明乡风的着力点。

1 发掘家训　助推乡风文明新风尚

家训是指家庭对子孙立身处世、持家治业的教诲，家训文化是中华传统文化的重要组成部分，蕴含着丰厚的思想内涵。优秀的家训饱含着孝悌友爱的人伦之道、为人处世的安身之道，融通了社会主义核心价值观与中华民族传统美德的精神血脉，与乡村文明建设要义有共通之处，通过挖掘传承家训文化精髓，促进高尚品德养成，助推良好社会风气的形成，打造乡风文明新风尚。

实践链接

紫南村：让家训文化说话

佛山禅城区紫南村十分重视传统家训，结合新农村的发展，不断丰富家训文化的深厚内涵。一是将家训文化融入村规民约。紫南村的村规民约从家规、家训中汲取营养，将传统美德融入村民的日常行为之中，使家训文化在实践中得以践行。二是借助各类载体巩固家训教化功能。通过建立仁善文化长廊、广府家训馆、紫南文化大讲堂等载体，不断挖掘人文资源，通过不断活化家训文化资源，发挥各类平台作用，传播优秀传统家风文化，不断扩大传统家训的影响力，宣传社会主义核心价值观，营造良好的家风建设氛围。

广府家训馆

紫南村村景

2 厚植文化　家训塑乡村振兴之魂

乡村文化是乡村振兴的灵魂，家训文化又是传统乡村文化的重要组成部分。充分挖掘传统家训精华，促进个人身心和谐，弘扬家庭和谐、邻里和睦的良好风尚，不断推动乡村道德规范和道德评价体系的建立。随着社会发展，乡村的家庭结构和家风建设也发生了很大变化。传统家训中包含的优秀价值内涵要想在今天发挥作用，需要实现创造性转化和创新性发展。

实践链接

司前村：文化搭台育和谐乡风

司前村家训家规

河源是岭南文化发祥地之一，长达2000多年的文明史使其积淀了丰富而厚重的家训文化。其中具有600多年历史的吴氏家训文化就是家训文化的代表之一。“一厚伦理，二遵王法，三救急难，四和乡里，五勤本业，六莫非为，七周贫乏，八谨祭祀”是吴氏家训的精髓，其内容涵盖了遵纪守法、和睦亲邻、孝敬父母、关爱家庭、修身齐家等全面内容，体现了中国传统文化的道德精髓，也契合社会主义核心价值观的要义。司前村弘扬家训文化的主要措施有以下四点：一是建设示范基地，集中展示家训文化成果。司前村建设了家训文化示范基地，通过农家书屋、电脑室、墙画等载体宣扬优秀客家文化。二是发挥学校教育主阵地作用，普及家训文化教育。通过开展“家训进校园”活动，借助诵读家训、故事交流、演讲比赛、主题班会等方式让当地学生从小接受家训文化教育。三是将家训文化融入乡民日常生活，使家训践行常态化。通过借助忠信吊灯习俗，聚会组织宣讲家训家规，使家训文化深入人心，此习俗是吴氏家训文化传承的重要载体，对增进宗族团结、促进邻里和睦起到了积极作用。四是多形式多样化的立体宣传方式，让和睦宗亲家训文化深入人心。

3　传承家训　弘扬正向引领好家风

以好家风涵养好民风，以好家风促进乡风文明是农村家风文明建设的重要内容，通过深度挖掘家风、家训、家规背后的故事，扩大宣传，大力弘扬家训的文化教导功能，开展家训文化和乡村治理融合，让优秀的家风、家训、家规融入千家万户。

实践链接

古一村：宗祠文化扬好家风

中山市古镇古一村的苏轼宗祠注重利用祠堂文化宣扬优秀家风文化，祠堂里摆放着家风、家训，通过楹联、石柱联、苏氏历代祖先的画像，宣扬家规家训的重要作用。祠堂中通过悬挂百鸟图，寓意苏氏后人认祖归宗，在外游子要记住家乡。通过悬挂八仙贺寿图，寓意孝老敬亲。通过在祠堂举行盛大的祭祀活动，让村民了解自己的宗族根源。通过定期修缮祠堂，组织寻宗扫墓，修订族谱等，让后人传承好祖宗的祖训遗风。

苏氏祖祠大门

观背村：家风建设成常态

惠州市博罗县罗阳镇开展一系列活动不断传播优秀家训文化。通过家庭文化节、传家规立家训扬家风、编印家规家训家风书册等活动，深挖优秀家风文化、乡贤文化，推动优秀家规家训进祠堂、进家庭。让好家训成为村民为人处世的指示灯和引路牌，成为每个家庭的生活方式、生活常态，以良好家风引领文明乡风，不断深化培育和践行社会主义核心价值观。这些活动的举办，大大提升了农民积极性，强化了家训家风建设的实践养成，增强了情感认同，为培育和涵养社会主义核心价值观创造有效实践载体。

观背村志愿服务活动

第三节
厚植淳朴家风　提升乡民风貌

2018年，李克强总理在“两会”政府工作报告中提出要“促进农村移风易俗”。要提升农民精神风貌，培育文明乡风、良好家风、淳朴民风成为广东推进实施乡村振兴战略工作的重点。良好的家风建设是每个家庭对于正确价值的鲜明追求，把乡风文明建设的落脚点放在每个家庭上，就如同点燃了可以传递的文明火种，生生不息。如今广东乡村以建设社会主义新农村为目标，建设良好家风为抓手，通过着力提高广大乡民的素质，促进邻里和谐，不断推动社会主义核心价值观发展，进而强化乡风文明的内核，不断将广东乡村打造成为培育新型农民、塑造优良家风、孕育更美乡风民风的新型乡村。

1　文明内核　乡村振兴依托好家风

对一个社会来说，家庭是个人生活的依托，家庭的社会功能和文明作用不可替代。它影响着每个家庭的精神追求和灵魂走向，决定着家庭能否兴旺发达，甚至国家民族的成败兴衰。“家是最小国，国是最大家”，家风润物细无声，对于个人成长而言具有重要意义，是影响乡风文明建设、事关乡村振兴的重要因素。

培育好家风，提升乡风文明建设水平。良好的家风弘扬夫妻和睦、尊老爱幼、科学教子、勤俭持家、邻里互助等良好风气，有助于推进和谐社会。当今社会，一些乡村文化受到不良风气沾染，乡风文明受到冲击，要弘扬良好乡风民俗，以社会公德制约个人行为，以家风文明助推乡风文明，以文明乡风促进村民和谐，充分调动广大农民的参与意识，推动农村物质文明和精神文明建设。

实践链接

澜石村：好家风沐后人

惠州市博罗县罗浮山澜石村麻姑峰村民小组在新农村建设中，把祖宗留下来的家风家训教育贯穿其中，村民义务捡鹅卵石、清理沟渠，无偿让地，建起了村文化祠堂、公共文化设施，传承家族根文化，让忠孝、和睦、尊老爱幼的家族文化和优良民风代代相传。

培育好家风为乡风文明建设不断注入文化元素。通过建设一系列家风教育基地、家训史馆等维系村民情感，加深村民对乡村文化的认同；通过挖掘好家风、好家训，将其与乡村荣誉、民风民俗、乡规民约等非物质文化遗产项目有机融合，不断提升乡风文明的内涵；通过不断弘扬好家风，积极培育社会主义核心价值观，用淳朴乡风凝聚人心；通过深挖家训文化、整理汇编家风典型案例，让传统文化、好家风持续弘扬，发挥精神力量；通过开展系列家风建设活动，将家风建设与党建工作、乡村治理工作、精神文明建设活动等有机结合，丰富广大村民的精神生活，活跃基层文化氛围。

实践链接

大埔围村：“见物见人”塑乡风

增城区增江街大埔围村村景

广州增城区增江街大埔围村在村中开展家庭综合服务试点，由社工定期组织开展帮扶孤寡老人、亲子活动等服务，促进村民家庭和谐；通过开展家风建设试点，制作家风建设宣传画赠送给党员干部农户，传递正能量。思想认识的转变让大埔围村从创建广州市文明示范村起步，牢牢把握广州市“美丽乡村”试点机遇，逐渐探索出现代文明与乡村文化相融合、物质文明与精神文明同发展的道路，在推动“美丽乡村”建设中做到了“见物又见人”。

2 道德品行　社会正气基于好家风

个人道德行为养成的起点都是家庭，良好家风对个人的成长有至关重要的作用，潜移默化地影响着个人行为，传承好家风家教有助于延续家庭文明道德的基因，良好的家风可以在家族内传承，在实践中生成正能量，与良好社会风气形成有益互动。

实践链接

司前村：好家风育“好人”

河源市连平县忠信镇司前村的庄亚瑞

河源市连平县忠信镇司前村的庄亚瑞今年已90高龄，在17岁嫁到司前村那年，长辈们便告诉她要勤劳、孝敬、团结，她也一直践行家训，出色的表现让她早年成为模范社员、生产队长，她的言行举止也深刻影响了她的儿女、儿媳，使大家庭里父慈子孝、婆媳和睦。2015年5月，庄亚瑞家庭因传承家训、引导新风，最终入选“全国最美家庭”，成为全国100户最美家庭之一，河源市仅她一家获此殊荣，全省仅有四家。

罗南村：“三心”教化文明人

佛山市禅城区南庄镇罗南村坚持教化为先，积极开展主题道德教育活动。“三心”教育尤为出名，即对父母要有孝心，对社会要有公德心，对工作要有事业心，促使当地形成了争当文明户和文明村小组的良好风气。罗南村的主题道德教育大力促进了良好村风民风的形成，使罗南村人人争做文明人，村民违法犯罪率为零。目前，文明村民小组达标率100%，文明户达标率98.5%，文明建设成绩突出，村民的观念由“让我文明”向“我要文明”转变。

3 邻里和谐　安定融洽有赖好家风

家风正，为人正；为人正，社会兴。积极向上的家风会带来正向能量，自动规范个人行为，提升道德品格，与邻里之间形成良好关系，进而助推整体社会风气变好，形成良性循环。如果家风不正，那么生活在这个家庭中的成员，其个人品行、道德素质，就可能会出现问题。家内满室馨香，里巷必然和美，在农村培育良好的家风，有助于进一步开创农村文明和谐之景。

实践链接

新塘村：扬传统美德，构建良好家风

河源市源城区源西街道新塘村为弘扬中华民族敬老爱老的传统美德，在全村范围内形成了比学赶帮超的良好氛围，文明家庭、和睦家庭、学习型家庭不断涌现，出现了"敬老标兵""好媳妇"等榜样。如今，新塘村面貌焕然一新，村民创业奉献，邻里团结，尊老爱老的良好风尚已成为常态，形成了和谐文明的社会主义新农村局面。

北和镇："公益之家"促邻里和谐

雷州市北和镇"公益之家"通过帮助农家娃放飞艺术梦想，带动良好社会风气形成。吴锦夫妇省吃俭用，自掏腰包，为贫困农家子弟提供免费培训，夫妇二人的良好道德品行滋润着家庭成员，两个儿子也投身公益事业，传递了社会正能量，更传递了人与人之间的温情，拉近了邻里之间的距离，将影响和带动社会形成文明友善的好风气。

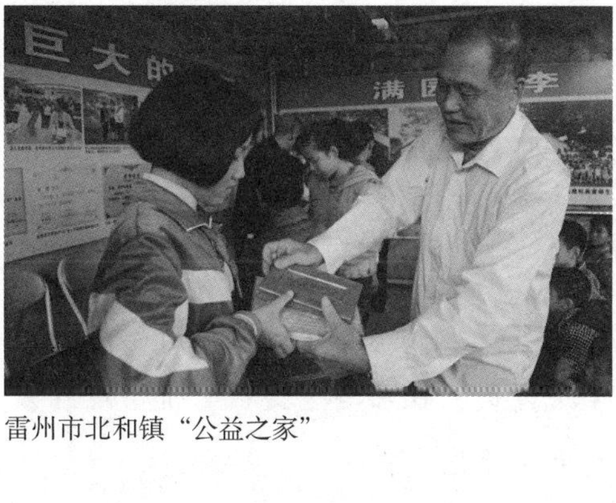

雷州市北和镇"公益之家"

4 内化于心 社会主义核心价值观需要好家风

好家风影响人，好乡风造就人。良好的家风家教是延续家庭文明的重要保障，父母等长辈的言传身教对个人成长具有重要意义。家长的日常生活准则、行为习惯和思维方式，直接影响孩子的思维方式和处事风格。好家风能塑造子女优秀的道德品格，并在强化对社会主义核心价值观的认同、联结传统文化、融入传统美德方面具有重要作用。

实践链接

古一村：长者为重，涵养道德风气

中山市古镇镇古一村注重弘扬孝、善、礼、和的文明乡风，加大长者福利，让老人领取社保退休金的同时享受股红分配，在春节、中秋节、重阳节三个节日，村委会还给予每位长者1000元的节日慰问金。通过开展老人生日会活动，领取政府及村的慰问金等方式弘扬敬亲孝老的良好社会风气，弘扬好家风，践行当代价值观，以良好家风带动乡风民风，让社会主义核心价值观在乡村大地开花结果。

中山市古镇镇古一村的长者福利

乌港村：红包传情共话感恩，尊师重教齐育美德

湛江市徐闻县乌港村通过举行新春团拜会给70岁老人发放红包以及青年代表发表感恩演讲、70岁以上代表对青年提出期望等形式拉近村民距离，形成孝老敬亲、团结友爱的喜人局面。乌港村历史悠久，人杰地灵。清宣统年间，叶王锡考中典史，叶王栓考取秀才。叶王栓自筹资金办起一间私塾培养教育下一代。在他的影响下，乌港村人逐步形成尊师重教的优良传统。如今该村500多名常住人口中，教师占108人，是名副其实的教师之村。该村积极传承尊师重教的好家风，推动教育事业建设，弘扬教书育人的光荣传统，打造富有乡村特色的“教师之村”品牌，为徐闻县教育事业作出积极的贡献。

教师之村

第四节
整合“三风”建设　焕发乡风文明

2016年，习近平总书记在会见第一届全国文明家庭代表时的讲话中指出，家风是社会风气的重要组成部分。家风好，就能家道兴盛、和顺美满；家风差，难免殃及子孙、贻害社会，正所谓“积善之家，必有余庆；积不善之家，必有余殃”。2017年中央农村工作会议提出，要实现乡村振兴就要传承发展提升农耕文明，走乡村文化兴盛之路。文明乡风是推动乡村振兴的内在动力，是建设社会主义新农村的首要前提，是打造美丽乡村的重要保障。建设社会主义新农村要坚持物质文明和精神文明一齐抓，弘扬和践行社会主义核心价值观，以良好家风培育文明乡风和淳朴民风，提升农民精神风貌和乡村文明程度，通过总结好家风建设经验，推广家风建设模式。

1　各类载体　灵活利用塑造好家风

习近平总书记在2014年2月24日中共中央政治局的集体学习中指出：“一种价值观要真正发挥作用，必须融入社会生活，让人们在实践中感知它、领悟它。要注意把我们所提倡的与人们日常生活紧密联系起来，在落细、落小、落实上下功夫。”运用多种载体践行好家风，才能使好家风对个人的发展起到实质性作用，在广大农村培育和建设好家风，就要抓好家风传承、引领和践行，在落细落小落实上下功夫。

利用文化载体，将好家风寓于丰富多样的形式中，有助于良好的家风浸润人心，从而提高村民觉悟，陶冶情操。例如借助乡村学校、村务公布栏、休闲广场等场地设施，张贴宣传好家风、经典家训、文明家规等图文并茂的专栏、墙绘；通过宗祠展馆、教育基地等文化载体，活化人文环境，营造建设好家风的环境氛围，让广大村民自觉成为好家风的践行者。充分借助农家书屋、阅览室、家风馆等平台活化家风文化资源，发挥其教育功能，让村民讲述家风故事，交流持家心得，让群众见贤思齐，得到教化，为农村家风建设打下良好的基础，让好的家风、好的家庭真正扎根人心，推动当地乡风文明新进展。

实践链接

烟桥村：名人馆传好家风

佛山市九江镇烟桥村利用名人馆集中展示传播传统好家训、好家规，让村民进行参观学习，学会为人向善，建设好家风，做对社会有贡献的人。通过名人不断影响村民的价值判断力和道德责任感，推动形成奋发向上、崇德向善的强大力量。如今的烟桥村敬老之风由来已久，每月初一、十五，村民都会热心为老人煲汤煮菜。

新楼村：文化融合促乡风

惠州市惠城区新楼村组团四大基地，即新楼村廉政文化教育、龙塘村忠孝文化教育、佛雕五百罗汉文化艺术、柏田村家风文化等四大文化教育基地，将“文农旅”结合，突出文化品牌建设。新楼村还巧用活动载体，将好家风建设融入道德文化教育活动。通过举办“传承好家风”等活动，号召村民主动参与，以良好家风带动正确荣辱观、道德观树立，为实现乡村经济又好又快发展和争创文明村发挥了巨大作用，促进社会主义核心价值观在农村精神文明建设中落细落小落实。

独树岗村：文化活动承家风

佛山市芦苞镇独树岗村举办千叟宴活动，以敬老、尊老、爱老为活动主题，普及孝善文化。古村年年举办千叟宴、洪圣诞等活动，敬老尊老蔚然成风。“老人捧银”“老人食咸榄”的敬老惯例和“重阳敬老”的村俗远近闻名，独树岗村成为远近闻名的孝善村。

佛山市芦苞镇独树岗村文化活动

2 深挖历史 丰富好家风精神内涵

习近平总书记在会见第一届全国文明家庭代表时的讲话中指出，中华民族历来重视家庭。正所谓“天下之本在家”，尊老爱幼、妻贤夫安，母慈子孝、兄友弟恭，耕读传家、勤俭持家，知书达礼、遵纪守法等中华民族传统家庭美德，已融入中国人的血脉，是支撑中华民族生生不息、薪火相传的重要精神力量，是家庭文明建设的宝贵精神财富。家风对人的发展有潜移默化的影响，良好的家风是乡风文明的助推器、乡民和谐的润滑剂。我国历来十分重视家庭的作用，经过家长的言传身教和历代传承，中华优秀家风文化已经深入每个中华儿女的基因和血脉，《朱子家训》《颜氏家训》《钱氏家训》等流传至今，是中华传统文化宝库的重要组成部分。

实践链接

雍陌村：深挖名人文化引领好乡风

郑观应故居

中山市三乡镇雍陌村注重名人文化引领，以仁、义、和、孝等为标准，将树立典型人物作为培育和践行社会主义核心价值观的重要内容，不断建设良好乡风。

一是发挥名人故里优势，推动全村家风建设。通过修缮郑观应故居，配合拍摄《郑观应家风故事》，学习郑观应家族“勤、学、廉、善”的家训家规。二是利用罗三妹山公园建设机遇，弘扬仁孝廉洁文化思想。推进罗三妹山廉洁教育基地建设，组织村内党员群众参观学习，引导党员干部走廉路、沐清风。三是借助主题景观弘扬廉洁孝义。通过郑观应《盛世危言》铜书、林则徐雨夜宿祠堂等廉政宣传主题景点建设，结合历史人物故事，建成农民画彩绘文化一条街，图文并茂地诠释和传导社会主义核心价值观。四是借助村深厚的历史文化资源，传播正能量。保护石板街、老房子、庙宇宗祠等，记录中山人走向海洋、敢为天下先的重要历史。五是积极开展家风家训挖掘、整理、提炼工作。定期组织开展家风家训教育示范活动，将优秀好家风好家训题材作品搬上舞台，通过喜闻乐见的方式讲给百姓听，演给百姓看。通过集中宣讲、聊天座谈等形式，实现讲堂与群众“零距离”。

3 延伸覆盖 营造乡风建设好氛围

“好家风”就是一颗种子，要想生根发芽、茁壮成长，除了宣传好家风，更要定期开展好家风、好家庭的评比，大力表彰拥有好家风的好家庭，让好家风在群众中开花结果。投入大量人力物力开展“注重家庭、注重家教、注重家风”宣传，从营造小家庭的好家风入手；通过建立村规民约，不断强化自我管理意识；通过加强志愿服务，弘扬互助友爱风尚；通过加大对好人好事的宣传，运用宣传栏、黑板报、微博、微信等多种平台，掀起学先进、赶先进的热潮，系统化加强家风乡风联动建设。

延伸家风范围，覆盖农村每一个角落。通过开展移风易俗宣传、举办民俗活动等，引导广大村民传承发扬中华传统文化和美德，汇聚起农村好民风和好风气。借助家风文化宣传廉洁家风、孝善家风，通过开展“乡风文明大讲坛”，突出群众主体，努力培育有文化、讲文明、高素质的社会主义新型农民；通过解决乡风文明建设中存在的突出问题，重点整治不文明现象，筑牢广大乡民思想防线；坚持从群众中来，到群众中去的工作方法，集中汇聚民众智慧，集中倾听群众意见，不断研究孝老敬亲、促进邻里和谐等与家风建设息息相关的重要问题，推动社会主义核心价值观深入人心；通过朴实的语言、生动的事例，以群众乐意接受的方式进行宣传，营造乡风建设的良好氛围。

4 落实细节 打造优秀带头之队伍

培育和建设良好家风，必须抓好家风传承、引领和践行，在落细落小落实上下功夫。通过打造一支优秀的队伍，对家风、乡风文明进行良性引导，尤其是党员干部要带头建设好家风。

实践链接

平塘社区：“亮身份”发挥先锋模范作用

珠海市高栏港经济区平沙镇平塘社区开展“三亮三比”活动，要求社区全体党员亮身份、亮承诺、亮标准，公开姓名、工作单位、职务和电话，承诺事项公示，结果公布，全面公开党员工作职责、服务事项、工作流程、办事指南、办结时限等内容，并进行家风、党性、服务等方面的评比，切实让老百姓感受到党员的先锋模范作用。

党员干部要有方向性地开展家风建设活动。例如积极组织“好孝子”“好媳妇”“好婆婆”“五好家庭”等文明家庭相关评选活动，充分发挥先进典型的模范作用；通过开展家庭档案管理，记录家庭发展，不断满足家庭的各类需求，促进家庭和谐；将家风建设与乡村治理、村规民约有机结合，开展法制廉洁教育，对先进人物以及好人好事进行鼓励表彰；通过重点治理乡村的黑恶势力和不正之风，匡扶正气，让广大村民获得幸福感、安全感，以家风促乡风文明建设，推动社会和谐进步。同时，广大妇女在建设家风方面的重要作用也不能忽视。习近平总书记指出，要注重发挥妇女在弘扬中华民族家庭美德、树立良好家风方面的独特作用。

实践链接

新楼村：妇女之家扬新风

惠州市马安镇新楼村积极培育践行社会主义核心价值观，推进家庭美德建设工作。依托“妇女之家”等坚强阵地，发动广大妇女参与，挖掘宣传身边的“最美家庭”及感人故事，引导家庭倡扬传统美德、树立优良家风，以家庭文明促进社会文明，发挥文明家庭示范引领作用。结合时代要求与农村家庭发展需求，广泛深入开展文明家庭创建活动，促进家庭和睦、家人和谐、少有所教、老有所养的和谐局面。

平塘社区：创意室促儿童发展

珠海市高栏港经济区平沙镇平塘社区充分发挥市妇联创建的儿童创意室优势，将儿童创意展成果辐射进社区、乡村，延伸品牌效应。市妇联根据珠海创建幸福村居“一村一品牌”的要求，积极开展特色妇女之家新模式，在香洲区、金湾区、斗门区和高栏港区打造首期五个村儿童创意室，为妇女儿童和家庭服务，推动幼儿创意教育的发展。

党的十九大报告指出，“要深入挖掘中华优秀传统文化蕴含的思想观念、人文精神、道德规范，结合时代要求，进一步继承创新，让中华文化展现出永久魅力和时代风采”。我国家风文化是中华传统文化的重要组成部分，其中包含的孝悌为本、爱国爱家、仁爱友善、诚信务实等优秀内核仍是我们今天弘扬的主流价值。良好的家风家训建设是乡村振兴的重要基础和有力保障，作为建设新农村的重要载体，传承良好的家风家训有利于充分挖掘乡风文明中的精髓，是乡村建设的灵魂所在，同时，实施乡村振兴战略需要践行“五位一体”和五大发展理念，乡风文明建设与家风建设需要与时代共同推进。

习近平总书记在2018年春节团拜会上指出，国家富强，民族复兴，最终要体现在千千万万个家庭都幸福美满上，体现在亿万人民生活不断改善上。千家万户都好，国家才能好，民族才能好。建设良好的家风，强化家庭文明建设，是实现乡村振兴的重要抓手，要把家风建设与当下正在开展的乡村振兴战略等中心工作有机结合起来，与弘扬优秀传统文化结合起来，继续精准发力，扎实推进，培育良好社会风尚，凝聚社会发展力量。

党的十九大报告提出，“文化是一个国家、一个民族的灵魂。文化兴国运兴，文化强民族强。”改革开放四十多年来，为了满足人民过上美好生活的新期待，必须为人民提供更加丰富的精神食粮。广东省遵循公益性、基本性、均等性和便利性的原则，不断深化文化体制改革，完善文化管理体制，建立健全公共文化服务体系，深入实施文化惠民工程，丰富群众性文化活动。尤其是十八大以后，广东省制定了《广东省公共文化服务体系建设规划（2011—2020年）》，提出到2020年建成设施一流、分布均衡、产品丰富、服务优质、保障充分的公共文化服务体系，农村建成“十里文化圈”，成为全国性的公共文化建设示范区。经过四十多年的发展，广东省公共文化服务水平不断提高，文艺创作持续繁荣，文化事业和文化产业蓬勃发展。尤其是通过农村公共文化服务体系建设、农村文化市场体系建设、农村文化队伍建设提高了农民的文化知识水平，提升了农民的文化素养，丰富了农民的精神生活，切实保障了农民的基本文化权益。

第七章

制度保障：完善广东文化建设体制机制

第一节
健全农村公共文化服务体系机制

党的十八大以来，广东省以构建现代公共文化服务体系为目标，以推动公共文化服务标准化、均等化、社会化、数字化为主要内容的重大惠民工程正式起航。为了建立与广东省经济社会发展水平、人口状况、人民群众需求相匹配的现代公共文化服务体系，广东省注重结合广东实际，突出广东特色，融入广东元素，着力以“四化”为抓手，加快构建现代公共文化服务体系。为了完成既定的目标任务，广东积极探索完善公共文化服务体系，特别是农村公共文化服务体系的体制机制，寻找促进广东农村公共文化服务的良好路径和有效措施。经过多年的探索，体制机制的思路创新日益完善。

1 出台政策 加强公共文化建设

广东省委、省政府一直高度重视农村地区文化建设，经过长期努力，广东各地农村地区文化建设有了长足进步。特别是2010年以来，广东先后制定出台了《广东省建设文化强省规划纲要（2011—2020年）》《广东省公共文化服务体系建设规划（2011—2020年）》《广东省人民政府办公厅关于推进基层综合性文化服务中心建设的实施意见》等专项性文件和《广东省公共文化服务促进条例》《广东省非物质文化遗产条例》等法规性文件，为推进广东的农村文化建设提供了政策法规指导。不仅如此，广东省还建立了由文化厅牵头，共19个单位组成的广东省公共文化服务体系建设协调组，协调推进重大公共文化政策、规划以及公共文化服务标准的制定和实施；协调建立稳定的公共文化服务投入保障机制；协调推进公共文化服务重点惠民项目和公共文化人才队伍建设；通报、讨论、审核公共文化服务体系建设政策制定中需要协调组协调的重要事项。

2 财政增投　鼓励社会积极参与

加大政府性基金与一般公共预算的统筹力度，进一步落实好中央和省级财政通过转移支付对老、少、边、穷地区基本公共文化服务的资金保障和对社会组织、机构、个人捐赠公益性文化事业所得税扣除政策。值得提出的是，广东省非常重视在政府继续加大财政投入力度的同时，进一步探索农村公共文化服务的社会化与市场化道路。试行公共文化基金制度，探索公共文化设施社会化运营方式，引导和鼓励社会力量以各种形式参与公共文化设施建设。推动公共文化服务方式创新，实现农村公共文化服务方式多样化。通过财政杠杆进行有效引导，鼓励和扶持社会力量举办公益性文化事业，逐步形成以公共财政投入为主、社会投入为辅的公共文化服务的多元化投入与运行机制。在此基础上，创新并构筑城乡一体化公共文化服务体系，推动文化建设和文化资源配置重点向农村倾斜，推动建设城乡一体化的公共文化服务体系。

“十二五”期间，省、市两级财政设立专项资金，支持东、西两翼和北部山区文化建设。其中省财政每年安排基层公共文化服务设施建设专项资金1亿元，五年共5亿元，采取以奖代补方式，对欠发达地区县级图书馆、博物馆、文化馆三馆达标以及乡镇综合文化站、农家书屋、文化信息共享工程建设等项目达标县给予补助，加快推进公共文化服务体系建设。2012年至2015年间，省财政在每年安排基层公共文化服务设施建设专项资金1亿元的基础上，再新增安排1亿元，四年共4亿元。“十二五”期间，省财政支持基层公共文化服务设施建设资金达到9亿元。

实践链接

罗南村：以文化为核心促进新农村建设

佛山市禅城区南庄镇罗南村是典型的富裕起来的新农村，村集体经济总收入突破2亿元，人均年分红超过4万元，然而，让罗南人内心富足的远不止经济上的持续腾飞，还有正在绘就的以文化为核心的“文化罗南”这一新蓝图。

站在新的历史起点，罗南人意识到，只有文化才能让罗南村好的做法及优秀历史代代相传，单单鼓了荷包，很难实现可持续发展，必须提升村民的文化素质。罗南村带头人、村委会主任关润尧在建设新农村的实践中提出一个响亮口号：“不能富了口袋，穷了脑袋”。罗南村多方筹措资金，先后投入千万余元，大手笔建设文化设施。

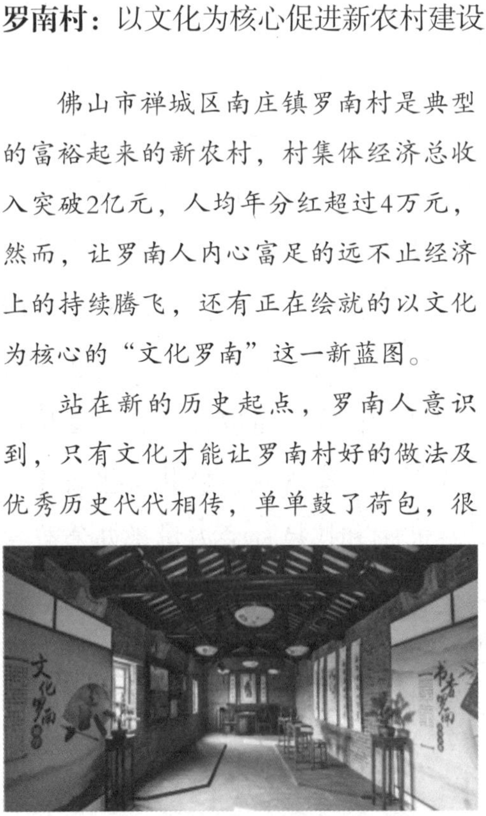

以文化为核心的“文化罗南”

在罗南村腹地，层层绿林之中有一座崭新气派的建筑，这是10年前建成的文化中心，影剧院、羽毛球场、篮球场、健身房等设施场所一应俱全。2004年5月，投资1500多万元兴建的罗南文化中心正式投入使用，内设2180个座位。

罗南文化中心前是文化气息浓厚的广场，可供村民运动休闲；对面则是大型的灯光足球场，一到夜晚灯火通明，村中的足球队常在这里比赛。最近，这个足球场迎来脱胎换骨的机遇，进入升级改造阶段。

1992年至今，罗南村投入近2亿元资金进行基础设施建设，全村九个自然村，每个村都有文化公园，并配建了标准化的足球场、网球场、灯光球场以及老人活动中心等。同时，罗南村还组建了几十支篮球队和足球队，文体活动蓬勃开展。

不仅如此，2014年3月，罗南村携手

罗南村自助图书馆

佛山市图书馆于罗南文化中心打造了全市首个村级自助图书馆，并免费向广大居民开放，把市一级的图书资源送到村民家门口，满足基层文化需求。

3 多方评估 强化监测评价机制

广东省积极引入社会第三方评估机构，将政府自我评估、上级评估与专家评估、社会公众评估相结合，强化对地方公共文化建设的综合性考评，推动地方各级政府制定配套政策，明确实施步骤和具体措施。动态监测和绩效考评的重点内容主要有：反映农村公共文化基础设施的指标，重点是图书室、文化广场、文化活动室等；反映农村公共文化具体活动的指标，主要包括电影、展览、文化节、文艺演出、体育比赛等；反映农村公共文化服务部门信息发布状况的指标，主要包括电台、电视台、文化站；反映农村公共文化服务质量的指标，主要是衡量农村公共文化设施使用效率，包括现有文化设施的利用率和贡献率、公共文化服务的覆盖率等，具体指标有农家书屋年内人均流通次数、文化活动室内人均活动次数、农民文化知识普及率等。动态监测和绩效考评还会重点放在一些保障性指标方面，包括资金、人才、技术等方面的保障，组织管理和社会参与等。

4 加快立法　保障公共文化服务

修订完善《广东省公共文化服务促进条例》，加快推进广东省公共图书馆条例、版权保护条例等法规制定，加大文化执法力度，强化公共文化法治建设，依法依规推进现代公共文化服务体系建设。公共文化立法有利于将广东公共文化服务纳入法制化轨道，促进农村公共文化服务事业健康、可持续发展。

小贴士

《广东省公共文化服务促进条例（草案）》

《广东省公共文化服务促进条例（草案）》于2011年5月30日提请广东省十一届人大常委会第二十六次会议审议。作为全国首部专门性、系统性、综合性的公共文化服务地方性法规，条例草案首次以地方立法的形式，界定了公共文化服务的内涵和外延，确立了政府主导、社会参与、协调均等、便于获取的公共文化服务原则，明确了公共文化服务的管理体制和总体要求。

此次提请审议的条例草案，规定了公共文化服务的提供规范、基层文化设施的建设和使用规范，并从资金保障、吸引社会力量参与、加强人才队伍建设等方面完善了公共文化服务体系。

条例草案还突出了对基层特别是乡镇行政村文化设施的保障。条例草案第十九条明确规定：基层公共文化设施建设应当纳入当地国民经济和社会发展规划，与当地经济社会发展水平相适应，建设规模应当符合国家有关规定并纳入当地土地利用总体规划和城乡规划，优先安排用地指标，依法办理建设用地审批手续。

该条例草案强调公共文化服务的提供者应当加强农村题材文化作品的生产，并创造条件在农村地区免费演出。

第二节
完善农村公共文化服务设施

公共文化服务设施网络系统属于基础性硬件设施，是农村公共文化服务体系最直接的依托。2015年广东省出台的《关于加快构建现代公共文化服务体系的实施意见》提出，要加大公共文化设施建设力度，支持公共文化设施建设向基层农村、城镇社区倾斜。实施公共文化服务场馆提升工程，全面推动公共图书馆、文化馆、博物馆、纪念馆、美术馆、影剧院、体育馆等建设提档升级，完善网格化布局。尤其要加快基层综合文化服务中心建设，优化基层文化馆站设施设备。力争到2020年，乡镇（街道）综合文化站达到省二级站以上标准，村（社区）基本建成综合文化服务中心，文化信息共享工程服务网点覆盖行政村，广播电视实现户户通。

1 资金倾斜 帮扶落后地区建设

广东省特别重视扶持欠发达地区和面向特殊人群的公共文化设施建设，提出省财政转移支持扶持资金重点向粤东西北经济欠发达地区、革命老区及少数民族地区倾斜。推进城乡“结对子、种文化”，加强城市对农村文化建设的帮扶，形成常态化工作机制。整合部门资源，推进基层综合文化服务中心建设。发挥中心城市、示范区的辐射带动作用，推动相邻城市资源共建共享。建立区域性公共文化服务圈，重点建设广佛肇、深莞惠、珠中江等公共文化服务圈，提升公共文化服务一体化水平。

在重视公共文化设施建设的同时，广东省并不一味追求数字达标和覆盖率，而是重视增强农村公共文化设施服务效能的提升，提出要深入推进公共图书馆、博物馆、非物质文化遗产传习所等向全体市民免费开放，推进基层文化场馆整合联动，建立以市级馆为中心馆，县级馆为总馆，乡镇综合文化站为分馆，村综合文化室为服务点的总分馆体系，建立运行机制，加强集约管理。

2 全面覆盖　完善公共文化设施

通过建设，广东基层群众有了更多公共文化设施可用。根据省文化厅提供的调研报告，在2011年，广东省、地级以上市、县（市、区）、乡镇（街道）、村（社区）五级公共文化设施网络就初具规模，基层文化设施全覆盖工程稳步推进。全省已建有县级以上公共图书馆133个、文化馆144个、国有博物馆153个，乡镇综合文化站1594个，城乡社区文化活动室16 139个，全省每万人拥有室内公共文化设施面积达到800多平方米，总体上广东公共文化设施的面积总量处于全国前列。十八大以后发展更为快速，仅2016年，广东文化系统就支持粤东西北地区建设县图书馆、文化馆总分馆20个，乡镇文体广场137个。据统计，目前全省基本实现了省、地级以上市、县（市、区）、乡镇（街道）、村（社区）五级公共文化设施全覆盖，每万人拥有室内公共文化设施面积达到1189平方米。

实践链接

长安镇：打造独特的文化设施体系网络

自创建第一批省级公共文化服务体系示范区以来，长安镇坚持资源整合，积极打造以镇中心区为龙头，社区、企业为支撑的文化设施体系网络，目前，全镇公共文化设施总面积约65万平方米。另外，长安镇财政投入100多万元，积极打造完善、优质、便利、高效的长安镇数字文化馆总分馆服务体系，构建“1个数字化文化分馆+1个社区数字文化室+1个数字文化网点+13个推广点”的服务网络。长安镇把现代企业制度引进文化机构，推进公共文化设施服务能力的提升。2015年，长安镇把长安体育公园作为全镇新型城镇化综合试点和文化体制改革试点，成立东莞市长安莲溪文体管理有限公司，负责对长安体育公园实行企业化运营管理，极大提升了长安体育公园资源整合水平、管理服务水平，赢得了市民的广泛赞誉。长安镇积极推进公共文化服务体系建设，使全镇公共文化服务呈现出政府主导与社会参与相结合，社会力量组织化，有序参与公共文化服务的“长安模式”，公共文化服务的质量和效能不断提升。

长安体育公园

3 文化惠民　产品多样受众广泛

广东除了重视提高农村公共文化服务硬件建设水平，还要求各县市立足实际建设农村公共文化产品生产供给系统，鼓励文艺工作者不断推出反映农民生产生活尤其是乡村振兴实践的优秀文艺作品，展示新时代农村农民的精神面貌。培育挖掘乡土文化本土人才，加大农村公益性文化产品的生产，加强农村公共文化资源建设和服务供给，为农民提供丰富多样的公共文化产品和服务，实施文化惠民工程。

广东省通过资金和政策扶持，鼓励扩大农村公共文化产品生产，要求各级公共文化事业单位、广播电影电视机构、出版机构和作协等文化团体，为农民提供更多更好的公益文化产品。采取政府购买、项目补贴、委托生产等形式，鼓励和支持文化企业生产质优价廉的农村公共文化产品，满足农民多层次、多样化的文化需求。加强农村公共图书馆和非物质文化遗产展示馆的藏书、藏品建设，注重对地方文献、文物、民俗器物和本土名家创作的艺术精品的收藏，形成品种丰富、结构合理、特色鲜明的文化资源体系。此外，广东省依托传统节日、重大庆典活动、传统文化资源和优势文化项目，精心策划，突出创新，不断打造农村公共文化活动品牌。采取政府补助、市场运作，实行低票价的方式，依托县级以上重点演艺场馆，开展舞台艺术精品下基层巡回演出等。广东省利用各种途径带动公共文化机构的专业干部深入基层和农村开展文艺辅导，并整合乡镇资源，组建乡镇综合文化站，同时整合农村现有零散资源，打造有浓郁地方传统特色的祠堂、村落文化室、文化活动中心。

广东省坚持强化对困难地区、弱势群体的公共文化产品供给，对粤东、粤西和粤北经济欠发达地区以及革命老区、少数民族地区的农民输送文化产品。同时根据广东省拥有全国最多外来务工人员的实际，强化对外来务工人员的公共文化产品供给服务，实施“新广东人”文化服务工程，在农村、城市工业区和外来务工人员聚集地区提供免费的少儿电影放映服务，举办免费的文艺培训班。如深圳市针对自己移民城市的特点，针对外来工实施“外来劳务工文化服务工程”和“万场电影惠市民”工程，举办“外来青工文化节”。

除了重视软性文化产品供给，广东省也非常重视硬性文化产品的生产和供给，诸如实施“岭南文化遗产保护工程”，加强以广府古民居、客家古民居、潮汕古民居、开平碉楼侨乡民居为代表的广东古村落保护；加强革命史迹、名人遗迹、考古遗址的保护利用；加快文化生态保护区建设，设立广府文化、客家文化、潮汕文化、华侨文化、少数民族文化等文化生态保护区，命名一批省级非物质文化遗产生态保护区，申报一批国家级非物质文化遗产生态保护区；开展“广东省民间艺术之乡”的评定工作，力争到2020年使全省民间艺术之乡总数达到200个。

经过四十多年的建设，广东省的农村公共文化产品和服务供给能力显著增强，服务手段丰富多样，服务水平大幅提升，努力实现人均拥有1.2册以上公共藏书，每月观看一场以上电影，每季度观赏一场以上演出和参与一次以上群众文化活动，每半年参观一个以上文化展览，基本满足城乡居民就近选择享受文化服务、参与文化创造的需求。到2020年，力争建立起与农民需求相适应的、充裕的公共文化产品和服务供给体系，使农民文化生活更加丰富多彩。

实践链接

墩头村：创造多种形式的文化供给

广东省和平县彭寨镇墩头村是汉族客属古村落，客家民系后裔，约一千多人，通用汉语、客家方言。墩头古村珍爱原生态，人文底蕴深厚，艺术气息浓厚。

四十多年来，改革的春风催生了墩头村的文化产品创造和供给。特别是20世纪90年代后期，随着村一级经济环境的改善，在县、镇政府各级部门的领导下，墩头村自发发动对本村文化、人文古迹的开发、创造、创新。2012年以后，墩头村文化产品创造工作受到了各级政府和有关部门的高度重视，有百年历史的古村焕发了新生机，珍贵的历史文化遗产得到了保护、传承和利用。2013年，设立“东江第一儒林——客家文化系列展馆”，让更多人民群众认识到自己家门口的珍贵文化历史遗产。2014年，“墩头蓝”传统纺织技艺列入和平县第三批县级非物质文化遗产名录。2016年，中央广播电台神州之声到墩头村录制《南粤霓裳·客家织绣·和平墩头蓝》栏目。2017年，在市、县、镇各级领导的带领下和村民的积极努力下，完成了墩头村春晚舞台，书屋水池塘，以及客家风情街旁的河堤和村道建设。同时设立了梅园书屋文化馆、墩头蓝展馆、墩头名艺人展馆这三大文化展馆。

十多年来，墩头村民盘活村里的

墩头村梅园书屋

墩头村祖师殿

非遗资源，创造新民俗，成立村青年志愿者协会，投身到对墩头村特别是梅园书屋的文献史料搜集研究、古建实物修复、文物古建筑保护等工作中。墩头村自20世纪90年代末至今一直连续举办的“墩头春晚”已到了第17届。墩头村的文化产品不仅丰富了人民群众的文化艺术生活，也提升了本地群众审美与文化品位；丰富了乡镇人民群众的文化精神生活，也提升了基层文明建设水平。

文化艺术产品的生产和惠民活动，已经成了墩头村的新民俗。墩头村集古村落特色、古人文景观、非遗基地、宜居美丽乡村以及红色革命教育基地于一身，赢得自己的天地，墩头的明天将更加美好。

第三节
建设高水准农村文化队伍

农村文化队伍是新农村文化发展的直接推动者和主要建设者，建设一支业务水平高、文化素养好的队伍直接影响到新农村文化建设的成效。过去农村文化活动开展不好，与农村文化队伍整体素质不高有关。

1 政策扶持 建农村文化精英队伍

不可否认，很长一段时间广东农村文化建设队伍存在着学历偏低、年龄偏大的现象，有些人员专业能力不强，文化站工作人员多数为兼职，或在编不在岗。因此这批队伍很难集中精力从事文化工作，有的甚至无暇从事文化工作。

为了解决这一问题，《广东省人民政府办公厅关于推进基层综合性文化服务中心建设的实施意见》强调要加强农村文化队伍建设，按规定配备乡镇综合文化站工作人员，配齐配强专职的文化站工作人员，通过县、乡两级统筹和购买服务等方式解决工作人员不足问题，为新农村文化建设提供人才支撑。省财政从2012年起每年下达农村文体协管员专项补助资金

2500万元，对16 815个行政村聘用的文体协管员进行补助，提高文体协管员的综合素质。通过规范的制度，把具有业务专长的人吸纳到文化站，把热爱群众、有较强文化创新能力的文化工作者推荐到文化站长的岗位上。如四会市通过向社会公开招考的形式，吸纳了一大批具有业务专长的人才投入农村文化建设中，建立一支乡土化、农民化和本土化的农村文化精英队伍，使之成为农村文化的承载者和传播者。

实践链接

基层文化站：站长引领新农村文化建设

在广东许多地方的基层文化单位，总会看到这样一个群体：他们没有惊天动地的壮举，不见丰功伟绩的辉煌，缺少镁光灯的聚焦，但就是他们，把公共文化服务、欢声笑语送到乡村社区，让广大群众享受文化成果。他们大都质朴本分，但为了改善当地文化条件，维护群众基本文化权益，他们又敢于大声呐喊，表达诉求。他们年龄不同，经历迥异。有的是刚走上社会就进了基层文化这个门，从此矢志不改；有的则是曾在更显眼的地方和单位工作，但为了追求事业或服从组织需要，来到这个不被看好的行当，然后终生不悔……这个群体，就是奋斗在广东省文化建设第一线、最基层的文化站长们。

2015年初，广东省文化厅与羊城晚报社联合组织开展了“寻找最美文化站长”系列活动，对各地文化行政管理部门推荐的21位基层文化站长进行了采访报道。这21位站长是这个群体的优秀代表，他们为广东文化强省建设增光添彩，是省文化队伍的排头兵。

一是责任。他们虽人微言轻，但有高度的使命感，进了文化站这个门，就“举轻若重”，忠于职责，守住文化前沿阵地，高举基层文化建设大旗，撑起公共文化服务一片蓝天。教群众唱歌跳舞、组织阅读编刊，以及保护文化遗产、协助党委政府完成中心任务等，均是分内事，都义不容辞。这就是责任。

二是执着。如果说在文化站工作数年、10年、20年已属不易，但他们当中还有30年、35年甚至40年扎根基层的站长；如果说这是老一代干部的个人选择和价值追求，但他们当中也有高学历的青年才俊，本已走出大山，听从召唤又回到大山里的文化站；如果说在欠发达地区当文化站长特别不易，在珠三角有更多职业比在文化站风光，因而在这里从事基层文化工作的他们同样难能可贵。在他们脸上，总有几分沧桑、沉重、无奈，但更多的是期盼、刚毅、信心。这就是执着。

三是奉献。他们的实践，改正了所谓投入产出的传统计算方式，改进了“小家”与“大家”的定位，改写了当地文化传承发展的纪录。他们用行动告诉人们，对许多事情和行为的评价不能因收入多少、环境好坏而简单加减，更多要从理想信念的层面来体现价值、衡量得失。这就是奉献。

走上服务基层文化站这条路，有两种情形会相伴而行：一种是压力、困难、辛劳；另一种是当地文明程度的提升，老百姓的笑脸，党和政府的关心支持，社会各界的认可赞扬。我们相信，尽管前者不可能消失，但后者会越来越明显，越来越成为主流。这些文化站长会继续以站为家，以美为德，以文为荣，他们会收获更多鲜花，迎来更多同伴。

2 注重学历 形成专兼职志愿队伍

鼓励“三支一扶”大学毕业生、大学生村干部、志愿者等专兼职从事基层综合性文化服务中心管理服务工作。截止到2016年，全省共组建文化志愿者队伍1274支，注册文化志愿者达81 586人，已基本形成省、地级以上市、县（市、区）、乡镇（街道）、村（社区）五级文化志愿服务网络。完善“广东文化志愿者信息管理服务平台”，建立健全文化志愿者工作机制及各项规章制度，制定出台文化志愿者服务标准，吸引热心文化发展事业的高层次人才进入文化志愿者队伍，使文化志愿者成为基层公共文化队伍的重要补充力量。自2011年在全国率先建立省级文化志愿者总队以来，广东省已建立起“省文化志愿者总队—市（县）、乡镇文化志愿者分支队伍—各类公共文化机构文化志愿者服务队”的组织架构。出台了《广东省文化志愿者总队建设方案》和《广东省文化志愿者管理办法》，明确了文化志愿者队伍的目的宗旨、主要职责、人员条件及吸纳对象、招募方式、组织机构等。广东省还建立了“广东文化志愿者信息管理服务平台”，实现资源共享、服务共建。广东尤其注重对文化志愿者的业务培训，提升基层公共文化从业人员的业务素质。五年来，全省培训文化志愿者累计达2万余次，参与培训的文化志愿者累计达100多万人次。

3 基层宣讲　落地打通“最后一公里”

党的十九大召开后，为了推动十九大精神在南粤大地落地生根，打通指导实践、推动工作的“最后一公里”，广东建设了形式多样的文明实践中心和讲习所，从城镇街区到田间地头，从大政方针到身边故事，从政策宣讲到文艺展演，各项活动如火如荼地开展。如佛山顺德区黄龙村的“新时代文明实践中心”，成了加强农村党建、打造乡村振兴骨干队伍的基地。新时代文明实践中心的专兼职人员，聚焦学习宣传贯彻习近平新时代中国特色社会主义思想这个中心，把习近平总书记关于乡村振兴的思想讲透彻，把中华优秀传统美德讲深入，把党的政策讲清楚，把改革开放40年来农村发生的巨大变化和取得的辉煌成就讲充分，引导农民群众听党话跟党走，讲文明树新风，艰苦创业，勤劳致富。这批队伍遵循“群众在哪阵地就建到哪，群众想听什么就讲什么，用身边人说身边事，让群众听了不想走、走了还想来”的原则，把宣讲阵地也延伸到田间地头、树下河边。在佛山禅城区紫南村，通过对传统文化、民俗风情、家风家训等系统生动的展示，这里的淳美乡风更加彰显，曾经的弱村、乱村一跃变成了全国文明村、中国十佳小康村、中国最美村镇。

第四节
形成一批“文化惠民品牌”

党的十七大提出建设“文化惠民工程”，这是全国人民物质生活水平快速提高之后的一项伟大工程，是社会主义文化大发展、大繁荣的重大举措，也是一项惠及全国人民，普及大众文化的工程。为了做好“文化惠民工程”，广东以构建现代公共文化服务体系为目标，以推动公共文化服务标准化、均等化、社会化、数字化为主要内容，提出加大文化投入，勾画了广东文化惠民工程“施工图”，“让群众不管在广州深圳这样的大城市，还是在粤东西北地区的基层乡村，都能享受到基本公共文化服务内容”。经过不懈的努力，打造了流动博物馆、流动图书馆和新农村公益村晚等品牌活动。2007年，广东省流动博物馆与广东流动图书馆、广东流动演出网一起被评选为文化部文化工作创新奖唯一的特等奖。

1 贴近群众　流动博物馆树标杆

改革开放四十多年来，是广东博物馆事业的黄金时代，创造了博物馆事业发展的“广东样本”。统计数据显示，1978年全省博物馆有100个左右，2017年全省博物馆已有291个。40多年间，全省博物馆增加了近200个。其中，2004年广东省流动博物馆的设立和运营，是广东博物馆事业发展的一大亮点。长期以来，以广东省博物馆的馆藏文物和专业技术力量为依托，以各地各级博物馆为据点，制作流动巡回展览并策划各种配套活动，流动博物馆目前每年在全省巡展100余场次，历年来累计参观人数已超过2000万人次，服务基层和欠发达地区的作用越来越明显。近年来，广东省博物馆以“创新流动博物馆、综合文博资源、共建共享平台”为抓手，着力打造“无边界博物馆”和“群众身边的博物馆”，通过“文博走基层”系列活动，让文物和展品走出博物馆围墙，把展览和文博社教活动送到群众家门口。截至2017年，广东省流动博物馆成员单位已达110个。

小贴士

流动博物馆

流动博物馆是用车载的形式，将博物馆的各种元素运往面积广阔的山区、农村等，向最基层公众进行博物馆文化服务的一种传播方式。

流动博物馆以贴近实际、贴近公众、贴近现实为宗旨，并依据中国幅员辽阔、经济发展不平衡、文化资源不均等、文化服务不便利等实际情况，把文物展览办到边远山区、民族地区、革命老区，办到普通公众的家门口，让更多群众享受博物馆的文化服务，把厚重的历史文化知识和爱国主义教育以通俗易懂的方式和朴实的言语传达给参观者。流动博物馆集文物展示、多媒体互动、传统展板等丰富的展示内容和互动内容于一体，旨在让观众有所见、有所闻、有所学。

2 普惠农村 流动图书馆暖山区

广东在全国首创流动图书馆，以实现文献信息资源的共享。2013年11月23日，“广东流动图书馆”启动仪式在广州举行，首批试点的三个县级图书馆分别与省立中山图书馆签约，郑重地挂上“广东流动图书馆分馆”的牌匾，同时，每个分馆可获得价值约36万元的图书和设备，包括1.2万册新书、16个书架以及电脑、阅览桌椅等。

广东流动图书馆有效解决了基层和农村图书馆普遍“饥饿”的现状，这一服务模式，堪称我国公共图书馆发展史上一个崭新的里程碑。不同于以往的送书下乡，流动图书馆的运行模式是以“大物流”概念启动图书馆协作网络，由省立中山图书馆牵头，购置一定数量适合基层群众阅览的图书，分别流向粤东、粤西、粤北地区加盟的县级图书馆，图书资源在各分馆之间每半年流动交换一次，最终回流至省立中山图书馆。可以说，广东流动图书馆是活水工程，让全省的县级图书馆流动起来，运营效益大大提升，阅读效益以几何级数增长。

可贵的是，流动图书馆通过定期或不定期为馆外的读者送书上门，或在交通不便的边远地区建设图书流动站，有效实现了为农村读者灵活、快捷、方便、主动提供图书借阅服务，一定程度上弥补了边远地区图书馆和社区图书室普遍存在的资金有限、藏书量少、覆盖率不高的不足。广东流动图书馆入藏的图书注重实用性、指导性和普及性，其中包括农业科学类、政治法律类、文化教育类、工业技术类、医药卫生类以及各类工具书，非常适合农民阅览。

不仅如此，广东流动图书馆还以广东省捐赠换书中心为平台，与媒体单位联合开展“书香暖山区”爱心阅览室援建志愿服务项目，持续开展文化扶贫，为贫困山区孩子们源源不断送去优质的精神食粮。多年来，“书香暖山区”大型图书募集活动开展近百场，志愿者足迹遍及粤东西北山区，为87个偏僻的乡村小学援建爱心阅览室，捐赠图书近24万册，惠及山区学子和村民约10万人。以粤东的紫金县、粤西的新兴县和粤北的广宁县为例，这三个县图书馆因为广东流动图书馆项目分别享受到价值约36万元的图书和设备。新兴县图书馆此前的图书总藏量为6.2万册（件），这次馆里获得的图书和设备总值相当于以往政府对该馆七八年的投入总和。

可以说，广东流动图书馆像星星之火，在全省形成燎原之势，似涓涓溪流，流向穷乡僻壤，滋养千千万万的群众，提高他们的思想道德素质和科学文化素质。

3 传承民俗 办新农村公益春晚

新农村公益村晚是指21世纪在社会主义新农村精神文明建设中，义务为农民百姓打造的田间地头的公益性春节联欢晚会。新农村公益村晚作为一种新型农村文化娱乐形式，受到了农民百姓的热烈欢迎和广泛认可。近些年，广东拨出专项经费来推动多种多样的群众文化惠民活动，农村春节联欢会就是其中一项，通过具有“开心广场、百姓舞台”功能的村晚，推动了新时期适应新农村精神文化娱乐的新形式广泛传播。

可以说，新农村公益村晚在广东很多农村已经成为高质量、有影响的群众文化活动品牌，深入群众生活，不断创新内容和表演形式，切实有效地满足群众文化需求，在全国甚至海外都形成了很大的影响。村晚最大特色就是地域性质明显，群众参与性极强，许多节目是针对广东地区群众的语言和生活特色专门设立。如粤曲、潮乐等，都是广东特有的、在民间有着深厚基础、深受广大群众喜爱的艺术项目，且组织形式也更加贴近基层群众。在村晚前后，各地还配套丰富多彩的民间民俗文化展演活动，集中展示底蕴深厚的岭南优秀文化。

实践链接

云浮市："农村春晚"擦亮文化惠民品牌

广东省云浮市罗定市船步镇仓地村，于2018年2月5日在敦睦堂文化广场举行"农村春晚"启动仪式，其被列入"2018年全国文化信息资源共享工程——百姓大舞台"项目。

目前，"农村春晚"已经成为云浮市文化惠民活动的重要品牌，得到了文化部全国公共文化发展中心、中国文化馆协会、广东省文化厅、广东省文化馆的大力支持。

据介绍，云浮市"农村春晚"突出农民群众为主体，演员以本村农民群众为主，农民群众自编自导自演，自我组织，自娱自乐。节目内容突出本村特色，富有乡韵，具有传承文化、展现乡景、记忆乡愁、凝聚乡情的作用。重点展示具有云浮乡土气息的草根艺术、民间绝活和文化遗产。以"小家"映"大家"，讲云浮好故事，唱云浮好声音，传播云浮主旋律。

广东云浮市"农村春晚"现场

总之，改革开放以来，广东省不断探索满足人民群众基本文化需求、建设文化强省的体制机制，卓有成效地完善了农村公共文化服务体系，根本上缓解和扭转了粤东西北地区和珠三角地区文化建设不平衡的现象，在保障农民的基本文化权益方面走在了全国前列，成绩斐然。

党的十九大报告提出，要按照“产业兴旺、生态宜居、乡风文明、治理有效、生活富裕”的总要求，实施乡村振兴战略。乡村文明作为乡村振兴战略的题中之意和关键一环，旨在为其提供内在保证和动力源泉。如何继承中华文化传统，打造新时代的“乡村文明”，并使之与城市文明、工业文明和谐共融，共同构筑具有中国特色的现代化社会主义文明体系，是乡村文明建设的核心。

广东毗邻港澳，作为中国的南大门，既是我国改革开放的前沿阵地和重要窗口，又是岭南文化的重要传承地，同时还是中国近代革命的摇篮。特殊的地理位置、文化传统和历史背景为广东乡风文明建设提供了丰富的自然资源、经济资源和文化资源。回顾广东乡风文明建设历程，尽管各有不同的模式，但还是可以找到共同点，力争形成一批可借鉴、可复制、可推广的典型经验，为全国乡村振兴提供参考。

第八章

回顾总结：
广东乡风文明建设经验及其当代启示

第一节
规划组织　提升乡风文明建设的科学水平

乡风文明依托于乡村建设，规划组织乡村发展的长效机制，事关乡村建设方向和乡风文明建设状况。改革开放四十多年来，广东各村取得的乡风文明建设成效与注重加强以地域优势和特色为导向的乡村规划组织密不可分。

1 合理规划　稳步提升乡风文明

2015年中央一号文件明确提出在新农村建设中要“创新乡贤文化，弘扬善行义举，以乡情乡愁为纽带吸引和凝聚各方人士支持家乡建设，传承乡村文明”。在乡村规划内容的设定上，广东巧借政策“春风”，坚持中央文件精神，将乡风文明放在乡村规划的重中之重。规划内容涵盖政治经济建设、基础设施建设、精神文明建设等方面，让村民看得见青山，望得见绿水，闻得到花香，记得住乡愁，守得住乡情。

（1）看菜吃饭，量体裁衣。鉴于各村具体情况不同，乡村规划设定首先要对乡村进行实地考察、调研和分析，综合乡村所处的地理位置、地域特色、文化底蕴等因素，以经济建设为基点、乡风文明建设为重点，确立乡村发展方向和路径。其次，在基本规划的基础上发展项目，坚持“规划先行，保护为主，有序开发”原则，优先推进基础设施项目建设，提高乡村公共服务能力。再次，结合各村原有的地域优势和市场实际需求发展适合本地的产业项目，创建本地发展内生性机制。在规划设定过程中要充分听取专家建议，并确保实施规划得到村民的支持以及村民的全程参与，坚持“实用、简化、抓住主要问题”的原则，立足科学分析，实现乡村发展的灵活规划、整体布局、良性联动和可持续发展。

（2）紧抓重点，有的放矢。粤东、粤西、粤北地区与珠三角地区相比，在生产组织化程度、农民综合水平等方面有相当大的差距。面对地区发展不平衡不充分的现状，广东省委、省政府首先对全省村落实施差异化考核和补助，以更加精准的、差异化的优惠政策促进解决发展不平衡不充分的突出矛盾。在乡风文明建设的具体规划内容上，各村以创建名村建设计划和“千村整治行动”为契机，依托家风家训、村规民约、道德示范、法治建设，重点打造农村“三美”——自然风貌之美、生活殷实之美、文明和谐之美，大力宣扬优秀传统文化和社会精神文明。

实践链接

紫南村：从物质小康走向精神小康

2007年之前，佛山市禅城区南庄镇的紫南村因经济发展落后、乡村管理制度不健全，各种矛盾积聚冲突，成为远近皆知的“后进村”。回顾甩掉问题村帽子的十年历程，其成功的主要原因就在于紫南村在乡村、产业、制度和文化规划上牢记习近平总书记嘱托，坚持两手抓两手硬。在村党委书记潘柱升接过这块烫手山芋之后，紫南村党支部、村委会因地制宜引进大型项目推动第三产业发展。紫南商贸城就是落户在紫南的第一个项目，为紫南村集体收入带来第一桶金，每年可贡献2400万元的收入，占到村集体总收入的1/5。随后又构建起易运物流基地、国际卫浴城、银河广场等专业市场和以紫南美食为主的餐饮产业链格局，实现集体经济高质量发展。

潘柱升介绍，在打造特色产业、实现村强民富的同时，紫南村以村规民约的形式解决各类管理难题，先后出台包括《市政管理处管理制度》《村容村貌管理制度》等20多份规定，注重在新时期传承乡村文明。今日的紫南摇身变成广东名村，展现出“绿树两旁闲逸坐，清溪一水荡舟游”的岭南韵味，实现了从物质小康到精神小康的跨越式发展。

紫南村的水乡风貌

2 班子建设 优化队伍形成示范

（1）班子强化，夯实建设。俗话说“将帅无能，累死三军”，由于一些党政干部无法正确认识乡风文明建设的重要性，导致乡风文明建设工作在实际上处于“说起来重要，做起来次要，忙起来不要”的尴尬地位。班子领头人的思想素质与能力水平很大程度上直接影响乡风文明建设状况。广东省谙熟此道，历来重视综合多方面因素考察和评选领导班子，注重挑选了解本村实际情况的候选人，采取“两推一选”、公推直选等办法，以党性强不强、能力高不高、品德高不高、风评好不好、管理强不强作为村干部评选标准，不断优化村干部队伍结构。在选好领导班子前提下，注重培养年轻村级后备干部是加强村党支部班子建设又一法宝。村“两委”班子主动向有发展潜力的青年农民、学生抛出橄榄枝，动员其向党组织靠拢，建立村级干部后备人才梯队，有效补给村“两委”班子。

（2）头雁引领，作出表率。所谓“群众富不富，关键在支部；支部强不强，关键看班长”。村党组织书记是基层党组织的“领头雁”，是乡村建设的主心骨。推进“头雁工程”，既能发挥党员领导干部“关键少数”示范带动作用，又能助推形成“头雁效应”，推进基层组织争先创优。因此，培养造就一支素质优良、作风过硬、群众公认、结构合理的带头人队伍，对于夯实党在农村的执政基础，推动农村各项事业持续健康有序发展具有十分重要的意义。新农村建设以来，广东坚持把加强村党组织书记队伍建设作为农村基层组织建设的“龙头”，深入实施头雁工程，注重提高村党组织书记队伍的思想素质、政治素养和办事能力，实现“领头雁”形象上的率先；注重村党组织书记队伍在乡村建设中的以上率下、亲自上阵、示范推动、全程关注，实现“领头雁”行动上的率先。

实践链接

清廉典型：东华村党支部书记章钦炳

章钦炳是汕头市潮南区陇田镇东华村的党支部书记，从1977年起，老章当了20多年东华村的“掌门人”。对于这样一位老书记，村民们无不感慨万千：“能过上今天这样的好日子，多亏了老支书章钦炳。”东华村位于练江下游南岸，地理位置偏僻，改革开放之前，是一个无区位优势、无资源优势、无华侨优势的纯农村庄。

自1977年章钦炳担任村支部书记之后，带领父老乡亲冲破地域束缚、解决温饱问题成了老书记的初级梦想。伴随改革开放的春风，章钦炳以支部建设带领群众致力于发展“三高四化”（高产、高质、高效；集约化、规模化、科学化、一体化）农业，走出一条适合东华村情的绿色生态路子。此外，老书记还积极发动党员干部、村民代表、村民理事建言献策，修订编成《东华村各项管理制度汇编》，分廉政建设、民主选举、民主决策、民主管理、民主监督五部分。他时常警醒自己：“要想管别人，先得管住自己；干部廉洁了，公正了，办事透明了，百姓就拥护你；干部不贪，就没有推不掉的人情。”面对各种利益诱惑，老书记始终斩钉截铁地回答：“我们村办工程一律公开投标，公平竞争，任何人都无权答应。你有实力，就来参加公开投标；至于礼物，一律退回！”正是坚持这样的理念，在以章钦炳为书记的党支部带领下，东华村从一个“三无村”发展成风清气正的社会主义新农村。

3 固本培元　净化党内政治生态

（1）武装头脑，锤炼作风。打铁还需自身硬，严肃各村党内政治生活始终是保持党员先进性和纯洁性，增强党的创造力、凝聚力、战斗力的政治优势和重要法宝，为乡风文明建设提供了良好的政治环境。首先，在价值认同上固本培元。组织广大党员干部加强学习党的政策方针，正确理解《关于新形势下党内政治生活的若干准则》的科学内涵，落实“两学一做”，组织开展“三会一课”、民主评议和党员集中轮训等党内政治生活，培养各村党员干部对党的信仰、理想信念、价值追求的自觉认同，筑牢信仰之基，补足精神之钙，把稳思想之舵。其次，在实践中抓实落准。严厉查处形式主义、官僚主义、享乐主义和奢靡之风，杜绝任人唯亲、跑官要官、买官卖官、拉票贿选的行为，做好反腐立威、惩防并举、标本兼治，锻造坚强的领导核心。最后，在考评中挂钩文明创建。通过科学的方法把乡风文明建设工作目标量化、内容量化、措施量化、结果量化，将量化的文明创建工作成果与党员干部、政工人员年终评优评先挂钩，实现党建与乡风文明建设相辅相成、相得益彰，以严肃党内政治生活确保乡风文明创建活动持久常效。

（2）干部下沉，联系群众。群众路线是党的生命线和根本工作路线，建立党员干部直接联系服务群众机制，是密切党群干群关系、加强党的执政能力建设的有效途径。广东省历来重视党群联系，通过集中专访、定期走访、专门回访随时掌握群众思想生活情况，实现走访服务和联系结对全覆盖。坚持基层党建情况必问、阵地必看、责任必讲，群众诉求必听，困难群众必访，群众托付事情必办，增强机关党员干部与基层的感情，塑造良好公仆形象。通过创新党群联动机制，既实现问题发现在一线、矛盾化解在一线、工作落实在一线，也可利用各种党群联系活动统筹社会各类服务，引导各类资源下沉。

第二节
发展经济 保障乡风文明建设的物质基础

经济建设是乡风文明建设得以顺利开展的重要物质基础和保障。窥一斑而见全豹，改革开放四十多年来广东乡村精神文明建设成效显著、后劲十足，这与广东在加强乡风文明建设时注重夯实经济基础有关。

1 科技兴农 推动智慧农业发展

为盘活村集体资产，拓展农业经济发展空间，近年来，广东依靠科技兴农战略，充分利用“七山一水二分田”的地理优势，以亚热带经济作物为种植业结构调整的重点，以发展牛羊、减猪稳鸡为畜牧业结构调整的方向，更新农业装备设施，提升农业现代化、信息化水平。一方面，积极扶持农业产业化龙头企业，引导它们积极创办农业产业化示范基地，发展新型农村合作组织，通过“公司+合作社+农户”的规模经营模式帮扶农户实现产业链升级。另一方面，利用“互联网+”、物联网、大数据等现代信息技术搭建农产品供求信息平台，推动“互联网+”智慧农业发展，缩短农产品销售链，使农民随时了解相关信息，规避风险，拓宽销售渠道。

2 挖掘优势 拓宽生态产业路子

广东各村特色经济的开发涵盖特色农业、特色旅游、特色工业园区、特色海水养殖业等方面，这些现有的和可挖掘的自然人文资源量多质高，可塑性强，有助于闯出适合本地发展的路子，促进乡村经济发展和农民增收致富。涌现出一批倚靠成功转型经济结构，发展特色经济的“富裕村”——发展镜菜和油菜花等特色产业的云浮市罗镜镇椽安村、借助生态古樟树和菠萝产业等优势资源发展的湛江市徐闻县龙门村、发展特色海水养殖业的潮州市饶平县黄冈镇大澳村等。

3 多方投入 增强脱贫“造血”功能

广东贯彻落实党中央关于“坚决打赢脱贫攻坚战”的重要指示精神，着力提高贫困人口收入，改变贫困地区落后面貌。首先，根据各地实际情况持续加大对粤东西北地区的财政投入，实现政策兜底。在2018年加大对革命老区、民族地区、困难地区的转移支付力度，将原中央苏区县、海陆丰革命老区贫困县、少数民族县中心卫生院等建设项目补助比例从80%提高到100%。其次，通过“省委政策引导—地方制定细则”，建立健全各村精准脱贫工作机制。省政府引导各村因地制宜落实脱贫攻坚具体工作方案，成立各村扶贫开发领导小组，实行整村推进、帮扶到户，合力推进扶贫工作。各村围绕各自地域特点，制定与省“1+N”政策措施体系相对接的配套实施方案，多措并举扶持贫困户，进一步增强“造血”功能，深入推进精准扶贫、精准脱贫工作。

政府投入是乡村建设的重要资金来源，但单靠政府资金扶持难以全方位覆盖农村发展，对于生产落后的农村也无异于杯水车薪，非长远之计。因而在乡村建设的资金来源方面，广东采取多方投入，谋求共建共享。广东“两委”鼓励和引导各村立足实际，实施外引内联、筑巢引凤发展方略，借改革开放和社会主义市场经济发展的东风招商引资，实现产业带村、项目兴村、招工帮村、资金扶村，为农业农村发展提供内在动力。

实践链接

良洞村：温氏“公司+农户”产业模式精准扶贫

云浮市新兴县簕竹镇良洞村是温氏模式助力攻坚脱贫的一个缩影。早期的良洞村集体经济基础比较薄弱，修建环村大道的资金主要来源于民间自筹、村委会出资和企业捐赠。但授人以鱼不如授人以渔，温氏则在产业扶贫中一直扮演“师傅”的角色。20世纪90年代初，良洞村依托毗邻温氏股份原总部的优势，通过合作建设、招商引资等方式大力发展温氏股份上下游产业项目，先后引进良洞种鸡场、新旺羊场等项目，每年为村集体经济增收25万元。但良洞村并不止步于此，而是继续寻求以土地入股、土地出租的方式增加集体经济收入，为打好“温氏牌”，全村80%村民都从事与温氏股份相关的工作，享受着土地收租分红和股份分红，生活水平不断提高。如今，“公司+现代家庭农场”模式已成为一条可复制、可借鉴、行得通的扶贫模式，相信在未来的发展中，必将带动更多贫困人口脱贫致富，前景必定更加辉煌。

升级版的良洞种鸡场

第三节
发展文化　挖掘乡风文明建设的时代内涵

文化来源于生活，亦高于生活，文化建设不仅促进经济发展，还在潜移默化中不断强化乡风文明的时代气息，广东乡风文明与重视文化建设密不可分。

1 构筑阵地　加强建设传播平台

提升农村文化软实力，抵制农村不良风气传播，走出农村文化缺失困境，需要在吸收历史留存和文化积淀的基础上，构筑富有时代性和乡土特色的文化高地。

（1）发展爱国主义教育基地。近年来，广东谨记习近平总书记“把红色资源利用好、把红色传统发扬好、把红色基因传承好”的殷切嘱托，依托爱国主义教育基地将红色文化价值外化，让人们从历史中找到情感共鸣和结合点。一是以历史文化为基调，依托“中国巾帼英雄第一人”冼夫人的爱国史记、“民主革命先驱”邓演达、“农民运动大王”彭湃，讲好红色故事，让革命精神、爱国主义得以流传，从而转化为崇德向善的实际行动。二是以红色旅游为特色，深入挖掘革命战争和社会主义建设时期的乡村红色文化旅游产业附加值，加强保护、开发名人故里遗址遗迹，实现文化惠民、经济惠民。三是以红色文化体验为亮点，创新陈列展示手法，将固化的红色革命文物精髓进行活化，让群众重温革命建设风雨历程，在娱乐中领悟革命老区精神。

（2）主推文化道德学堂。农民有不同于市民的生产、生活、交往以及消费方式，也有不同于市民的思维方式、心理结构和道德觉悟水平以及性格特点，乡村道德建设要依据他们关注的重点内容选择性开展道德宣化，增强教育的针对性和实效性。广东沿海发达地区的农村，城镇化程度较高，市场化水平较高，相比内陆农村，农民观念较开放，道德水平较高，对这些地区的农民，要把重点放在引导农民确立与现代市场经济相适应的开放意识、市场意识、竞争意识，养成遵守市场道德规则的习惯。同时还要深入挖掘乡村熟人社会蕴含的道德规范，以社会公德、职业道德、家庭美德、个人品德激发人们的道德意愿和情感，提高道德自觉践行能力。

实践链接

河源：打造传习“新课堂”，线上线下齐发力

2018年5月，河源“两委”班子为充分调动群众学习贯彻习近平新时代中国特色社会主义思想、党的十九大精神以及中华优秀传统文化、中华传统美德的积极性，以市、县、镇、村四级为依托，组建新时代文明传习所。传习形式抓住提升农民文明素质和农村文明程度这一重点，以小品、快板、说唱等方式，利用农民闲暇时间，到各村开展宣讲活动，形象生动地把道德宣传搬到了农户院落、居民楼栋、文体广场，深受村民欢迎。这种情境教育更能够以情生

河源首个“新时代文明传习所”示范点

情、以情动人，引导广大农民群众从中寻找最直接感受，并内化为自己的思想品质，做一个有道德坚守的人。除“流动传习所”外，河源还充分利用互联网资源，探索“指尖式”传习新平台，变灌输式为互动式，变点对点为点对面，让传习所在线永不落幕。

（3）搭建家风文化示范平台。家风建设在我国有着悠久的历史和广泛的基础，它更适合村民的情感认同心理，并形成一种集体无意识，成为后世人们立身、治家、为人、处事的准则。今天，虽然我们所处的时代已发生重大变革，但不可否认，家庭对于中国社会仍然具有基础性结构作用，家风建设还起着维系宗族团结、邻里和睦的积极作用。广宁县扶楼村、怀集县扶溪村、忠信镇司前村等纷纷整合利用现有的公祠、武馆、纪念堂等资源打造各具特色的家风家训文化教育基地，把家规家训文化和中华优秀传统文化有机融合，以好家风、好家训教育引导家庭后辈成员增进认同、自觉践行，走出了书法家、国家一级运动员和一批名牌大学生，成为广东扬家风文化、促文明乡风的良好示范。

2 精心设计 文化活动紧贴农村

农村乡风文明建设关键要采取适宜农民的、吸引农民参与的有效载体，大力扶持农村文化活动的开展。

（1）文体活动趋完善，村风民俗改新观。文化娱乐活动从来都不是单纯的娱乐，它是维系整合农村社会生活的重要载体，即作为一种群体共同参与和民众共同拥有的活动，让生活在一个地区的民众分享同一种情感，强化文化认同感。要把乡风文明建设长久持续下去，就要不断创新活动载体、宣传方式，坚持业余自愿、形式多样、健康有益的原则，打造一批真正反映农民呼声、满足农民需求的群众文化活动品牌。一方面，发挥农民自办文化的内在价值，把活跃在农村的文化能人、民间艺人组织起来打造业余文艺表演队，组织开展民俗表演、戏曲演出、书画展览等各类群众文化活动，让他们在文化活动的参与中摈弃恶习、陶冶情操、净化民风。另一方面，大力开展“移风易俗、告别陋习、树立新风”宣传教育活动，在落细落小落实上下功夫，使乡风文明与村民日常生活紧密相连，利用各种场合和时机，形成有利于践行和弘扬社会主义核心价值观的生活情景和社会氛围。

（2）先锋模范起作用，村民兴致常调动。农村基层党员和干部是农村地区的先进分子，这要求他们在农村思想道德建设中以身作则、率先垂范。共产党员、领导干部在精神文明建设中不仅要成为社会主义新风尚的组织者，还要成为移风易俗的带头人，做好群众思想政治工作，协助解决农村矛盾、纷争。此外，由于职业、身份、文化水平的不同，每个人价值追求也有差异，榜样选取也要注重层次性。在我国新农村建设中，涌现出不少经济能人、致富能手，他们身处的环境条件、成长经历与身边的群众相近，有着真实的可信度、直观的可比性、体验上的易学性。要善于发挥和运用本土人才资源的辐射和带动作用，以“身边人讲身边事、身边人讲自己事、身边事教身边人”的形式，引导村民见贤思齐，鞭策后进。现阶段，广东新农村建设产生了一大批可圈可点的“和谐示范村”“文明标兵”“五好家庭户”，各地乡村在开展创建活动中，都有比较完整、规范的评选方法，同时，也要不断提高创建水平和质量，使精神文明建设内容形式常抓常新。

（3）守望相助显真情，传统美德记于心。在社会转型时期，需要重塑农民的新集体主义观念，把日益疏离化的村民重新组织起来，增强乡村凝聚力。乡村社区居民可以建设各种志愿服务组织，群策群力，让他们深切意识到中华民族团结互助、扶贫济困的优良传统美德，近年来，广东省在打通农村基层志愿服务“最后一公里”方面取得了长足进展。一是以人为本，尤其是以留守儿童、单亲子女、孤寡老人为重点关爱对象，建立志愿服务走访慰问常态化机制，确保群众充分享受到改革开放带来的实惠；二是因地制宜，从各村实际情况出发，针对家政服务、心理疏导、救难帮困等需求，为村民提供点对点、零距离“菜单式”服务；三是自愿参与，无论是以党员志愿者为引领，吸引农村内外人力资源快速集聚，还是经常性开展公益服务活动，都应是村民发自内心的精神追求，要尊重本人意愿，不以外力强加。这所有的一切都在无形之中增强了村民对本村本土的归属感，逐步改善了农村的松散状况，形成平等友爱、融洽和谐的人际环境。

3 铸造灵魂　形成文化自新机制

乡风文明建设需要乡村社会在现代化进程中不断继承和超越传统，打破城乡二元结构下的封闭、落后状态，导入现代文明因素，形成更加开放、更具活力的自新机制。

（1）从“送文化”到“种文化”。随着农村生活水平和生活质量的提升，仅仅依靠国家力量向农村社会“送文化”，已无法满足农民群众日益增长的文化需求。新农村文化事业建设要获得可持续发展，关键取决于乡村自身的发展和内生的凝聚力。要开展农村文化资源审查，对于那些原汁原味、文化底蕴深厚的民间艺术和地域特色文化，分离抽取仍具活力的可用资源，寻找乡土文化中传统道德与马克思主义、中国特色社会主义理论的最佳结合点和着力点，使乡村价值观呈现出中国特色、乡土特色，成为农民现实活动的价值追求和精神动力。要培育农村特色人才，尤其是那些在基层文化中具有代表性的民间艺人、文化能人以及非物质遗产传承人，赋予其“民间大师”称号，给予奖励和补贴。同时，从青年人入手扩充农村文化精英队伍，延续民间文化艺术血脉，激发民间文化艺术活力。

（2）从物质扶持到思想扶志。近十几年来，在珠三角地区，由于工业化城镇化的加速发展，不少农村出卖集体土地以后，村民通过获取巨额征地补偿款暴富，但这些一夜富起来的农民，有的因挥霍、懒惰、赌博又迅速返贫。另有一部分农民深受贫穷文化心态影响，秉持听天由命的宿命观、得过且过的人生观以及只求温饱的消费观。这种思维方式的惰性力和顽固性，致使他们目光短浅、甘贫守拙，当有机会改变自己命运时，他们不是通过新途径、新方式突破原有的生产和生活模式，而是理所当然地将脱贫致富看成是政府、社会和他人的事，凡事向国家、社会、他人伸手。因此，要想帮助农民切实脱贫致富，必须以观念转轨为突破口，开展“致富思源，富而思进”的教育，引导农民从“要我富”到“我要富”，逐渐摆脱“小进则满，随遇而安”的思想束缚，树立开拓创新、开放竞争、自强自主的思想。

第四节
以人为本　塑造乡风文明建设的美好环境

习近平总书记提出“乡村振兴也需要有生力军”，农民的素质状况决定乡风文明建设的水平和质量；只有广大农民自发、自愿地参与到乡风文明建设中来，乡风文明建设才能取得更加丰硕的成果。乡风文明建设是惠及全省农民的民生工程，广东各村在乡风文明建设中跳出固定模式，立足实际、掌握实情、拿出实招，注重引导农民、扶持农民、提高农民，发挥农民在和谐、文明、宜居农村建设中的主体作用。

1 扫黑除恶　保障乡村秩序井然

黑社会性质组织是群众反映最强烈，也是最深恶痛绝的一颗社会毒瘤，扫黑除恶事关人民安居乐业、社会安定有序、国家长治久安。自中共中央、国务院于2018年1月发出《关于开展扫黑除恶专项斗争的通知》以来，广东省积极响应，将操纵基层选举、经营黄赌毒、强取豪夺等十类黑恶势力问题作为重点打击对象，取得显著成效。其一，把扫黑除恶作为

“一把手”工程。加强组织领导，成立省、市、县三级扫黑除恶专项斗争小组，切实履行各自职能职责，形成环环相扣、齐抓共管的打击合力。其二，形成扫黑除恶高压态势。扫黑除恶行动如火如荼开展后，珠海、茂名等地为推动宣传发动工作进村入户，对重点打击对象、举报方式、举报奖励等进行详细解说；同时持续开展多渠道、多形式的宣传工作，让涉黑涉恶违法犯罪行为成为“过街老鼠”，无处遁形。其三，铲除涉黑势力滋生空间。农村社会人情网、关系网复杂交织，涉黑团伙为寻求庇护，往往会通过利益输送攀附基层政权，增加执法打击的难度。如果说严惩黑恶势力是猛药去疴，那么铲除黑恶势力背后靠山就需要刮骨疗毒。要对扫黑除恶专项斗争中发现的“保护伞”问题线索优先处置，确保党和人民赋予的权

小贴士

从“打黑除恶”到“扫黑除恶”

2000年12月11日，全国打黑除恶专项斗争电视电话会议在北京召开，中央决定从2000年12月到2001年10月，组织全国公安机关开展一场打黑除恶专项斗争。这是我国首次开展打黑除恶专项活动。2001年4月，中央在召开的社会治安工作会议上，将打黑除恶专项斗争的时间延长到2003年4月，并且将其并入为期两年的“严打”整治斗争。2006年2月，中央政法委部署全国开展打黑除恶专项斗争，在中央成立了打黑除恶专项斗争协调小组，并设立全国“打黑办”。之后，每年都召开一次全国会议，中央领导同志亲自动员部署，各地区、各部门深入推进。2018年1月，中共中央、国务院发出《关于开展扫黑除恶专项斗争的通知》，决定在全国范围内开展为期三年的扫黑除恶专项斗争。此次《通知》首次提出“扫黑除恶”，对比过去的“打黑除恶”，一字之差彰显了党中央在保障人民安居乐业、社会安定有序、国家长治久安，进一步巩固党的执政基础方面的决心和信心。本次扫黑除恶专项斗争共同参与的部门从过去的10多个增加到30多个，更加重视综合治理、源头治理、齐抓共管。

力不被滥用，惩恶扬善的利剑永不蒙尘。其四，以人为本构建帮扶机制。乡村管理最重要的是对人的管理，其中最重要的是对重点人群的动态管理。广州西塘村、揭阳新坛村为帮助社区服刑人员、刑满释放人员、吸毒人员和外来务工者、无业人员以及失学、辍学青少年融入社会，防止其拉帮结派或被黑恶势力教唆利用，以村干部带头开展个别谈话教育，了解他们思想动态，协助解决家庭困难，有力推进农村基层的平安建设。

2 教育兴村 推动农民主动建设

当前，部分农民由于不能正确认识和客观看待腐败和贫富差距，对党和政府以及社会主流思想存在抵触情绪，对待地方干部秉持“有吃有穿不求你，不批不斗不怕你，有了纠纷就找你，稍不如意就骂你”的态度。教育是人才培养的基础，只有加强农村教育，从农民思想根源上解决问题，才能实现农村乡风文明建设的“百年大计”。

（1）集乡贤之智，引领向上向善。乡贤理事会是协同参与农村社会治理的一种农村基层治理制度，是基层自治组织的有益补充。广东引导和扶持各村组建乡贤理事会，选举乐于奉献、公道正派、群众威信高的老党员、老干部、致富能人担任乡贤理事。一方面，发挥乡贤理事会建言献策作用，解决乡风文明建设重难点问题，如对乡村不良风俗提出建议，有效遏制了攀比之风、污染环境、坑蒙拐骗等现象的发生。另一方面，通过乡贤理事会成员带头践行社会主义核心价值观，以自身的文化道德力量引领村民行善举、知廉耻、遵规章、明是非，涵育文明乡风。

实践链接

大吴村：侨胞反哺推动乡村发展

潮州市潮安区浮洋镇大吴村是著名侨乡，共有旅外侨胞2000多人，素有“国内一个大吴，海外一个大吴”之说。这批早期海外乡贤经商致富后，用各种方式反哺养育自己的家乡。吴清亮正是大吴村赫赫有名的一位华侨，他谨遵母训，不忘宗源，改革开放之初返回家乡，面对家乡脏乱穷的现状，他痛下决心帮助村民走脱贫奔小康之路。在吴清亮的带动下，海内外乡贤先后共捐资超1亿元，用于松昌中学、秀英医院、修德善堂福利会等公益设施建设。与此同时，为激励家乡学子奋发向上、立志成才，2013年大吴村成立修德善堂福利会发展基金，助力贫困学生实现求学梦。现今，在强大侨资、侨力的支持推动下，浮洋镇大吴村建设进程领跑全区，各项事业发展取得不错的成绩，进一步擦亮了大吴村“侨村”的金字招牌。

大吴村乡贤捐赠的松昌中学

（2）助教育之路，培育新型农民。首先，严格落实农村九年义务教育，确保农村基础教育不动摇。增加农村基础教育经费的投入，改善农村办学条件和教师待遇，更新教育观念，加快应试教育向现代素质教育的转变。在科学文化教育中增加中华优秀文化的教育比重，提高农民现代文明素质。其次，本着实际、实用、实效的原则，多层次、多渠道、多形式地对村民进行职业技能培训，帮助农民掌握先进的农业生产技术。引导农民克服小农经济思想，树立开拓创新、开放竞争、自强自主的创业思想，提高农民科技素质。最后，在农村广泛开展社会主义核心价值观教育，利用召开党员大会、村民大会等方式，将政府建设美好乡村的政策、措施，建设美好乡村的意义、目的、内容宣传到位，让村民认识到自己在建设中的重要作用，增强自尊、自信、自强、自立意识。

（3）汇群众之力，形成共建合力。农民长期生活在农村，对农村建设发展最有发言权。村民自治就是广大农民直接行使民主权利，依法办理自己的事情，是保障村民在乡村建设中主人翁地位的重要途径，是实现农村治理的有效方式。长期以来，广东省坚持按照党的政策方针，不断加强以村民自治为核心的农村基层民主建设。其一，尊重村民的意愿，发挥群众首创精神。广东各村坚持“以人为本”，在乡村建设中广泛倾听民心，广纳村民意见，尊重村民创造，维护村民利益，最大程度激发村民投入建设的积极性、主动性和创造性，以农民的智慧结晶推动农村的全面发展。其二，将村民自治机制与乡风文明建设工作相结合。把推进乡风文明建设作为完善村民自治机制的重要内容，纳入当地经济和社会发展规划。依托村民自治组织搞好文明乡风宣传教育，形成正确舆论导向，让村民在主动参与民主管理之时自觉以传统道德规范自身行为，最大限度地将文明乡风内化于心，外化于行。

3 环境美村 满足美好生活需要

独特的国情决定了我国自古以来就是以农村为本，虽然现阶段我国已走上工业化发展道路，“但无论是过去、现在还是将来，决定中国社会形貌的因素依然是农村、农民和活在生活中的乡土文化。其鲜明的生态属性和社会文化属性，其自身所蕴含的强大转换能力和惯性”是美丽乡村建设的新思路基点。

（1）保育基因，深挖传统古村风貌。美丽乡村建设绝不是上几个项目、盖几栋房舍、搞一些基建，就“美丽”了；不能名为搞现代化，抛下老祖宗的好东西。要遵循乡村自身发展规律，把握不同村庄区域特点、产业基础和生态条件，注重乡土景观的差异性、多元化，构建古今相映、雅俗共赏的新格局。要传承好农村优秀文化基因，深入挖掘历史文化名村、传统村落、历史建筑背后的文化内涵。尤其是对岭南乡村优秀传统文化生态保持较完整并具有特殊价值的古镇、古村落、古建筑、古遗址等进行文化灌注和活化升级，多角度、全方位呈现原生的田园风光、原真的乡村风貌、原味的历史质感，既在风貌塑造上留住乡村的“形”，也在文化传承上留住乡村的“魂”。自实施乡村振兴战略以来，梅州侯南村、河源林寨古村、揭阳西岐村等地力求民俗风情与人居环境相辉映，以古建遗珠修筑为突破口，以特色文化元素为镶嵌，不断发掘和包装岭南水乡文化、风貌和底蕴，乡村“颜值”刷出新高度。

（2）转变观念，强调生态文明效应。历史发展到今天，人类发现自然界既不是可以战胜的敌人，也不是盲目崇拜的神秘偶像，更不是可以任意占有的对象和随意裁剪的材料。从表面上看，环境问题是由某些自然的生产技术因素引起的，从深层次看，置人类私欲于自然之上，无视自然承载力，疯狂掠夺自然资源，才是制约乡村环境治理的根源。所以，摆脱乡村环境危机，不仅需要技术上的努力，更在于转变价值观念。我们今天的乡风文明建设，应重新体悟“天人合一”的价值取向和生态伦理智慧。要保留好农村良好生态本底，把加强农村与农业生态环境建设放在优先地位，提高广大农民群众对环境保护基本国策和环境法治的知晓率，逐步引导农民从以效益为中心的价值取向转变为“绿水青山就是金山银山”的价值观念，增强资源危机意识，让更多地方农村走上不以牺牲环境资源为代价的可持续发展之路。潮汕大澳生态文化村、河源桂山宜居村、广州红山观光休闲农业示范村之所以成为广东乡村振兴的典型代表，与其坚持用城市思维和标准进行规划建设密不可分。这些乡村以“生态、水乡、宜居”为主线，集自然生态、水乡风貌、民俗活动于一身，高标准建设各具特色的生态田园式社会主义新农村，由此迈上生态发展快车道。

/后 记/

广东作为中国改革开放的排头兵、先行地、试验区，取得了举世瞩目的成就和宝贵经验。作为中国经济大省和消费大省，经济综合实力稳居全国前列。改革开放四十多年来，广东省农业也一直走在前列，实行了不少改革措施，如率先推出以土地为中心的农村集体资产股份合制改革，率先进行减免农业税试点等。

十九大报告提出要在全国农村实施乡村振兴战略，在总结以往“新农村建设”“建设美丽乡村”的经验教训之后，提炼出“产业兴旺、生态宜居、乡风文明、治理有效、生活富裕”的二十字总要求。今天，广东乡风文明建设依旧敢为人先，在农村教育、文化品牌、习俗民风等方面进行了许多有益尝试。本书立足于乡风文明建设的基本内涵，广东乡风文明建设的基本特征、基本思路及当代价值，追根溯源对广东乡风文明建设进行历史考察，通过保障广东农村教育新发展的基础、擦亮广东农村特色文化的品牌、培育广东农村良好习俗民风的基因、发展家风建设养护乡风文明的载体、完善广东文化建设体制机制等方面展开，总结广东乡风文明建设经验及其当代启示。实施乡村振兴战略，助力打造新时代的“乡村文明”，构筑具有中国特色的现代化社会主义文明体系。

后　记

本书由暨南大学党委书记林如鹏总体设计，是课题组成员相互讨论、经多次研讨会思想碰撞的结晶。具体章节分工：第一章，何小勇、丁雪；第二章，王高贺；第三章，杜应娟、孙云；第四章，张龙平、关伟炽；第五章，吴昱；第六章，程京武、唐含芳；第七章，魏传光；第八章，陈联俊、姚硕。本书内容上从理论阐述、历史考察、基础保障、特色品牌等多方面入手，形式上理论与实例相结合、历史与逻辑相统一来厘清与把握乡风文明建设的层次结构、重要内容、主要因素以及相互之间的关系，涉及农村乡风文明建设的政治、经济、文化、教育、习俗以及生存方式和情感心理等多方面，是一项复杂而庞大的系统工程，其内部结构具有明显的多层次性特征。本书如有未完善的地方，还希望得到各位读者的批评指正！

乡风文明课题组

2019年11月